ABITUR-TRAINING

Deutsch

Dramen analysieren und interpretieren

Wolfgang Pasche

Bildnachweis
Umschlag: © Then-Foto
S. 1: © photocase;
S. 11: © Gianmarco Bresadola/DRAMA;
S. 13, 41: © Rolf Arnold;
S. 19: © Barbara Braun/DRAMA;
S. 23, 27: © Reinhard Werner, Burgtheater;
S. 36: © Wonge Bergmann;
S. 45, 54: © Peter Manninger;
S. 55: © Thomas Dashuber;
S. 56: © Simone Manthey;
S. 63: © Hans Jörg Michel;
S. 65: © Holger Foullois/DRAMA;
S. 69: © picture alliance/dpa;
S. 78, 115, 118: © Iko Freese/DRAMA;
S. 80: © ullstein bild;
S. 84: © picture alliance/dpa;
S. 93: © Christian Brachwitz;
S. 94: © Andreas Pohlmann;
S. 98, 103, 109, 110: © Barbara Aumüller;
S. 121, 122: © Klaus Lefebvre;
S. 129, 131, 136: © Ruth Walz;
S. 134: © Helga Kneidl

© 2021 STARK Verlag GmbH, Claudius-Keller-Str. 3c, 81669 München, info@stark-verlag.de
www.stark-verlag.de
1. Auflage 2017

Inhalt

Vorwort

Autor: Dr. Wolfgang Pasche

Lernvideos: Stark Verlag

Vorwort

Liebe Schülerin, lieber Schüler,

dieser Trainingsband soll Ihnen helfen, sich auf die schriftliche Abiturprüfung im Fach Deutsch vorzubereiten.

Das Buch beginnt mit einer kurzen Vorbemerkung zu den beiden Hauptformen des Dramas, der Tragödie und der Komödie. Daran schließt sich ein Grundlagenkapitel an, in dem Sie detailliert in die Dramenanalyse eingeführt werden. Dazu wird eine knappe **Arbeitsanweisung**, der man oft in Abiturprüfungsaufgaben begegnet – „Analysieren Sie die vorliegende Szene" –, **in ihre Teilaspekte zerlegt**, die ihrerseits gründlich untersucht werden. Auf diesem Wege gelangen Sie zu dem Material, das Sie für einen überzeugend gegliederten und ergebnisreichen Aufsatz benötigen.
An verschiedenen Stellen des Grundlagenkapitels finden Sie **Lernvideos**, die Ihnen wichtige Inhalte auf besonders anschauliche Art und Weise vermitteln.

Wichtig ist, dass Sie lernen, **genaue Beobachtungen am Text** zu machen, aus diesen Beobachtungen **plausible Schlussfolgerungen** zu ziehen und Ihre **Ergebnisse verständlich** und sprachlich elegant zu **formulieren**. Diese drei Fähigkeiten bilden die Grundvoraussetzungen für einen gelungenen Abituraufsatz, die Sie anhand der **über 150 Teilaufgaben** in diesem Buch optimal trainieren können.

Während im **Grundlagenkapitel** zur Dramenanalyse die Lösungsvorschläge direkt hinter den einzelnen Aufgaben stehen, sind in den darauf folgenden **Übungskapiteln** Aufgaben und Lösungen getrennt. Die Lösungsvorschläge zu allen Übungsaufgaben finden Sie im **Lösungsteil**.

Die Übungskapitel behandeln **wichtige Dramatiker und Epochen der deutschen Literatur**. Vielfach wurde dabei auf Werke zurückgegriffen, die in der Schule oft gelesen werden und entsprechend häufig Gegenstand der Abiturprüfung sind *(Nathan der Weise, Die Räuber, Faust I, Die Physiker)*. Hier kann die Kenntnis des ganzen Stücks vorausgesetzt werden, was sich auch in den Aufgabenstellungen widerspiegelt. Werden im Abitur Auszüge aus weniger bekannten Dramen vorgelegt, sind der Aufgabenstellung häufig knappe Informationen über das Stück beigegeben, die man aufmerksam zur Kenntnis nehmen sollte. Als Beispiele für solche weniger oft in der Schule behandelten

Dramen sind hier die Stücke *Leonce und Lena, Vor Sonnenaufgang, Trommeln in der Nacht* und *Trilogie des Wiedersehens* ausgewählt worden.

Ich hoffe, dass Sie das vorliegende Buch mit gutem Nutzen bei Ihrer Vorbereitung aufs Abitur einsetzen können, und wünsche Ihnen viel Erfolg in der Prüfung.

Wolfgang Pasche

Um die Lernvideos aufzurufen, scannen Sie die abgedruckten QR-Codes mit einem beliebigen QR-Code-Scanner Ihres Smartphones oder Tablets. Im Hinblick auf eine eventuelle Begrenzung des Datenvolumens wird empfohlen, dass Sie sich beim Ansehen der Videos im WLAN befinden. Haben Sie keine Möglichkeit, den QR-Code zu scannen, finden Sie die Lernvideos auch unter: **https://www.stark-verlag.de/qrcode/lernvideos_944092v**

Das Drama

Das Muster aller Dramen ist in der griechischen Antike zu finden. Sie unterscheidet grundsätzlich zwischen der Tragödie und der Komödie. Der griechische Philosoph Aristoteles (384–322 v. Chr.) entwickelte in seiner „Poetik" die wesentlichen Merkmale der **Tragödie**. Danach steht der tragische Held – ein bedeutender Charakter, dessen Scheitern umso entsetzlicher ist – im Widerspruch antagonistischer Kräfte. Er muss eine Entscheidung für sein Handeln treffen – doch gleichgültig, welchen Weg er wählt, verstrickt er sich in Schuld und wird vom Schicksal (den Göttern) bestraft. Mit einer gewissen Zwangsläufigkeit wird er in ein Geschehen verwickelt, das in die Katastrophe führt. Da dies meist nicht ohne eigenes Zutun geschieht, ist der Held für sein Schicksal durchaus selbst verantwortlich, andererseits ist er Kräften unberechenbarer Art ausgeliefert. Die großen Gestalten der Tragödie gehen wie Ödipus unwissend in ihr Unglück, sie geraten ‚zwischen die Mühlsteine der Geschichte'.

Das Theater von Aspendos an der Südküste der heutigen Türkei, eines der besterhaltenen Theater der Antike.
© photocase

Eine tragische Situation entsteht also immer dann, wenn sich die katastrophalen Ereignisse jedem planenden Handeln entziehen, aber gerade dadurch ausgelöst werden, dass die Menschen in entscheidenden Situationen eingreifen müssen. Auch wenn sie subjektiv das Beste erreichen wollen, machen sie sich schuldig, weil sie meinen, das Geschehen zu kontrollieren, tatsächlich aber die Zukunft nicht im Griff haben. Der Zuschauer identifiziert sich mit diesen schuldig werdenden Helden, weil er deren Verhalten nachvollziehen kann.

Zunächst hofft er noch, dass es einen Ausweg geben könne, dann fürchtet er um sie, zuletzt leidet er bei ihrem Untergang mit.

Das Muster einer Tragödie nach der „Poetik" von Aristoteles	
Figuren	Personen von hohem Stand (Ständeklausel), Charaktere mit individuellen Eigenschaften und persönlichem Schicksal
Handlung	Die Helden müssen ein über sie verhängtes Schicksal bewältigen; sie scheitern an der göttlichen Übermacht; ihre Einsicht kommt zu spät.
Konfliktursachen	Tragische Konflikte ergeben sich aus den Vorgaben der Realität, die von den Helden nicht verändert werden können, wie sehr sie sich auch bemühen.
Konfliktgestaltung	zwangsläufiger Kontrast von individuellen Wünschen und objektiver Notwendigkeit
Konfliktlösung	Katastrophe, unvermeidlicher Fall
Wirkung	„Jammer und Schaudern" – Reinigung von diesen Affekten

Vorausgesetzt wird in diesem Konzept, dass eine übergeordnete moralische Ordnung existiert, die festgefügte Regeln vorgibt. Wird diese Vorstellung infrage gestellt, geht auch das Verständnis von Tragik verloren. Denn ohne ein allgemein gültiges Normensystem werden die Bewertungsmaßstäbe beliebig, verliert der Begriff des tragischen Scheiterns seine Grundlage. Der Zusammenstoß von Notwendigkeit und Freiheit, von objektiven Zwängen und dem Streben nach Selbstverwirklichung wird irrelevant.

Die großen Tragödien der Klassik gestalten noch unangefochten die Tragik der Schuld. Sie stellen dem Publikum Personen vor, die in ihrem Leid zu sittlicher Selbstverantwortung finden. Damit geben sie ihm einen Begriff von der Würde und Größe des Menschen. Sie bewirken damit – so Schiller in *Über das Erhabene* –, dass das Publikum mit den Bühnenfiguren leidet, dabei aber auch entdeckt, dass deren Persönlichkeit sich gerade im Untergang behauptet. Auf diese Weise bedingen sich Mitleid und Vergnügen gegenseitig.

Schon in der Zeit des Sturm und Drang, vor allem aber seit der Dramatik Georg Büchners wenden sich die Autoren von der Vorstellung einer übergeordneten moralischen Ordnung ab. In einer säkularisierten Welt verändert sich auch die Bedeutung der Tragik. Tragik meint dann nicht mehr etwas, das schicksalhaft von den Göttern verhängt wird, sondern ungerechten Bedingungen auf dieser Welt geschuldet ist. Damit wandelt sich auch das Verständnis der Grundlagen des tragischen Konflikts.

Die widerstrebenden Kräfte können unterschiedlicher Art sein, etwa

- gegensätzliche religiöse oder politische Gesetze (Blutrache gegenüber Gerichtsverfahren, weltliches gegenüber göttlichem Recht, ...),
- gesellschaftliche Ansprüche gegenüber dem individuellen Freiheitsdrang und dem Wunsch nach Selbstverwirklichung (in einer patriarchalischen Welt der Gehorsam gegenüber dem Vater im Konflikt mit der Liebe zu einem Partner),
- gegensätzliche innere Ansprüche (Pflichtbewusstsein gegenüber Neigung).

Die **Komödie** endet im Unterschied zur Tragödie versöhnlich. Auch sie geht aus der griechischen Tradition hervor, ist aber nicht auf eine übergeordnete göttliche Sphäre bezogen. Hier geht es handfester zu, hier werden menschliche Schwächen vorgeführt, politische Probleme oder prominente Politiker verspottet. Dabei kann die Sprache sehr drastisch sein – etwa in der *Lysistrate* von Aristophanes (um 445–385 v. Chr.) –, die „dem Volk aufs Maul schaut". Die volkstümliche Tradition des Stegreifspiels ist eine der Varianten, die diese Momente popularisiert, etwa in der italienischen Form der Commedia dell'Arte. Sie wird von Georg Büchner in *Leonce und Lena* aufgegriffen.

Typische Charaktere der Commedia dell' Arte: Pulcinella (der Repräsentant der einfachen Leute), die angebetete Schöne sowie Scapino (eine Dienerfigur, die die Intrige spinnt und damit die Handlung in Gang bringt)

Eine belustigende Wirkung kann erreicht werden durch

- die auftretenden Personen (Typen- oder Charakterkomödie),
- die Handlung (Situationskomödie oder Intrigenkomödie),
- die Sprache (Konversations-/Gesellschaftskomödie).

Meistens wird Komik durch einen Widerspruch oder ein Missverhältnis zwischen Schein und Sein, Leistung und Ertrag, Darbietung und Erwartung erzeugt.

Das Muster einer Komödie	
Figuren	Personen von niederem Stand (Ständeklausel), als Typus gestaltet
Handlung	Verspottung menschlicher Schwächen, Kampf mit den Tücken des Alltags; Entlarvung von scheinheiligen Figuren
Konfliktursachen	• charakterliche Mängel einer Figur (Charakterkomödie) • überraschende Situationen wie Verwechslungen, zufällige Begegnungen oder entlarvte Gaunerstücke (Situationskomödie) • Scheinbar unauflösliche Verwicklungen treiben dem Chaos zu und werden überraschend gelöst (Intrigenkomödie).
Konfliktgestaltung	• geistreiche, gepflegte Konversation (Konversationskomödie) • improvisatorischer Charakter, volkstümlich derbe Sprache (Commedia dell'Arte)
Konfliktlösung	Entlarvung und Versöhnung
Wirkung	Lachen als Freude über ein gelungenes Abenteuer oder als Schadenfreude über den Misserfolg anderer; Mischung aus Distanz gegenüber dem Lächerlichen und Nähe zur eigenen Situation

Kann sich Tragik im 18. und 19. Jahrhundert noch im Zusammenstoß von Notwendigkeit und Freiheit, von äußeren Zwängen und dem Streben nach Selbstverwirklichung entwickeln, so löst sie sich im modernen Theater im Erleben einer grotesken Welt nahezu auf. Damit ändert sich nicht nur der einer dramatischen Handlung zugrunde liegende Konflikt, sondern auch seine dramatische Gestaltung. Die Autoren experimentieren mit unterschiedlichen Varianten und entwickeln eine Vielzahl von Dramengenres, in denen tragische und komische Elemente gemischt, didaktische Überlegungen und ästhetische Innovationen nebeneinander gestellt sind.

Die jeweiligen Akzentverschiebungen haben auf die Wahl des Dramenpersonals ebenso Einfluss wie auf Sprache, Thematik und Konfliktgestaltung der Stücke.

In den folgenden Übungskapiteln werden einige der wichtigsten und einflussreichsten Formen der älteren wie der neueren Dramatik behandelt.

Grundlagenkapitel Dramenanalyse

Georg Büchner: Leonce und Lena

Bei der Interpretation eines Dramentextes wird von Ihnen verlangt, dass Sie einen Textauszug nach literaturwissenschaftlichen Gesichtspunkten deuten. Das heißt, dass Sie zunächst wichtige inhaltliche und formale Aspekte beschreiben und Ihre Erkenntnisse dann erläutern. Sie müssen Ihre Aussagen immer anhand des Textes belegen, sodass sie auch für den Leser nachvollziehbar sind.

Die Arbeitsanweisungen für einen Abituraufsatz sind selten sehr differenziert. Sie laufen häufig auf die Formulierung hinaus: „Analysieren Sie die folgende Szene." Diese **allgemeine Aufgabenstellung** lässt sich in einzelne Arbeitsschritte unterteilen, die Sie beherrschen müssen.

Arbeitsschritte bei der Textanalyse

- Reflexion des **Szeneninhalts**, Klärung der **Situation**
- Analyse des **Szenenaufbaus**
- Analyse der **Argumentation**
- Betrachtung der **Sprache**
- Untersuchung der **Personengestaltung**
- in der Regel: Einordnung in die **dramatische Gattung**
- oft auch: Einordnung in die **literarische Epoche**
- nur, wenn es ausdrücklich verlangt wird: Analyse der **Rezeption**

Diese Arbeitsschritte werden in den folgenden Abschnitten dieses Grundlagenkapitels exemplarisch vorgestellt. Zu analysieren ist eine Szene aus dem ersten Aufzug von Georg Büchners Lustspiel *Leonce und Lena*.

Dramen-
auszug 1 **Georg Büchner:** „Leonce und Lena. Ein Lustspiel", aus: Szene I / 3

Vorinformation:

Georg Büchner verfasste sein Lustspiel „Leonce und Lena" im Jahre 1836 als Beitrag zu einem vom Cotta-Verlag ausgeschriebenen Dramenwettbewerb. 300 Gulden setzte der Verlag als Preisgeld für das beste ein- oder zweiaktige Lustspiel aus. Büchner lebte zu dieser Zeit ohne eigene Einkünfte als politischer Flüchtling in Straßburg. Es gelang ihm aber nicht, das Stück rechtzeitig zum Abgabetermin fertig zu stellen.

1   EIN REICHGESCHMÜCKTER SAAL, KERZEN BRENNEN
Leonce mit einigen Dienern.

LEONCE. Sind alle Läden geschlossen? Zündet die Kerzen an! Weg mit dem Tag! Ich will Nacht, tiefe ambrosische Nacht. Stellt die Lampen unter Krystallglocken zwischen die

5   Oleander, daß sie wie Mädchenaugen unter den Wimpern der Blätter hervorträumen. Rückt die Rosen näher, daß der Wein wie Tautropfen auf die Kelche sprudle. Musik! Wo sind die Violinen? Wo ist die Rosetta? Fort! Alle hinaus!

Die Diener gehen ab. Leonce streckt sich auf ein Ruhebett. Rosetta, zierlich gekleidet, tritt ein. Man hört Musik aus der Ferne.

10 ROSETTA *(nähert sich schmeichelnd).* Leonce!

LEONCE: Rosetta!

ROSETTA. Leonce!

LEONCE: Rosetta!

ROSETTA. Deine Lippen sind träg. Vom Küssen?

15 LEONCE. Vom Gähnen!

ROSETTA. Oh!

LEONCE. Ach Rosetta, ich habe die entsetzliche Arbeit ...

ROSETTA. Nun?

LEONCE. Nichts zu tun ...

20 ROSETTA. Als zu lieben?

LEONCE. Freilich Arbeit!

ROSETTA *beleidigt.* L e o n c e !

LEONCE. Oder Beschäftigung.

ROSETTA. Oder Müßiggang.

25 LEONCE. Du hast Recht wie immer. Du bist ein kluges Mädchen, und ich halte viel auf deinen Scharfsinn.

ROSETTA. So liebst Du mich aus Langeweile?

LEONCE. Nein, ich habe Langeweile, weil ich dich liebe. Aber ich liebe meine Langeweile wie dich. Ihr seid eins. O dolce far niente, ich träume über deinen Augen, wie an

30   wunderheimlichen tiefen Quellen, das Kosen deiner Lippen schläfert mich ein, wie Wellenrauschen. *(Er umfaßt sie.)* Komm liebe Langeweile, deine Küsse sind ein wollüstiges Gähnen, und deine Schritte sind ein zierlicher Hiatus.

ROSETTA. Du liebst mich, Leonce?

LEONCE. Ei warum nicht?

35 ROSETTA. Und immer?

LEONCE. Das ist ein langes Wort: immer! Wenn ich dich nun noch fünftausend Jahre und sieben Monate liebe, ist's genug? Es ist zwar viel weniger, als immer, ist aber doch eine erkleckliche Zeit, und wir können uns Zeit nehmen, uns zu lieben.

ROSETTA. Oder die Zeit kann uns das Lieben nehmen.

40 LEONCE. Oder das Lieben uns die Zeit. Tanze, Rosetta, tanze, daß die Zeit mit dem Takt deiner niedlichen Füße geht.

ROSETTA. Meine Füße gingen lieber aus der Zeit.

(Sie tanzt und singt.)

O meine müden Füße, ihr müßt tanzen
        In bunten Schuhen,
45   Und möchtet lieber tief, tief
        Im Boden ruhen.

O meine heißen Wangen, ihr müßt glühen
        Im wilden Kosen,
50   Und möchtet lieber blühen
        Zwei w e i ß e Rosen.

O meine armen Augen, ihr müßt blitzen
        Im Strahl der Kerzen,
        Und lieber schlieft ihr aus im Dunkeln
55   Von euren Schmerzen.

LEONCE *(indes träumend vor sich hin)*. O, eine sterbende Liebe ist schöner, als eine werdende. Ich bin ein Römer; bei dem köstlichen Mahle spielen zum Des[s]ert die goldnen Fische in ihren Todesfarben. Wie ihr das Rot von den Wangen stirbt, wie still das Auge ausglüht, wie leis das Wogen ihrer Glieder steigt und fällt! Adio, adio meine

60 Liebe, ich will deine Leiche lieben. *(Rosetta nähert sich ihm wieder.)* Tränen, Rosetta? Ein feiner Epikuräismus – weinen zu können. Stelle dich in die Sonne, daß die köstlichen Tropfen krystallisieren, es muß prächtige Diamanten geben. Du kannst dir ein Halsband daraus machen lassen.

ROSETTA. Wohl Diamanten, sie schneiden mir in die Augen. Ach Leonce! *(Will ihn*

65 *umfassen.)*

LEONCE. Gib Acht! Mein Kopf! Ich habe unsere Liebe darin beigesetzt. Sieh zu den Fenstern meiner Augen hinein. Siehst du, wie schön tot das arme Ding ist? Siehst du die zwei weißen Rosen auf seinen Wangen und die zwei roten auf seiner Brust? Stoß mich nicht, daß ihm kein Ärmchen abbricht, es wäre Schade. Ich muß meinen Kopf

70 gerade auf den Schultern tragen, wie die Totenfrau einen Kindersarg.

ROSETTA *(scherzend)*. Narr!

LEONCE. Rosetta! *(Rosetta macht ihm eine Fratze.)* Gott sei Dank! *(Hält sich die Augen zu.)*

ROSETTA *(erschrocken)*. Leonce, sieh mich an.

75 LEONCE. Um keinen Preis!

ROSETTA. Nur einen Blick!

LEONCE. Keinen! Weinst du? Um ein klein wenig, und meine liebe Liebe käme wieder auf die Welt. Ich bin froh, daß ich sie begraben habe. Ich behalte den Eindruck.

ROSETTA *(entfernt sich traurig und langsam, sie singt im Abgehn:)*

80   Ich bin eine arme Waise,

               Ich fürchte mich ganz allein.

               Ach lieber Gram –

               Willst du nicht kommen mit mir heim?

LEONCE *(allein)*. Ein sonderbares Ding um die Liebe. Man liegt ein Jahr lang schlaf-
85 wachend zu Bette, und an einem schönen Morgen wacht man auf, trinkt ein Glas Wasser, zieht seine Kleider an und fährt sich mit der Hand über die Stirn und besinnt sich – und besinnt sich. – Mein Gott, wieviel Weiber hat man nötig, um die Skala der Liebe auf und ab zu singen? Kaum daß Eine einen Ton ausfüllt. Warum ist der Dunst über unsrer Erde ein Prisma, das den weißen Glutstrahl der Liebe in einen Regenbo-
90 gen bricht? – *(Er trinkt.)* In welcher Bouteille steckt denn der Wein, an dem ich mich heute betrinken soll? Bringe ich es nicht einmal mehr so weit? Ich sitze wie unter einer Luftpumpe. Die Luft so scharf und dünn, daß mich friert, als sollte ich in Nan-kinhosen Schlittschuh laufen. – Meine Herren, meine Herren, wißt ihr auch, was Caligula und Nero waren? Ich weiß es. – Komm Leonce, halte mir einen Monolog, ich
95 will zuhören. Mein Leben gähnt mich an, wie ein großer weißer Bogen Papier, den ich vollschreiben soll, aber ich bringe keinen Buchstaben heraus. Mein Kopf ist ein leerer Tanzsaal, einige verwelkte Rosen und zerknitterte Bänder auf dem Boden, geborstene Violinen in der Ecke, die letzten Tänzer haben die Masken abgenommen und sehen mit todmüden Augen einander an. Ich stülpe mich jeden Tag vier und zwanzigmal
100 herum, wie einen Handschuh. O ich kenne mich, ich weiß was ich in einer Viertel-stunde, was ich in acht Tagen, was ich in einem Jahre denken und träumen werde. Gott, was habe ich denn verbrochen, daß du mich, wie einen Schulbuben, meine Lektion so oft hersagen läßt? –

Bravo Leonce! Bravo! *(Er klatscht.)* Es tut mir ganz wohl, wenn ich mir so rufe. He!
105 Leonce! Leonce! […]

Aus: Georg Büchner: Leonce und Lena. Ein Lustspiel (1836). In: Georg Büchner: Werke und Briefe. Münchner Ausgabe. Herausgegeben von Karl Pörnbacher, Gerhard Schaub, Hans-Joachim Simm und Edda Ziegler. München: Carl Hanser Verlag 1988, S. 159–195, dort S. 165–168

Worterklärungen:
Zeile 4:   ambrosische Nacht: (gr.-lat.) himmlische oder auch köstliche (duftende) Nacht
Zeile 29: O dolce far niente: (italien.) O süßes Nichtstun
Zeile 32: Hiatus: (lat.) Spalt, Lücke, auch: Bezeichnung für das Aufeinanderfolgen von zwei
           Vokalen im Satz oder im Wortinnern: sagte er, Koordination
Zeile 61: Epikuräismus: die von dem griechischen Philosophen Epikur vertretene Lebenshaltung,
           die vereinfachend oft als Genussstreben charakterisiert wird
Zeile 92 f.: Nankinhosen: feste Hosen aus chinesischer Baumwolle
Zeile 94: Caligula und Nero: römische Kaiser (37–41 n. Chr. bzw. 54–68 n. Chr.), die für ihre
           Grausamkeit bekannt waren

**Aufgaben-
stellung**   Analysieren Sie die vorliegende Szene.

1 Reflexion des Szeneninhalts, Klärung der Situation

Der erste Schritt der Textuntersuchung hat die Funktion, Informationen über die **Ausgangssituation** des Geschehens zu vermitteln. Die **Handlung** des Textauszugs ist zu diesem Zweck **in eigenen Worten** und mit sinnvollen Schwerpunktsetzungen zusammenfassend darzustellen. Sie müssen dabei auch erklären, welche Rolle diese Textpassage innerhalb des ganzen Dramas spielt.

> **Leitfragen zur Untersuchung des Szeneninhalts**
> - Worum geht es?
> - An welcher Stelle im Drama steht der Textauszug?
> - Was ist die Ausgangssituation? Welche Vorgeschichte ist bekannt?
> - Wo und wann spielt die Szene? Welche Bedeutung haben Ort und Zeit der Handlung für das Verständnis der Situation?
> - Wie verändert sich die Situation durch das Geschehen auf der Bühne?

Ein Theaterstück besteht aus den Reden und den Handlungen der Figuren. Aus diesem Grund lässt sich der Inhalt einer Szene nicht darstellen, ohne auch auf die beteiligten **Figuren** zu sprechen zu kommen. Da aber in einem späteren Analyseschritt genauer auf die Figuren eingegangen werden soll, genügen an dieser Stelle **knappe Hinweise**. Man kann nicht alles auf einmal sagen und sollte daher erst gar nicht den Versuch unternehmen, es zu tun. Ein gelungener Aufsatz zeichnet sich vielmehr dadurch aus, dass die Informationen gut dosiert sind. Bei diesem ersten Analyseschritt sind die Figuren nur als **Träger der Handlung** von Bedeutung.

> **Die Figuren des Dramas als Träger der Handlung**
> - Wer sind die handelnden Figuren?
> - Handelt es sich um Haupt- oder Nebenfiguren?
> - Welches Handlungsziel der Figuren wird erkennbar?

Dieser erste Analyseschritt ist, wie die Leitfragen zeigen, bereits recht komplex. Er lässt sich seinerseits in mehrere Arbeitsschritte unterteilen. Das verdeutlichen die folgenden Aufgaben. Sie entsprechen den Aspekten, die in den Leitfragen enthalten sind. Aus den Einzelergebnissen setzt sich die Lösung des ersten Analyseschrittes zusammen. Bei den anschließenden Aufgaben wird dann nach dem gleichen Prinzip verfahren.

Aufgabe 1 Fassen Sie das Geschehen der vorliegenden Szene knapp zusammen.

Lösungsvorschlag:
Prinz Leonce empfängt seine Geliebte Rosetta. Jedoch ist er ihrer bereits müde und spricht das, wenn auch auf spielerische Weise, offen aus (vgl. etwa Z. 56 ff. und Z. 66 ff.). Rosetta, die ganz von den Launen ihres Geliebten abhängig ist, tanzt für ihn und versucht, auf seinen leichtfertigen Ton einzugehen. Ihre Traurigkeit verbirgt sie nicht. Doch Leonce lässt sich nur für einen Moment davon rühren (Z. 77 f.). Seinen Entschluss, Rosetta als Geliebte zu verabschieden, macht er nicht rückgängig (Z. 78). Rosetta geht daraufhin traurig davon. Anschließend denkt Leonce in einem Monolog über die Liebe und über sein Lebensgefühl der allgegenwärtigen Langeweile nach.

Aufgabe 2 Zeigen Sie, wie die dritte Szene des ersten Akts auf der Eingangsszene des Stückes aufbaut. Welcher neue Aspekt kommt hinzu?

Lösungsvorschlag:
Bereits in der ersten Szene hat Leonce die Themen „Arbeit", „Müßiggang" und „Langeweile" angeschlagen. Hier wurde schon deutlich, dass er von einem Gefühl der inneren Leere und der Zwecklosigkeit seines Daseins erfüllt ist. In der vorliegenden Szene sind diese Themen nun auf den übergeordneten Begriff „Liebe" bezogen.

Aufgabe 3 Beschreiben Sie in kurzen Worten den Schauplatz und bestimmen Sie den Zeitpunkt der Handlung.

Lösungsvorschlag:
Ein kunstvoll geschmückter Saal bildet den Schauplatz der Szene. Prinz Leonce hat ihn mithilfe „einige[r] Diener" (Z. 2) hergerichtet, um seine Geliebte zu empfangen. Er hat einen künstlichen Stimmungsraum geschaffen, in dem die Licht-, Duft- und Klangeffekte intensiviert und raffiniert austariert sind (vgl. Z. 3–7). Es ist eine Bühne auf dem Theater entstanden, auf der Leonce und Rosetta ihre jeweilige Rolle spielen.
Die Szene spielt vermutlich an einem nicht näher bestimmten Morgen oder Vormittag. Dafür spricht, dass die vorangegangene zweite Szene schildert, wie König Peter, der Vater von Leonce, angekleidet wird und sich danach mit dem Staatsrat über die von ihm geplante Heirat seines Sohns bespricht. Der Staatsrat wird in der dritten Szene – nachdem Rosetta gegangen ist – dann bei Leonce in dieser Sache vorstellig.

Leonce lehnt es aber offenkundig ab, sein Stelldichein mit Rosetta am Vormittag, bei Tageslicht stattfinden zu lassen. Deshalb lässt er das natürliche Licht aussperren und Kerzen anzünden (vgl. Z. 2): „Weg mit dem Tag! Ich will Nacht, tiefe ambrosische Nacht!" (Z. 3 f.) Durch den Gegensatz zwischen der eigentlichen Tageszeit und dem von Leonce befohlenen Arrangement werden die Subjektivität und Künstlichkeit der von ihm inszenierten Gefühlswelt betont.

Ole Lagerpusch als Leonce und Olivia Graeser als Rosetta in Dimiter Gotscheffs Inszenierung von Georg Büchners Lustspiel am Thalia Theater Hamburg aus dem Jahre 2008.

Aufgabe 4 Mit welcher Haltung geht Rosetta auf Leonce zu?

Lösungsvorschlag:
Die Rollen sind ungleich verteilt. Rosetta erscheint auf den Befehl des Prinzen: „Wo ist die Rosetta?" (Z. 7) Der bestimmte Artikel vor dem Namen ist wohl in erster Linie als ein Ausdruck der hier verwendeten Umgangssprache im süddeutschen Sprachraum zu bewerten, könnte aber darüber hinaus bereits auf die Versachlichung der Beziehung hindeuten.

Rosetta erscheint, passend zu der von Leonce arrangierten Bühne, *„zierlich gekleidet"* (Z. 8). Sie ist die Mätresse des Prinzen. Ihre Position ist infolgedessen außerordentlich unsicher: Wenn der Prinz ihrer überdrüssig geworden ist, hat sie keine Funktion mehr und muss das Schloss verlassen.

Rosetta möchte, dass ihr Verhältnis mit Leonce fortdauert (vgl. Z. 33 und 35), auch wenn sie unter seiner Art leidet (vgl. Z. 42 ff. und 64). Sie versucht, ihn zu halten, indem sie auf seinen Ton eingeht. Das Gespräch zwischen beiden Figuren bleibt ähnlich künstlich wie der Raum. Rosetta liefert die Stichworte, um die Leonce seine Wortarabesken schlingt. Der Dialog ist durch Witz und Wortspiele geprägt, die echte Antworten ausschließen.

Rosettas Gesangseinlagen zeigen indessen, dass es ihr schwer fällt, ihre Rolle durchzuhalten und dass sie damit rechnet, von Leonce verlassen zu werden. Die selbstbezogene Grausamkeit, mit der Leonce sich leichthin und gewissermaßen ‚im Guten' von ihr trennt, kommt für sie nicht überraschend. Infolgedessen unternimmt sie auch – als es dann soweit ist – keinen wirklichen Versuch, ihn umzustimmen.

Aufgabe 5   Welche Haltung nimmt Leonce ein?

Lösungsvorschlag:
Nachdem er die Szenerie arrangiert hat, „streckt" Leonce „sich auf ein Ruhebett" aus (Z. 8). In dieser halb herrschaftlichen, halb nachlässigen Haltung empfängt er seine Geliebte. Die Pose betont die Ungleichheit, die zwischen ihm und Rosetta besteht. Der Geliebten bleibt auf diese Weise nichts anderes übrig, als sich Leonce *„schmeichelnd"* wie ein Höfling zu nähern (Z. 10).

Im Gespräch mit Rosetta gibt sich Leonce als arrogant-gefühlloser Mensch. Er reduziert sie zu einem Objekt und hat sich längst entschieden, sich von ihr zu trennen.

Aufgabe 6   Arbeiten Sie den Stellenwert dieser Szene für den weiteren Verlauf des Geschehens heraus.
  • Welche Bedeutung hat das Geschehen für Rosetta?
  • Welche für Leonce?
  • Wie wird das deutlich?

Lösungsvorschlag:
Rosetta wird im weiteren Spielverlauf nicht mehr in Erscheinung treten. Jenseits ihrer Stellung als Mätresse, die sie in der vorliegenden Szene einbüßt, besitzt sie in der höfischen Welt keine Daseinsberechtigung.

Leonce hat sich bereits in den ersten Szenen als ein Prinz gezeigt, der für seine Position völlig ungeeignet ist, ein aus der Art geschlagenes Königskind. Er ist der tödlich gelangweilte, verwöhnte Erbprinz, der den lächerlichen Charakter der Hofetikette in diesem Miniaturstaat durchschaut hat, sich dessen Gesetzen nicht beugen will, aber auch keinen Ausweg aus seinem Dilemma sieht. Eine sinnvolle Beschäftigung kann er für sich nicht entdecken. Als aristokratischer Müßiggänger vertreibt er sich die Zeit damit, seine Geliebte zu quälen und sich – im weiteren Verlauf der Szene – mit dem Landstreicher Valerio Wortgefechte zu liefern sowie die Mitglieder des Staatsrats zu provozieren. Da er als Prinz Narrenfreiheit besitzt, sind das keine sonderlichen Heldentaten, was ihm selbst bewusst ist. Und so wird ihm diese Existenz zunehmend zur Last.

Als er erfährt, dass die Vermählung mit der ihm unbekannten Lena und auch seine Krönung näher rücken, fasst Leonce den Entschluss, aus diesem ihm sinnlos erscheinenden Dasein auszubrechen. Jedoch ist ihm der Gedanke nach wie vor zuwider, ein so genanntes nützliches Mitglied der Gesellschaft zu werden. Vielmehr will er nach Italien fliehen, ins Land der unbestimmten Sehnsüchte. Valerio soll ihn begleiten. Leonce will damit auch der ihm vorbestimmten Ehe entgehen – und verliebt sich in die Frau, vor der flieht.

Leonce und Lena in einer Inszenierung von Michael Thalheimer am Schauspiel Leipzig aus dem Jahre 2001. Oliver Kraushaar als Leonce und Isabel Schosnig als Rosetta.

2 Analyse des Szenenaufbaus

Im zweiten Schritt geht es darum, die innere Dynamik der Szene nachzuvollziehen. Sie entwickelt sich aus einer **Kette von Begebenheiten**, die in einem Zusammenhang zueinander stehen. Das heißt, die Ereignisse unterliegen einem Ordnungsprinzip, das die Auswahl und die Verbindung der szenischen Handlungsschritte bestimmt. Die Situation, aus der die Handlung entsteht, ist häufig konfliktgeladen und weist gegensätzliche, manchmal widersprüchliche Komponenten auf, die gleichzeitig wirken.

> **Leitfragen zur Untersuchung des Szenenaufbaus**
> - In welche Handlungsschritte ist die Szene untergliedert?
> - Welche Entwicklung wird erkennbar?
> - Welche Aufgabe haben die einzelnen Schritte innerhalb der Szene?
> - Wie sind die Teile aufeinander bezogen?

Aufgabe 7   Zerlegen Sie den Textausschnitt in seine verschiedenen Elemente. Bestimmen Sie die Ordnung der Handlungsteile und ihre jeweilige Bedeutung für den Handlungsverlauf.

Lösungsvorschlag:

Struktur	Inhalt	Funktion
Exposition Z. 1–9	Leonce arrangiert den Raum, um das Treffen mit Rosetta vorzubereiten.	Charakterisierung von Leonce: Er inszeniert sich als Herrscher über Tag und Nacht, der ganz seinen Launen lebt, und agiert wie ein allmächtiger Regisseur, der alle Fäden zieht.
Gesprächsauftakt Z. 11–26	konventionelles Sprachspiel über Liebe / Arbeit / Müßiggang	Der Scheindialog zeigt: Es gibt keine tiefere Beziehung zwischen Leonce und Rosetta.
Wendepunkt Z. 27–42	Rosetta bezieht das zuvor scheinbar nur allgemein angesprochene Thema Liebe auf Leonces Verhältnis zu ihr. Es folgt ein kurzer Dialog über die Fragen: Wie denkt Leonce über den Zusammenhang von Liebe und Langeweile? Kann Liebe von Dauer sein?	Leonce ironisiert das Thema Liebe, insbesondere das Konzept der ewigen Liebe. Er verlagert Rosettas persönliche Fragen ins Allgemeine und ergeht sich in geistreichen Wortspielen, anstatt ihr ernsthaft zu antworten. So zeigt sich: Er weicht der Frage aus,

	Als Rosetta andeutet, dass sie mit den leichtfertigen Spekulationen von Leonce nicht einverstanden ist (Z. 39), beendet er das Thema und fordert sie auf, für ihn zu tanzen.	weil er Rosetta nicht mehr liebt. Durch die Aufforderung. für ihn zu tanzen, macht er Rosetta klar, dass sie zu seinem Vergnügen da ist und dass es ihr nicht zukommt, seine Ansichten infrage zu stellen.
Zäsur, Unterbrechung des Dialogs Z. 43–60	Rosettas Tanzlied (Z. 43–55) Während Rosetta tanzt.: Monolog von Leonce (Z. 56–60), Verlagerung des Konflikts ins Allgemeine: Nur die bevorstehende Trennung von Rosetta lässt sie für Leonce noch einmal interessant erscheinen.	Charakterisierung von Rosetta: Sie ist ihrer Rolle als Mätresse überdrüssig; sie lässt Todessehnsucht erkennen. Verdinglichung der Personen: Leonce stellt sich als gefühllos-objektivierender Spieler/ Träumer dar.
Wiederaufnahme des Dialogs, Z. 60–78	Leonce macht deutlich, dass er sich von Rosetta trennt.	Betonung der Gefühllosigkeit Leonces gegenüber Rosetta
Abbruch des Gesprächs, Lied bzw. Monolog Rosettas im Abgehen Z. 79–83	Rosetta verlässt Leonce „traurig und langsam"; Leonce zeigt sich unbetroffen.	Kontrastierung der tiefen Traurigkeit Rosettas mit der oberflächlichen Haltung von Leonce: Er kennt keine wirklichen Gefühle, nur „Eindrücke".
Monolog des Leonce Z. 84–105	Leonce kommentiert Rosettas Abgang und reflektiert über die Liebe und sein Gefühl, dass er alles schon kennt und ihn nichts mehr berührt.	Charakterisierung von Leonce: Deutlich wird sein Abstand von den Menschen und vom Leben. Er jagt einem abstrakten Phantom der Liebe hinterher, ohne wirklich fähig zu sein, eine Frau zu lieben (Z. 87 f.). Das Leben kommt ihm schal vor, weil er im engen Gesichtsfeld seiner privilegierten Existenz keine neuen und überraschenden Erfahrungen machen kann. Der Hinweis auf die beiden wahnsinnigen römischen Gewaltherrscher Caligula und Nero (Z. 94) zeigt, dass Leonce an seiner Langeweile zu ersticken droht und nach einem Ventil dafür sucht.

3 Analyse der Argumentation

Bei der Analyse von Dialogen und Monologen ist eine Vielzahl von ineinander greifenden Faktoren zu berücksichtigen. Sie sollten erkennen, mit welchen **Absichten** die Gesprächspartner in die Szene hineingehen und welche grundlegenden Interessen hinter diesen Absichten stehen. Welche Gründe geben sie für ihr Verhalten an, welche verfolgen sie tatsächlich (genannte und verdeckte Ziele)? Wer kann sich schließlich durchsetzen? Wird der Konflikt am Ende des Textauszugs zugespitzt oder beigelegt?

Leitfragen zur Analyse der Argumentation
- Liegt ein Konflikt vor? Oder dient der Textauszug der Reflexion über ein Geschehen?
- Welche Positionen nehmen die Figuren ein?
- Wie begründen sie ihre Überzeugungen?
- Zu welchem Ergebnis führt der Dialog?

Aufgabe 8 Bestimmen Sie die Positionen und das Gesprächsverhalten der beiden Figuren. Wie stellt sich Leonce dar? Was will er damit erreichen? Wie setzt er sein Ziel durch?

Lösungsvorschlag:
Die Art, wie sich Leonce im Gespräch mit Rosetta verhält, macht sein Ziel mehr als deutlich: Leonce hat genug von der Beziehung zu seiner Mätresse und will das Verhältnis beenden. „Liebe" und „Langeweile" sind für ihn eins geworden, was er Rosetta in nachlässiger und für sie kränkender Weise (vgl. Z. 22) zu verstehen gibt (Z. 14–26). Auf Rosettas Nachfrage, ob er sie denn nur aus Langeweile liebe, antwortet er ebenso geistreich wie blasiert und grausam: „Nein, ich habe Langeweile, weil ich dich liebe. Aber ich liebe meine Langeweile wie dich. Ihr seid eins." (Z. 28 f.) Die Gelegenheit, eine pointierte Bemerkung zu machen, bedeutet ihm mehr als die Gefühle seiner Geliebten. Das zeigt sich auch daran, dass er erst von diesem Moment an, nachdem ihm sein Aperçu geglückt ist, aus seiner spöttischen Reserve herauskommt und sich in ein gewisses Feuer redet. Selbstverliebt spinnt er seinen Gedanken fort (Z. 29–32). Rosettas ernste Zwischenfragen (Z. 33, 35) nutzt er lediglich als Stichwörter, um wiederum seinen Witz unter Beweis zu stellen und abzuschweifen (Z. 36–38). Natürlich dient diese Abschweifung unverkennbar auch dem Zweck, die für ihn unangenehmen Fragen abzuwehren. Als Rosetta auf seine neckische Provokation (Z. 36–38) jedoch erneut ernsthaft reagiert, bricht er das Gespräch ab und fordert sie auf, für ihn zu tanzen.

Die Regieanweisung in Zeile 56 – *(indes träumend vor sich hin)* – zeigt, dass es Leonce bei seiner Aufforderung nicht nur darum ging, Rosetta in ihre Schranken zu weisen, sondern auch darum, seine Ruhe vor ihr zu haben, um weiter seinen eigenen interessanten Gedankenspielen nachhängen zu können. Er stellt sich vor, er sei ein Römer, und denkt dabei offensichtlich nicht an den Römertypus des kernigen Soldaten aus der Zeit der Republik und der römischen Weltherrschaft, sondern an die Atmosphäre erlesener Dekadenz, die in der späten römischen Kaiserzeit geherrscht hat: einer Zeit der Übersättigung, der künstlich verfeinerten Gefühle und des äußeren Niedergangs (vgl. Z. 56 bis 60). Rosetta, die inzwischen ihren Tanz beendet hat und wieder zu ihm kommt, versucht er in diese Fantasie zu integrieren. Entsprechend bezeichnet er ihre aufrichtigen Tränen als einen „feine[n] Epikuräismus" (Z. 61), also als eine besonders raffinierte Weise, sich in die wohlig traurige Stimmung zu versetzen, in die er sich selbst erfolgreich hineingeträumt hat. Wohlig traurig kann diese Stimmung natürlich nur sein, weil ihm der Anlass für diese Stimmung, das Ende seiner Liebe zu Rosetta, nicht nahe geht.

Rosettas Klage, dass seine Erfindungen sie schmerzen, und ihren Versuch, ihn durch eine Umarmung wieder ihre Gegenwart fühlen zu lassen, wehrt Leonce ab: „Gib Acht! Mein Kopf!" (Z. 66) Und gleich zieht er sich wieder in einen nächsten kapriziösen Einfall zurück: In seinem Kopf habe er ihrer beider Liebe beigesetzt. Diese Vorstellung spinnt er liebevoll aus (Z. 66–70). In solche aus dem Moment heraus geborenen Einfälle – der abwehrende Ausruf „mein Kopf!" löst die Idee aus – investiert Leonce die verspielte Sorgfalt, auf die er gegenüber Rosetta zu verzichten dürfen glaubt. Sie behandelt er mit großer Nachlässigkeit.

Seine Weigerung, sie anzusehen (Z. 75, 77), demonstriert, dass Leonce sich von Lena endgültig abgewandt hat – auch wenn die übertriebene Emphase, mit er der sich weigert, in für Leonce typischer Weise darauf deutet, dass es ihm auch hiermit nicht wirklich ernst ist; er sieht Rosetta ja im nächsten Augenblick wieder an und bemerkt dabei ihre Tränen. Aber auch diese erneuten Tränen rühren ihn nicht wirklich, sondern verschaffen ihm nur die Gelegenheit, eine neue Stimmung auszuprobieren (Z. 77 f.).

Insgesamt geht es Leonce während des gesamten Stelldicheins mit Rosetta darum, ein wirkliches Gespräch zu vermeiden. Er ist ständig auf der Suche nach künstlichen Stimmungen und möchte sich dabei durch ihre echten Gefühle nicht aus dem Konzept bringen lassen. Dieses Ziel durchzusetzen, fällt ihm nicht schwer. Aufgrund seiner Position als Prinz kann er es sich leisten, gegenüber Rosetta rücksichtslos zu sein und sie durch seine Wünsche, die sie zu erfüllen hat, auf Distanz zu halten.

Leonce ist während des ganzen Gesprächs nur bei sich. Es liegt gewissermaßen in der Konsequenz dieses Gesprächsverhaltens, dass er am Ende des Textauszugs tatsächlich allein ist und ungestört seine Lage resümieren kann. Sie erscheint ihm nicht unangenehm, im Gegenteil: Sich selbst gegenüber spielt er den verwöhnten Mann von Welt, dessen Verhältnis zu Frauen durch Instrumentalisierung geprägt ist: „Mein Gott, wieviel Weiber hat man nötig, um die Skala der Liebe auf und ab zu singen?" (Z. 87 f.) Seine Allmachtsfantasien spinnen sich weiter in die Welt der dekadenten römischen Kaiser ein. Auf diese Weise wird deutlich, dass er, anstatt über Rosetta nachzudenken, noch immer seinen eigenen Tagträumen nachhängt (vgl. Z. 57 ff.). Er verweist auf „Caligula und Nero", zwei Diktatoren, die um des eigenen Vergnügens willen eine Welt zerstört haben (Z. 94). Allein die Nennung dieser beiden Namen lässt spüren, wie schmal die Grenze zwischen Langeweile und Brutalität ist. Aber auch diesen Gedanken lässt er schnell wieder fahren. Zurückgeworfen auf seine eigene Existenz, empfindet er nichts als Langeweile, aus der er sich aufzurütteln versucht, indem er sich selbst beim Namen ruft. Das tut ihm „ganz wohl" (Z. 104). So zeigt sich am Ende des Textauszugs doch noch sein Bedürfnis nach Kommunikation. So lange er es allerdings vor-zieht, sich selbst als Gesprächspartner zu haben, wird es ihm nicht gelingen, dem Gefängnis seiner faden Existenz zu entfliehen.

Aufgabe 9 Wie tritt Rosetta auf? Welches Ziel verfolgt sie? Warum kann sie sich nicht durchsetzen?

Lösungsvorschlag:
Rosetta „*nähert sich*" Leonce zunächst „*schmeichelnd*" (Z. 10) und spielt ihm die Stichworte zu, die ihr als Geliebte zukommen (vgl. Z. 14 und 20): Die Liebe erscheint ihr als „Müßiggang" (Z. 24), als Vergnügen, dessen Erfüllung Lust bereitet. Im Verlauf des Dialogs wandelt sich ihre Haltung jedoch. Zunächst bewegt sie sich innerhalb der zugewiesenen Grenzen, ihr Verhalten schlägt allenfalls in ein flüchtiges Beleidigtsein um (Z. 22), sie lässt sich aber von den herablassenden Kommentar ihres Geliebten – „Du bist ein kluges Mädchen" (Z. 25) – nicht irritieren. Sie wirbt um Leonce mit der romantischen Vorstellung ewiger Liebe (Z. 33 und 35). Als er scherzhaft ausweicht, ist sie in der Lage, auf seinen Ton einzugehen und ihm eine ebenfalls geistreiche Antwort zu geben, die aber zugleich den Versuch darstellt, dem Gespräch wieder einen ernsthaften Charakter zu geben (Z. 39). Für Rosetta steht viel auf dem Spiel: ihre offenbar aufrichtige Liebe und zugleich ihre Position am Hof. Leonce wehrt jedoch diesen Versuch ab und fordert sie auf, für ihn zu tanzen.

Mit einer traurigen Bemerkung kommt sie seinem Wunsch nach (Z. 42). Die Zeilen ihres Tanzliedes geben dann einen Einblick in ihre wahren Gefühle. Der ständige Zwang, unbeschwert, fröhlich und lebhaft zu erscheinen, ruft in ihr eine tiefe Traurigkeit hervor, die sich bis zur Todessehnsucht steigert. Ihr Lied ist in gewisser Weise ein Hilferuf. Hier traut sie sich, zum Ausdruck zu bringen, was sie Leonce direkt zu sagen nicht wagen könnte. Sie versucht, an seine Menschlichkeit zu appellieren. Sie möchte nicht nur sein Spielzeug sein. Aber Leonce hört gar nicht wirklich hin (Z. 56).

Ihr unverstelltes „Ach Leonce!" (Z. 64) und der Versuch ihn zu *„umfassen"* (Z. 65) zeigen, dass die Liebe zu Leonce für sie mit einem großen Maß an Empathie verbunden ist – eine Haltung, von der sie sich wünscht, dass auch Leonce sie ihr gegenüber einnimmt. Damit überdehnt sie aber ihre Rolle als Mätresse des Prinzen bei weitem. Er wehrt entsprechend diese allzu spontane Geste ab (Z. 66). Sie erkennt, dass sie zu weit gegangen ist und versucht, mit einem *„scherzend"* eingeworfenen „Narr" zurück in die Rolle zu schlüpfen, die ihr zukommt (Z. 71). Auch schneidet sie ihm eine Grimasse, um ihre Traurigkeit, mit der sie aus der Rolle gefallen ist, zu überspielen (Z. 72). Doch dann erkennt sie *„erschrocken"* (Z. 74), dass seine Phrasen keine leeren Wortspiele sind, dass es ihm ernst mit seinem Wunsch ist, sich von ihr zu trennen. Sie bittet ihn, sie anzusehen (Z. 74 und 76), wohl in der Hoffnung, dass ihr Anblick, die Wahrnehmung ihrer Bestürzung, ihn rühren wird. Seine Weigerung macht ihr jedoch deutlich, dass sie ihn nicht wird umstimmen können – das Lied, mit dem sie abgeht, markiert ihren unfreiwilligen Verzicht (Z. 79–83).

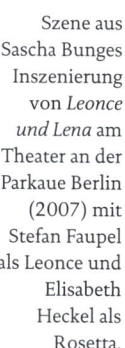

Szene aus Sascha Bunges Inszenierung von *Leonce und Lena* am Theater an der Parkaue Berlin (2007) mit Stefan Faupel als Leonce und Elisabeth Heckel als Rosetta.

4 Betrachtung der Sprache

Wesentliche Elemente des Dramas sind Dialoge und andere Gesprächssituationen sowie Monologe – unter Umständen auch das Schweigen der Personen –, denn das, was den Zuschauern mitgeteilt werden soll, muss hauptsächlich durch Sprache vermittelt werden können. Dazu gehören auch die Gefühle der Figuren, ihre Gedanken, die Vorgeschichte der Handlung oder das Geschehen außerhalb des Spielortes. Jedoch wird auf der Bühne nicht nur gesprochen, sondern auch agiert. Auch dieses Agieren wird – zumindest ansatzweise – durch den Dramentext vorgegeben. Man unterscheidet daher zwischen dem **Haupttext** und dem **Nebentext** eines Dramas.

Der **Haupttext** besteht aus den Gesprächen der Figuren auf der Bühne oder im Kontakt mit dem Publikum. Bei der Lektüre sollte vor Ihrem inneren Auge ein Film ablaufen, der die Personen als handelnde Figuren auf dem Theater zeigt. Ihre Texte lassen zwischenmenschliche Beziehungen erkennen, die die Handlung vorantreiben.
Der **Nebentext** enthält Vorschriften zu Bühnenausstattung und Kostümen sowie Regiebemerkungen, die sich auf die Mimik und Gestik der Schauspieler beziehen. Dieser Text wird nicht auf der Bühne gesprochen und bleibt dem Theaterpublikum daher unbekannt. Er gibt aber wichtige Informationen darüber, wie der Autor sich das Spiel auf dem Theater vorstellt. Die Angaben können unterschiedlich detailliert ausfallen: sehr schmal und stichwortartig wie im Drama Lessings oder ausführlich und genau fixiert wie etwa im naturalistischen Theater.

Haupttext

- Durch ihr sprachliches Handeln wirken die Figuren aufeinander ein, verursachen oder lösen Konflikte.
- Die Dialogführung lässt die Art des Beziehungsgefüges erkennen.
- Sprachliche Äußerungen zeigen die tatsächlichen Ziele der Handelnden, manchmal auch dadurch, dass etwas nicht ausgesprochen wird.
- Häufig sprechen die Personen aber auch etwas ganz anderes aus als das, was sie wirklich sagen wollen. Daher muss der Zuschauer / Leser auf den gemeinten Subtext achten.
- Die Sprache verrät die Gefühle der handelnden Personen (oder versucht, Gefühle zu verdecken).

Nebentext

- Durch die Gestik und Mimik kann eine Figur genauer charakterisiert werden.
- Über das Äußere einer Figur kann der Zuschauer bereits Informationen über seine innere Befindlichkeit erhalten.
- Das Auftreten einer Figur und die Art, wie sie auf ihr Gegenüber eingeht, verrät viel über ihre Gefühle und Absichten.
- Die Bühnenanweisungen legen Zeit und Ort des Bühnengeschehens fest.
- Sie können Aussagen über den Charakter der Handelnden enthalten.
- Sie können das soziale Milieu der Handlung verdeutlichen.
- Sie bestimmen die Atmosphäre des Geschehens mit.

Aufgabe 10 Beschreiben Sie die Aufgaben der Regieanweisungen im vorliegenden Szenenausschnitt.

Lösungsvorschlag:

Die Bezeichnung des Bühnenraums – „Ein reich geschmückter Saal, Kerzen brennen" (Z. 1) – legt die prunkvolle Szenerie fest. Dass einiges an Vorbereitungen notwendig war, um für diese Atmosphäre zu sorgen, wird dadurch deutlich, dass zunächst *„Leonce mit einigen Dienern"* auf der Bühne ist (Z. 2).

Nachdem er die Diener fortgeschickt hat, arrangiert der Prinz sorgfältig seine Position: Er *„streckt sich auf ein Ruhebett."* (Z. 8) Diese Regieanweisung betont die Absicht des Prinzen, seine nicht mehr sonderlich geliebte Geliebte auf Distanz zu halten. Rosetta tritt *„zierlich gekleidet"* (Z. 8) hinzu; diese Angabe verweist auf die Bedeutung ihrer äußeren Erscheinung. Rosetta muss gut aussehen, um hier ihre Rolle spielen zu können. Der Klang der *„Musik aus der Ferne"* (Z. 9) unterstützt den künstlichen Charakter der Szenerie.

Zwei weitere der insgesamt sparsam eingesetzten Regieanweisungen verdeutlichen, wie wenig gleichberechtigt die beiden Partner innerhalb dieses Liebesverhältnisses sind. Leonce *„umfaßt"* Rosetta, obgleich er im selben Atemzug deutlich macht, wie wenig ihm daran liegt: „Komm liebe Langeweile" (Z. 31). Von Rosetta hingegen, die unter seiner Gefühllosigkeit leidet, heißt es später, dass sie *„ihn umfassen"* will, wogegen er sich aber mit einer ungehaltenen Bemerkung verwahrt (Z. 64–66). Wie achtlos er gegenüber ihren Empfindungen ist, zeigt die Regieanweisung *„indes träumend vor sich hin"* (Z. 56), die seine Haltung zu einem Zeitpunkt beschreibt, als Rosetta in ihrem Lied ihre verborgene Verzweiflung zum Ausdruck bringt.

Auf die Zurückweisung durch Leonce reagiert Rosetta zunächst *„scherzend"* (Z. 71) und mit einer *„Fratze"* (Z. 72). Doch Leonce geht auch auf dieses Angebot, wieder in ihre gewohnte Rolle als amüsanter Zeitvertreib des Prinzen zu schlüpfen, nicht mehr ein: *„Hält sich die Augen zu.“* (Z. 72 f.) Da bemerkt Rosetta *„erschrocken“* (Z. 74), wie ernst ihm seine Haltung ist. Sie entfernt sich *„traurig und langsam“* (Z. 79). Dieses Traurige und Langsame ihres Abgangs betont den Kontrast zum fröhlichen und lebhaften Wesen, das ihr als der Geliebten des Prinzen abverlangt worden ist. Wiederum *„singt“* sie. Im Gesang ist sie ganz bei sich, macht sie sich von dem ihr auferlegten Rollenspiel frei. Sie bringt hier ihre Gefühle mit einer Aufrichtigkeit zum Ausdruck, die Leonce fremd ist. Leonce ist am Ende der Szene *„allein“* (Z. 84). Darauf hat er es zuvor auch angelegt. Dieses Alleinsein macht ihn jedoch auch nicht glücklich. Das zeigt die nächste Regieanweisung – *„Er trinkt“* (Z. 90) – sowie sein anschließendes Bekenntnis, dass er das Bedürfnis hat, sich zu betrinken. Die letzte Regieanweisung gilt dem Einfall von Leonce, sich sarkastisch dafür Beifall zu klatschen, dass er wie ein Schulbub seine Lektion so gut hersagen kann (vgl. Z. 100–104). So zeigen auch die Regieanweisungen deutlich: Leonce folgt seinen Launen, aber glücklich wird er dadurch nicht.

Die sprachliche Gestaltung des **Haupttextes** steht im Zentrum der folgenden Aufgaben. Zunächst soll zusammengefasst werden, welche sprachlichen Merkmale diese Szene generell prägen.

Aufgabe 11 Charakterisieren Sie den Sprachstil, der in dieser Szene vorherrscht.

Lösungsvorschlag:
Leonce bevorzugt einen ironischen Sprachstil voller Wortspiele und Doppelsinnigkeiten (vgl. Z. 28–32 und 36–38). Dabei läuft die Sprache Gefahr, ihre kommunikative Funktion im Sinne der Übermittlung von Inhalten zu verlieren und zu einem reinen Sprachspiel zu werden, was dem Drama – zumindest in traditioneller Sicht – nicht recht angemessen ist: Üblicherweise kommt der Sprache im Drama die Funktion zu, die Handlung voranzutreiben.
In der vorliegenden Szene hat dieser Sprachstil eher den Effekt, den eigentlich recht einschneidenden Handlungsschritt zu verschleiern. Immerhin teilt Leonce Rosetta mit, dass er sich von ihr trennen will, was eine wichtige Voraussetzung für den weiteren Gang der Handlung ist. Die Verabschiedung der Mätresse vollzieht sich aber vorwiegend in der Form eines rhetorischen Schlagabtausches, bei dem sich die beiden Gesprächspartner die Stichworte zuwerfen. Deutlich wird, dass es sich um kein „natürliches“ Gespräch handelt, sondern um formelhafte Reden und Gegenreden, auch wenn diese Art des Dialogs durchaus konkrete Folgen hat. Von diesem Sprachstil heben sich

Rosettas Liedzeilen deutlich ab, während Leonce in seinen Träumereien (Z. 56 ff. und 66 ff.) und in seiner Selbstaussprache (Z. 84 ff.) ganz diesem Stil verhaftet bleibt, den er ja auch im Gespräch mit Rosetta vorgegeben hat. Dieser Stil zeigt – gerade im Vergleich mit den Liedern, die Rosetta singt –, wie sehr sich Leonce davor scheut, tief in die eigene Seele zu blicken. Vermutlich fürchtet er, bei einem solchen Blick mit seiner eigenen Substanzlosigkeit konfrontiert zu werden. Sein Sprachstil dient dem Selbstschutz. Er hilft ihm, den ernsthaften, existenziellen Fragen Rosettas auszuweichen und das Verhalten, das er ihr entgegenbringt, zu überspielen.

Leonce und Lena am Burgtheater Wien (2001), inszeniert von Sven-Eric Bechtolf, mit Regina Fritsch als Rosetta und Nicholas Ofczarek als Leonce.

Der Sprachstil der Figuren gewinnt seine je besondere Kontur durch die vom Autor eingesetzten **sprachlichen Mittel.** Um den Sprachstil differenziert zu charakterisieren, muss man daher in der Lage sein, diese sprachlichen Mittel zu erkennen und in ihrer Wirkung zu beschreiben.

Leitfragen zur Analyse der Figurenrede und der sprachlichen Mittel
- Ist der Sprachstil der Figuren einheitlich oder ist eine sprachliche Differenzierung zu erkennen?
- Welche Figur hat den größten Redeanteil? Warum? Ändert sich das Verhältnis im Verlauf der Szene?
- Welche rhetorischen Mittel sind auffällig? Welche Funktion erfüllen sie?
- Was lässt sich über den Satzbau beziehungsweise die Satzarten sagen?

Die folgende Übersicht enthält einige der gängigeren sprachlichen Mittel, die auch in der vorliegenden Szene zum Einsatz kommen:

Sprachliche Mittel und ihre Funktion: Figurenrede	
Wortspiele, beispielsweise: – Aufgreifen eines Begriffs durch den Dialog-partner – assoziative Reihung von Begriffen	deutet auf ein unernstes Sprechen, das Sprechen dient keiner konkreten Aussageabsicht mehr
Metapher: bildhafter Ausdruck, in dem zwei Begriffe bzw. Vorstellungen durch ein gemein-sames Merkmal („tertium comparationis") miteinander verknüpft werden	dient der Veranschaulichung und lebendigeren Wirkung abstrakter Begriffe; gewinnt diesen Begriffen bisher unentdeckte Seiten ab
Personifikation: Sonderform der Metapher: Vermenschlichung abstrakter Begriffe	wie oben; verdeutlicht, wie das Unbe-lebte in der Vorstellung der Menschen zum Leben erwachen kann
Vergleich: Verbindung zweier Begriffe durch das Vergleichswort „wie" (wohingegen die Metapher zwei Begriffe direkt miteinander identifiziert)	Mittel zur Steigerung der Anschaulich-keit; Möglichkeit, eine abgegriffene Vorstellung in ein ungewohntes Licht zu tauchen
Allusion: Anspielung	Einbeziehen des Lesers / Zuschauers oder auch einer anderen Bühnenfigur: ohne einen Gedanken auszusprechen, wird doch deutlich, was gemeint ist.
Parataxe: Satzreihe: Folge gleichberechtigter Hauptsätze	macht komplexe Sachverhalte durch eine vereinfachte Syntax leichter zu-gänglich
Parallelismus: gleiche Satzstellung in auf-einander folgenden Sätzen	dient der Intensivierung der Aussage, häufig mit Anaphern verknüpft
Chiasmus: kreuzweise Stellung von Wörtern im Satz, die in einem sinngemäßen Zusam-menhang stehen	dient der Verdeutlichung einer Anti-these
Anapher: Wiederholung eines Wortes am Anfang eines Satzes	erhöht die Eindringlichkeit einer Aus-sage, auch durch eine klare Gliederung
Ellipse: Weglassen eines unwichtigen, aus dem Textzusammenhang leicht ergänzbaren Begriffs	wird in leidenschaftlich erregter Rede oder in einer der Umgangssprache angenäherten Rede verwendet
Rhetorische Frage: Form des Fragesatzes, bei dem keine Antwort erwartet wird	zielt meistens darauf ab, den Ange-sprochenen zu einer Reaktion zu be-wegen, ihn zu provozieren oder seine Zustimmung zu erhalten

Bestimmen Sie nun die sprachlichen Mittel und rhetorischen Figuren, die den Sprachstil der beiden Figuren Leonce und Rosetta prägen.

Aufgabe 12 Welche Kunstgriffe und sprachlichen Mittel setzt der Autor ein, um die Redeweise von Leonce zu charakterisieren? Welche Wirkung soll damit beim Leser beziehungsweise beim Zuschauer erreicht werden?

Lösungsvorschlag:
Die künstliche Akzentuierung des Bühnenraums wird durch die Kommunikationsstrategie von Leonce untermauert. Das Prinzip der Zitatmontage bestimmt die Struktur des Stücks überhaupt. Büchner verwendet zahlreiche Anspielungen und Zitate aus den Werken Shakespeares, Goethes, Brentanos, Tiecks und Jean Pauls. Aus dieser Intertextualität, dem Spiel mit einer Vielzahl literarischer Quellen, ergibt sich die besondere literarische Qualität des Theaterstücks. In der vorliegenden Szene agiert Leonce wie ein zweiter Hamlet. Diese vielleicht berühmteste Bühnenfigur Shakespeares leidet unter ihrer eigenen Handlungshemmung. Das müßiggängerische Dasein von Leonce, aus dem auszubrechen ihm nicht gelingt, wirkt wie eine Karikatur auf den zentralen Konflikt des dänischen Prinzen. Mit Hamlet teilt Leonce die Neigung zu Wortwitz und unzufriedener Grübelei über seine Lage, über die er sich und seine Umwelt zugleich mit allerlei Possen hinwegzutäuschen versucht. Ebenso gleicht er Hamlet – wenn auch aus unterschiedlicher Motivation – in der Haltung des desinteressierten Liebhabers. Auch Hamlet treibt, weil er nur auf seine selbstauferlegte Mission fixiert ist, Ophelia ins Unglück. Diese Ähnlichkeiten zwischen Leonces – sprachlichem – Verhalten und dem Hamlets zeigen, wie unauthentisch die Gefühle und die Reden von Leonce sind, wie sehr er aus zweiter Hand lebt. Statt persönlicher Eigenschaften hat er angenommene Attitüden, seine Äußerungen und Aktionen sind aus der Literatur zitierte Klischees.
Den gleichen Sinn haben die zahlreichen zugespitzten rhetorischen Wendungen. Auch sie sind Beleg für eine floskelhafte Sprache, die vor allem darauf angelegt ist, pointiert-witzige Bemerkungen zu machen – Taschenspielertricks in einer äußerst geistreichen Konversation.
Leonce arrangiert zunächst die Bühne. Mit knappen Befehlen und Fragen dirigiert er dabei seine Diener. Dazu passen jedoch die naturhaften Vergleiche und Personifikationen wenig: „Lampen", die „wie Mädchenaugen unter den Wimpern der Blätter hervorträumen" (Z. 4 f.); „daß der Wein wie Tautropfen auf die Kelche sprudle" (Z. 6). Was als Information für die Diener völlig überflüssig erscheint, weist den Zuschauer jedoch auf die Absicht von Leonce hin: Es gilt, als Regisseur eine kostbare, erlesene Stimmung zu schaffen.

Als Rosetta erscheint, spielen sich die Partner zunächst die Worte zu: kurze Zurufe, Fragen, Halbsätze, die vom Gegenüber ergänzt werden. Leonce bricht diese Gesprächsphase mit einer knappen ironischen Wendung ab: „Du bist ein kluges Mädchen" (Z. 25).

Dem pointierten Sprechen, das Leonce bevorzugt, seiner Lust am Paradox entspricht das Stilmittel des Chiasmus. Die erste Überkreuzstellung von scheinbar unzusammengehörigen Vorstellungsbereichen spielt mit den Begriffen „Langeweile" und „Liebe". „ROSETTA. So liebst Du mich aus Langeweile? / LEONCE. Nein, ich habe Langeweile, weil ich dich liebe. Aber ich liebe meine Langeweile wie dich." (Z. 27–29)

Nur wenig später folgt ein zweiter Chiasmus (Z. 38–40). Die Dialogpartner verdrehen die Sätze, indem sie den kausalen Bezug der Worte verkehren: Sie vertauschen Subjekt und Objekt, Verb und Nomen, Attribut und adverbiale Bestimmung. Diese Satzsequenz ist aus den drei Begriffen *Zeit, Liebe/lieben,* und *nehmen* aufgebaut, wobei der Begriff der Zeit durch immer neue Wortkombinationen eine stets andere Bedeutung erhält.

Rosettas Leid, das in ihrem Lied zum Ausdruck kommt, lässt Leonce nicht an sich heran. Er hört ihr nur halb zu und lässt sich durch ihre Anspielungen auf den Tod (Z. 46 f. und 54 f.) lediglich in seinen eigenen Tagträumen zu einem neuen Bildbereich inspirieren: Vorstellungen eines dekadenten römischen Gelages entstehen, bei dem „goldene Fische in ihren Todesfarben" spielen (Z. 57 f.), „das Rot von den Wangen stirbt" (Z. 58), Tränen zu „prächtige[n] Diamanten" „krystallisieren" (Z. 61 f.) und die tote Liebe als Leiche mit weißen und roten Rosen auf Wangen und Brust erscheint (Z. 67 f.).

Mithilfe zahlreicher rhetorischer Mittel – Wortwiederholungen, Parallelismus und Anaphern (Z. 58 f.), mehreren Alliterationen (identischen Anfangsbuchstaben benachbarter Wörter) auf *w* (Z. 58 f.: *wie – Wangen –wie – wie – Wogen*) oder auf *l* (Z. 60: *Liebe – Leiche lieben*) und rhetorischen Fragen (Z. 67 f.) – entwickelt Leonce seine Vorstellung eines „feine[n] Epikuräismus" (Z. 61): Will der Epikuräer nach weit verbreiteter Vorstellung Sinnlichkeit und Wollust genießen, ist er in dieser verfeinerten Variante auch in der Lage, seine Schmerzen noch zu genießen.

Auch Leonces abschließender Monolog enthält eine Reihe rhetorischer Fragen (Z. 90 f.). Auch wenn er allein ist, agiert er gewissermaßen vor einem Publikum, was in den Zeilen 93 f. – „Meine Herren, meine Herren, wißt ihr auch, […]?" – und 102 f. – „Gott, was habe ich denn verbrochen, daß du mich, wie einen Schulbuben, meine Lektion so oft hersagen läßt?" – besonders deutlich wird.

Auf engem Raum (Z. 95 ff.) finden sich wiederum eine ganze Reihe rhetorischer Mittel: Die Personifikation – „Mein Leben gähnt mich an [...]" –, der Vergleich – „[...] wie ein großer weißer Bogen Papier" – und die Metapher – „Mein Kopf ist ein leerer Tanzsaal [...]" –, die noch dazu in den folgenden Zeilen breit ausgemalt wird (Z. 97–99). Die Dichte dieser sprachlichen Mittel zeigt, wie stilisiert die Redeweise von Leonce selbst dann ist, wenn er sich nur an sich selbst wendet. Dieser hohe Grad der Stilisierung zeugt von seiner rhetorischen Brillanz und von seiner Originalität, das heißt seiner Fähigkeit, die Dinge in einem ungewohnten Licht wahrzunehmen. Dabei hat er so viel Geschmack, nicht auf abgegriffene poetische Bilder zurückzugreifen – wie sie im Verlauf der Romantik, der zur Entstehungszeit des Stückes gerade abklingenden Epoche, durch eine Überproduktion von auch zweitklassiger Lyrik entstanden waren –, sondern der durch solche abgenutzten Bilder freigesetzten Sentimentalität durch den bewussten Einsatz von ‚unpoetischen' Vergleichen entgegenzuwirken: „Ich sitze wie unter einer Luftpumpe." (Z. 91 f.) „[...] mich friert, als sollte ich in Nankinghosen Schlittschuh laufen" (Z. 92 f.). Diese Fähigkeit, in polemischer Abgrenzung gegenüber verbrauchten Formeln neue und auch provozierende Vergleiche zu finden, macht ihn fast zum Dichter, sie beweist aber auch, wie sehr er der gewöhnlichen Wahrnehmung – für die ein Stuhl einfach ein Stuhl ist – und damit dem alltäglichen Fühlen, Handeln und Leben entfremdet ist.

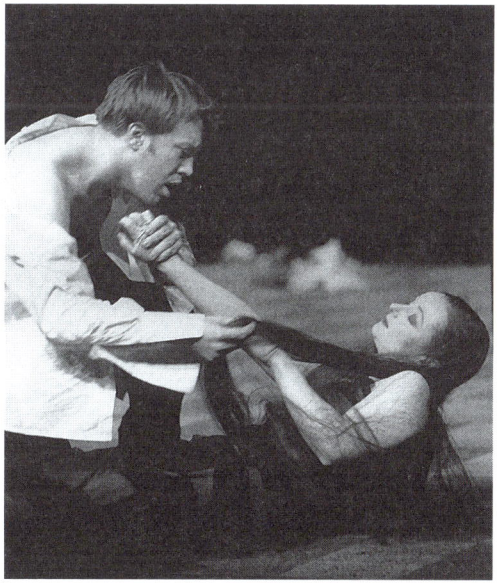

Leonce und Lena am Burgtheater Wien in einer Inszenierung von Sven-Eric Bechtolf aus dem Jahre 2001 mit Regina Fritsch als Rosetta und Nicholas Ofczarek als Leonce (Probenfoto).

Welche sprachlichen Mittel sind für die Redeweise Rosettas charakteristisch? Welche Wirkungsabsicht ist mit ihnen verbunden?

Lösungsvorschlag:

Rosettas Redeanteil ist gegenüber dem von Leonce deutlich geringer. Daher lassen sich bei ihr auch weniger Beobachtungen machen. Zudem entspricht es ihrem ungekünstelten Wesen, dass ihr Sprechen nicht in gleicher Weise wie das von Leonce mit rhetorischen Mitteln instrumentiert ist. Ihre beiden Liedeinlagen zeichnen sich – sowohl vom Satzbau wie auch vom verwendeten Wortschatz her – durch Einfachheit, Innigkeit und einen unmittelbaren Lebensbezug aus. Doch auch diese einfachen Verse sind sprachlich bewusst gestaltet, wie etwa die auffällig häufige Verwendung von *ü*-Lauten zeigt – „O meine müden Füße, ihr müßt tanzen" (Z. 44), „müßt glühen" (Z. 48), „möchtet lieber blühen" (Z. 50) –, die den Eindruck von Schwere und Lebensmüdigkeit verstärken.

Rosetta ist überdies in der Lage, auf den Ton einzugehen, den Leonce vorgibt und der ihrer Rolle als der unterhaltsamen Geliebten des Prinzen entspricht. Gleich eingangs begrüßt sie Leonce mit der parodistischen Emphase, die ihm offenbar gefällt und die er auch sofort aufgreift (Z. 10–13). Ihre folgende Äußerung setzt diesen neckischen Ton fort (Z. 14). Auf subtile Weise spricht sie dabei von seinen Lippen –„Deine Lippen sind träg" –, um den Gesamteindruck, den Leonce vermittelt, zum Ausdruck zu bringen. Eine solche Äußerung entspricht dem rhetorischen Mittel der Synekdoche (ein Teil steht für das Ganze). In dieser Bemerkung – die von den Lippen spricht, aber die Person insgesamt meint – liegt also schon eine versteckte Kritik an seiner Haltung ihr gegenüber. Im weiteren Verlauf der Szene wird denn auch immer wieder deutlich, dass das Wortgeplänkel mit Leonce nicht ihrem Wesen entspricht und dass sie sich nach einer innigeren Form der Unterhaltung sehnt.

So greift sie zwar das von Leonce bevorzugte Stilmittel des Chiasmus zweimal in virtuoser Weise auf (Z. 39 und 42), versucht allerdings beide Male, dem Gespräch durch ihre Antworten wieder eine ernste Wendung zu geben.

Später geht sie auch auf das von Leonce erfundene Bild von den Tränen, die zu Diamanten werden (Z. 61 f.), ein und entwickelt es folgerichtig weiter, aber wiederum mit einem ernsten und fast dramatischen Unterton: „Wohl, Diamanten, sie schneiden mir in die Augen." (Z. 64)

Auf solche Weise versucht Rosetta, Leonce deutlich zu machen, wie sehr er ihre Gefühle verletzt. Jedoch gelingt es ihr nicht, ihn damit zu beeindrucken. Weil Leonce nicht bereit ist, sich auf Rosettas Persönlichkeit einzulassen, verliert er zuletzt das Interesse an ihr. Mehr als die Rolle einer liebenswürdigen

Stichwortgeberin für sein eigenes Sprachspiel hat er ihr nicht zugestanden. Diese Rolle füllt sie aus, jedoch mehr und mehr gequält. Dadurch ist sie für den Prinzen nicht mehr amüsant. Ohne eigentlichen Abschied schickt er sie weg.

5 Untersuchung der Personengestaltung

In diesem Schritt geht es darum, die **Charakterzeichnung** der Dramenfiguren – aus den Voraussetzungen der von ihnen verwendeten Argumentation und Sprache – so zu analysieren, dass sie als Individuen gut erkennbar werden. Dabei soll von der **Darstellung des Äußeren** – Aussehen, Kleidung, Haltung, Ausdruck, Bewegungen, Alter, Geschlecht – und der **sozialen Merkmale** – Zugehörigkeit zu einer sozialen Gruppe, Gesellschaftsschicht, Stand – auf ihre **Persönlichkeit** – Denkweise, Einstellungen, Eigenschaften – geschlossen werden können.

Näheren Aufschluss über eine literarische Figur erhalten die Leser beziehungsweise Zuschauer durch

- direkte Charakterisierung (Äußerungen über die Figur durch andere Figuren oder durch sie selbst),
- indirekte Charakterisierung (Rückschlüsse auf das Wesen der Figur durch ihr Auftreten, ihre charakteristischen Gewohnheiten, ihre Handlungen, ihr sprachliches Verhalten oder ihren Sprachgestus).

Gesichtspunkte zur Untersuchung der Personengestaltung

- Durch ihre Sprache charakterisieren sich die handelnden Figuren selbst (indirekte Charakterisierung).
- Die sprachlichen Äußerungen der Figuren lassen Rückschlüsse auf ihre tatsächlichen Ziele zu, manchmal auch dadurch, dass etwas nicht ausgesprochen wird.
- Die Sprache lässt die Taktik durchscheinen, mit der die handelnden Figuren ihre Ziele durchzusetzen versuchen – auch wenn mitunter versucht wird, die Beteiligten über die wirklichen Ziele und die dafür eingesetzte Taktik zu täuschen.
- Häufig sprechen die Personen aber auch etwas ganz anderes aus als das, was sie wirklich sagen wollen. Daher muss der Zuschauer beziehungsweise Leser auf den Subtext einer Äußerung – gewissermaßen auf den Anteil, den das Unbewusste an ihr hat – achten.
- Die Sprache verrät die Gefühle der handelnden Personen (oder versucht, Gefühle zu verdecken).
- Die Figuren wirken durch ihre Äußerungen aufeinander ein, verursachen Konflikte und geben Anlass zu Reaktionen.
- Die Dialogführung verrät die Art des Beziehungsgefüges.

Aufgabe 14 Wie wird in der vorliegenden Szene Leonce charakterisiert?

Lösungsvorschlag:
Die „Rosetta-Szene" zeigt, dass Leonce unbekümmert mit den Gefühlen anderer Menschen umgeht. Nachdem seine Liebe erloschen ist, nimmt er keine Rücksichten mehr auf die Geliebte. Als sie ihn allein zurücklässt, wird in seinem Monolog deutlich, dass sein Hang zur Schwermut plötzlich auch in Gewaltfantasien umschlagen kann (Z. 93 f.). Diese Versuchung, für den Überdruss an der eigenen Existenz in der Gewalt ein Ventil zu suchen, hat offenbar mit der Gefühlskälte von Leonce gegenüber anderen Menschen zu tun. Die Vorstellung, dass andere Menschen leiden, hat für ihn nichts Erschreckendes, wie sein Verhalten gegenüber Rosetta zeigt. Das ist zugleich auch ein soziales Merkmal, ein – verständlicher, wenn auch sicher nicht zwangsläufiger – Effekt seiner Sonderexistenz als Prinz.

Über sein Äußeres erfährt man in der vorliegenden Szene wenig. Die Hauptzüge seines Charakters sind Melancholie, Gelangweiltsein und ein blasiertes Desinteresse. Die Tätigkeiten, zu denen er sich aufraffen kann – hier etwa das Einrichten der Szene im Saal –, dienen lediglich dem Zweck, ein ästhetisches Umfeld für die Entfaltung seiner Launen herzustellen.

In diesem Bedürfnis nach einem ästhetischen Umfeld ebenso wie in seiner witzigen und geschliffenen Sprache zeigt sich aber auch sein verfeinerter Geschmackssinn. Dieser verstärkt noch den aristokratisch-elitären Zug seines Wesens – schließlich erfordert es Muße, Geschmack zu entwickeln –, weist jedoch vor allem auf sein künstlerisches Talent.

Zwar schafft er selbst keine Kunstwerke, aber er behandelt seine eigene Existenz wie ein Kunstwerk. Er sucht einen Ausweg aus seiner Lage, indem er sich spielerisch zu seiner Umwelt verhält und sie nach eigenen Vorstellungen neu schafft. Solange er sich jedoch nicht entschließen kann, aus der engen Welt seines prinzlichen Daseins auszubrechen und wirkliche Erfahrungen zu machen, wirkt diese Kunstwelt nicht befreiend, sondern gleicht vielmehr einer künstlich erzeugten Laborwelt, die lediglich der Selbstbespiegelung dient.

Leonce erweist sich insgesamt als Teilhaber wie als Opfer der absolutistischen Macht: Er erkennt die Strukturen des absolutistischen Systems – das in Büchners Lustspiel durch die Winzigkeit des Herrschaftsbereichs und die Unfähigkeit des Königs von vornherein ins Lächerliche gezogen wird – und seine eigene Rolle darin. Er leidet unter der Lächerlichkeit dieses Systems, aber er tut – zumindest vorerst – nichts dafür, das System aufzubrechen und damit auch seine Privilegien, die gerade in der Rosetta-Szene sehr deutlich werden, aufs Spiel zu setzen.

Aufgabe 15   Wie wird Rosetta charakterisiert?

Lösungsvorschlag:

Rosetta verhält sich in ihrer Rolle als Mätresse des Prinzen wie eine kunstvoll gearbeitete Puppe, die wie aufgezogen ihre hübschen Redewendungen aufsagt, tanzt, ihre Lieder singt, sich verbeugt und abgeht. Auf den ersten Blick könnte sie daher als munteres, naives Mädchen erscheinen. Doch bei näherem Hinsehen zeigt sich – in ihren Antworten und Reaktionen auf den Versuch von Leonce, sich ihrer zu entledigen, vor allem aber in ihren Liedern –, dass ihr eigentliches Wesen ein ganz anderes ist. Ihre Gefühle gehen tief und entsprechend ist ihre Verletzlichkeit groß. Der Gefühllosigkeit ihres Geliebten begegnet sie mit innerer Stärke. Klarsichtig erkennt sie zuletzt, dass jeder Versuch, Leonce umzustimmen, vergeblich wäre. Indem sie sich klaglos in ihr Schicksal fügt, bewahrt sie ihre menschliche Würde.

Aufgrund ihrer tieferen Menschlichkeit ist sie eben nicht nur die Puppe, die nach den Vorstellungen des Prinzen tanzt und singt, sondern bringt einen wehmütigen, fast tragischen Ton in diese Beziehung ein.

Wenn vorausgesetzt werden kann – etwa aufgrund der für die Kursstufe geltenden Lektüreliste –, dass das Werk im Ganzen im Unterricht behandelt oder zumindest als unterrichtsbegleitende Lektüre gelesen worden ist, dann ist es angebracht, noch einige Anmerkungen zur weiteren Entwicklung der Figuren im Stück zu machen.

Aufgabe 16   Haben diese Charakterisierungen von Leonce und Rosetta über die Szene hinaus Bestand?

Lösungsvorschlag:

Rosetta hat in Büchners Stück nur diesen einen Auftritt. In den weiteren Szenen des Dramas spielt sie keine Rolle mehr. Ihr Charakterporträt ist damit abgeschlossen. Umso erstaunlicher ist, wie es Büchner gelungen ist, in diesem kurzen Auftritt ein differenziertes Persönlichkeitsbild dieser Nebenfigur zu entwerfen.

Leonce flieht mit Valerio nach Italien. Auf dem Weg dorthin begegnet er Lena, der ihm zugedachten Braut, in die er sich verliebt. Diese beiden Handlungsmomente – dass er aus seiner Existenz ausbricht und dass er eine echte Zuneigung zu einem anderen Menschen fasst – bewirken eine Veränderung seines Charakters. Leonce sammelt menschliche Erfahrungen, die ihm bis dahin fremd waren. Ob er sich jedoch tief greifend und grundsätzlich wandelt, diese Frage lässt das Stück offen: Am Ende kehrt er in sein kleines Königreich zurück und heiratet die ihm vom Vater zugedachte Braut.

6 Einordnung in die dramatische Gattung

Der Begriff „**Drama**" kommt aus dem Griechischen und bedeutet „Handlung". Damit ist ein wesentliches Element dieser Textgattung benannt: Es geschieht sehr viel, wenn Schauspieler vor einem Publikum auf der Bühne agieren. Allerdings spielt sich diese Handlung in der Regel im Dialog ab, seltener im Monolog, im Beiseitesprechen (der nur für den Zuschauer gedachten Rede) oder in der Kommentierung der Handlung durch eine der Figuren.

Der Begriff **Schauspiel** wird häufig wie der des Dramas als allgemeine Bezeichnung für ein Bühnenstück verwendet. Er dient aber manchmal auch dem Zweck, eine Sonderform des Dramas zu benennen. „Schauspiel" ist dann ein Bühnenwerk, das eine konfliktgeladene Handlung aufweist, die auf ein tragisches Ende zuzulaufen scheint. Die Wandlung oder auch die Einsicht des Helden führt aber letztlich eine Lösung des Problems herbei.

Die **Komödie** oder das **Lustspiel** will den Zuschauer zum Lachen bringen – indem sie beziehungsweise es menschliche Schwächen schildert, Scheinwerte angreift, literarische Normen und Institutionen der Lächerlichkeit preisgibt.

Die **Tragödie** oder das **Trauerspiel** stellt Menschen dar, die ohne eigenes Verschulden in eine Situation geraten, aus der es für sie keinen Ausweg gibt. Dieser unlösbare Konflikt endet mit dem äußeren oder inneren Zusammenbruch der Personen. Das zeigt dem Zuschauer, wie wenig er sein eigenes Schicksal in der Hand hat.

Die **Tragikomödie** verbindet beide Gattungen, wenn sie zeigt, wie tragische Elemente in komödienhafte übergehen können oder umgekehrt – wie Großes und Lächerliches nebeneinander bestehen. Diese Mischform bedient sich eines tragisch gebrochenen Humors, bei dem dem Zuschauer das Lachen im Halse stecken bleibt.

Neben diesen Grundformen gibt es zahlreiche **weitere Formen des Dramas**: das bürgerliche Trauerspiel, das dramatische Gedicht, das lyrische Drama, das Parabelstück, die Farce, die Satire, die Groteske, das Dokumentarstück und andere mehr. Auf die gängigeren von ihnen, über die man mit Blick auf die Abiturprüfung informiert sein sollte, wird in den folgenden Übungskapiteln näher eingegangen.

An dieser Stelle folgt zunächst noch einmal eine Übersicht über die Grundformen des Dramas, denn *Leonce und Lena* gehört zu einer dieser Grundformen. Um die Form eines Werkes zu beschreiben, ist es aber nützlich, nicht nur über die Merkmale der Textgattung, der sie angehört, Bescheid zu wissen, sondern auch über die Merkmale der anderen Textgattungen – denn Erkennen hat nicht nur mit Identifizieren, sondern auch mit Unterscheiden zu tun.

Dramatische Gattungen		
Typ	Beschreibung	beabsichtigte Zuschauerreaktionen
Drama / Schauspiel	Oberbegriff oder Bezeichnung für einen Bühnentext, der einen Ausweg aus einer konfliktgeladenen Handlung zeigt	Erleichterung bzw. Verblüffung über das überraschende – aber doch auch erwartete – Ende
Komödie / Lustspiel	ein Bühnentext, der falsches Verhalten oder unzeitgemäße Konventionen lächerlich macht	amüsiertes Zurücklehnen oder Verspottung bzw. Auslachen der vorgeführten Schwächen
Tragödie / Trauerspiel	ein Bühnentext, dessen Konflikt so grundlegend ist, dass es für die Protagonisten keine Chance gibt: sie gehen schuldlos unter	Mitleid mit den scheiternden Personen, Rührung aufgrund ihres unverdienten Schicksals
Tragikomödie	ein Bühnentext, der tragische und komische Elemente verbindet	Lachen und Rührung wechseln sich ab; ebenso Betroffenheit und befreiendes Gelächter

Leitfragen zur Analyse der dramatischen Gattung
Gibt der Untertitel eine bestimmte dramatische Gattung vor?
Wenn ja:
• Welche Interpretation für die Szene oder das Werk insgesamt ergibt sich aus der Nennung der Dramenform?
Wenn nein:
• Welche Handlungselemente lassen Rückschlüsse auf die dramatische Gattung zu?
• Inwiefern deutet die Sprache des Stücks auf eine bestimmte dramatische Gattung?

Bei Teilaufgaben im Abitur, die weniger auf die Analyse und Interpretation der vorgelegten Szene selbst als vielmehr auf die Gattungszugehörigkeit des Werkes, seine Zuordnung zu einer literarischen Epoche (vgl. Abschnitt 7, S. 35 f.) oder seine Rezeption (vgl. Abschnitt 8, S. 37 f.) zielen, sollte man besonders auf die Vorbemerkungen achten, die den Dramenauszügen im Abitur manchmal vorangestellt sind. Oft liefern diese Angaben Hinweise auf die Lösung der Aufgabe, die dann natürlich in die Darstellung mit einzubeziehen sind (vgl. die Vorbemerkung zum Textauszug aus *Leonce und Lena* auf S. 6).

Aufgabe 17 Erläutern Sie, warum Georg Büchner als Untertitel für sein Drama die Bezeichnung „Ein Lustspiel" gewählt hat.

Lösungsvorschlag:
Der im Stück sprachlich dominierende Wortwitz, den Leonce und insbesondere Valerio an den Tag legen und den in der vorliegenden Szene selbst Rosetta beherrscht, macht eine Einordnung des Werkes als Lustspiel einfach.
Leonces Melancholie bildet darüber hinaus ein Element des Tragi-Komischen. Die wehmütige Stimmung des Protagonisten – die in der spätromantischen Lyrik der Zeit zum Modebegriff „Weltschmerz" avanciert – wird vom Autor nicht recht ernst genommen. Auch Leonce spielt mit dieser Stimmung mehr, als dass er sie wirklich empfindet. Zudem mischt Büchner satirische und ironische Elemente unter, wenn er politische Kritik am Absolutismus übt und insbesondere König Peter der Lächerlichkeit preisgibt. Solche Kritik an Institutionen und Personen gehört zu den Hauptmerkmalen eines Lustspiels.
Die fragwürdige Legitimität des Duodezfürstentums deutet Büchner auch in der „Rosetta-Szene" an. Hier zeigt sich, dass der Lustpiel-Dichter mit Zorn auf die Sitten der Mächtigen seiner Zeit reagiert. Wenn der Prinz mit ungerührter Blasiertheit das Ende seiner Liebe zelebriert, diktatorische Neigungen zu erkennen gibt und Rosetta traurig abgeht, nimmt die Komik bittere Züge an. Ein ‚harmloses' Lustspiel ist Büchners Schauspiel jedenfalls nicht.
Büchner verfasste sein Werk als Beitrag für einen Wettbewerb des Cotta-Verlags, der 1836 für das beste ein- oder zweiaktige Lustspiel einen ansehnlichen Geldpreis, nämlich 300 Gulden, ausgeschrieben hatte. Büchner lebte zu diesem Zeitpunkt in großen Geldsorgen – allerdings verpasste er den Abgabetermin, wodurch alle Hoffnungen hinfällig wurden.
Nachdem Büchner sich aber auf die Bedingungen des Wettbewerbs eingelassen hatte, war er in der Wahl des Genres nicht mehr frei. Er orientierte sich an literarischen Vorbildern der Zeit, vor allem an der romantischen Komödie. Der Grundeinfall des Stückes – die Protagonisten flüchten vor der drohenden Zwangsheirat und finden dann doch als Liebende zusammen – entspricht einem alten Märchen- und Komödienmotiv. Bei den Figuren griff Büchner auf die Dramen Shakespeares und auf das Typentheater der italienischen Commedia dell'arte zurück.

7 Einordnung in die literarische Epoche

Jedes literarische Werk ist – auf mehr oder weniger vermittelte Weise – auch ein Spiegelbild seiner Zeit. Zur vollständigen Analyse und Interpretation einer Dramenszene gehört daher auch die Darstellung ihres **allgemeingeschichtlichen** sowie ihres **literaturgeschichtlichen Kontextes**.

Leitfragen für die Einordnung einer Dramenszene in ihre Entstehungszeit und die literarische Epoche

- Welche Bedeutung hat der in dieser Szene angesprochene Konflikt in seiner Zeit?
- Welche Tendenzen der zeitgenössischen Diskussion werden in der Behandlung des Konflikts deutlich?
- Ist das Werk typisch für die Literatur seiner Zeit oder steht es quer zu seiner literarischen Umgebung?
- Welcher zeittypische Umgang mit Sprache lässt sich erkennen?

Aufgabe 18   Zeigen Sie, inwiefern die vorliegende Szene der Epoche des Vormärz zuzurechnen ist.

Stellen Sie dabei zunächst ihre Übereinstimmungen mit den Ideen der Zeit dar.

Lösungsvorschlag:

Die Literatur des Vormärz lässt sich auf den Zeitraum zwischen zwei Revolutionen festlegen: der Julirevolution in Paris 1830 und den unmittelbaren Vorbereitungen auf die Märzrevolution 1848 beziehungsweise die Wahlen zum Frankfurter Paulskirchen-Parlament – eine Zeitspanne, die von großen Hoffnungen geprägt ist: auf bürgerliche Freiheiten, die an die Stelle von Obrigkeitswillkür und Untertanengesinnung treten sollen sowie auf soziale Gleichheit, die sich gegen ein veraltetes ständisches System richtet und Partei für die Bauern und ein langsam wachsendes Industrieproletariat ergreift.

Diesen Hoffnungen öffentlich Ausdruck zu verleihen, war jedoch gefährlich in einer Zeit, in der alle republikanischen und egalitären Bestrebungen von der Obrigkeit unnachgiebig unterdrückt wurden. Diese Erfahrung musste Georg Büchner auch persönlich machen. Nach der Veröffentlichung des *Hessischen Landboten* im März 1835 wurde er steckbrieflich gesucht und musste aus Hessen nach Straßburg fliehen. In seinen Dramen schrieb er über den Niedergang der Französischen Revolution – *Dantons Tod* (1835) –, den Einzelnen als Opfer gesellschaftlicher Unterdrückung – *Woyzeck* (1836) – und karikierte in *Leonce und Lena* (1836) die in den deutschen Kleinstaaten verbreiteten Formen des Feudalismus und des gelangweilten Müßiggangs der herrschenden Klasse.

Aufgabe 19 Bestimmen Sie – mit Blick auf die gesellschaftlichen Tendenzen seiner Entstehungszeit – die Absicht der Szene und des ganzen Lustspiels.

Lösungsvorschlag:
Die „Rosetta-Szene" zeigt, wie die Angehörigen der herrschenden Klassen – hier der Prinz – durch ihre Privilegien unmenschlich werden. Der persönliche Aufwand, den sie treiben, wird durch die Klasse der arbeitenden Menschen erwirtschaftet. Sie selbst lehnen die Zumutung, nützliche Mitglieder der Gesellschaft zu werden, ausdrücklich ab. Für das Leid ihrer Untertanen – selbst wenn sie ihnen so nahe kommen, wie das bei Rosetta, der Geliebten des Prinzen, der Fall ist – bleiben sie unempfindlich.
Insgesamt bedient sich Georg Büchner in *Leonce und Lena* einer subversiven Methode der Gesellschaftskritik. Er stellt die Herrschaftsverhältnisse bloß, indem er sie verspottet und die Machthaber ebenso wie die geflissentlichen Beamten der Macht als Karikaturen vorstellt. Die skurrile, aber dennoch stabile Welt des Spätabsolutismus wird so in ihrer Brutalität wie in ihrer Banalität erkennbar.

Szene aus Stefan Puchers Inszenierung von *Leonce und Lena* am Deutschen Schauspielhaus Hamburg aus dem Jahre 2002 mit Nicole Heesters als Rosetta und Alexander Scheer als Leonce.

Aufgabe 20 Ordnen Sie den Sprachstil von Büchners Lustspiel literaturgeschichtlich ein.

Lösungsvorschlag:
Büchner schreibt in dem ironisch gebrochenen Stil der Romantiker, um deutlich zu machen, dass er mit der Welt der Philister und der Adligen nichts zu tun haben will (vgl. hierzu das Ende des Lösungsvorschlags zu Aufgabe 12). Er geht aber auf der anderen Seite ohne jeden ironischen Unterton vor, wenn er – wie in der Rosetta-Szene – die egoistischen Verhaltensweisen der Herrschenden auf der Bühne zur Schau stellt. In solchen Passagen nähert sich die Sprache des Stückes der politisch engagierten Literatur des Vormärz.

8 Analyse der Rezeption

Dieser letzte Untersuchungsschritt geht auf die Wirkung des Dramas ein. Er ist **kein unerlässlicher Bestandteil des Aufsatzes**; dies schon aus dem einfachen Grund, weil nicht erwartet werden kann, dass die Abiturientinnen und Abiturienten über die Wirkungsgeschichte des Werkes, das ihnen in der Abiturprüfung vorgelegt wird, informiert sind. Wenn solche Kenntnisse vorhanden sind, sollten sie aber in den Aufsatz einfließen. Dies sollte allerdings in knapper Form geschehen, **sofern nicht ausdrücklich danach gefragt wird**.

Bei der Rezeption eines Dramas geht es um die verschiedenen Möglichkeiten, das Werk zu verstehen, sowie darum, wie das Werk tatsächlich verstanden worden ist. Das schließt die Reaktionen eines heutigen Lesers oder Publikums als vorerst letzte Position mit ein.

> **Leitfragen zur Analyse der Rezeption**
> - Wie wurde das Drama von Publikum und Kritik seiner Zeit aufgenommen?
> - Wie veränderte sich die Rezeption des Stücks im Laufe seiner Wirkungsgeschichte?
> - Wie stehen Sie selbst als heutiger Leser oder Zuschauer dem Text gegenüber?

Aufgabe 21 Was wissen Sie über die Aufnahme des Stückes durch das zeitgenössische Publikum und über seine fernere Wirkungsgeschichte?

Lösungsvorschlag:

Leonce und Lena fand zunächst überhaupt keine Resonanz bei den Zeitgenossen. Nachdem Büchner den Abgabetermin für das Preisausschreiben verpasst hatte, schrieb er sein Drama in der folgenden Zeit mehrfach um. Nach dem frühen Tod des Autors im Februar 1837 ging das Originalmanuskript verloren. Erhalten blieben lediglich zwei Abschriften. Erst 1850 wurde das Stück vollständig gedruckt.

1895, also fast sechzig Jahre nach der Arbeit an *Leonce und Lena*, wurde das Drama im Rahmen einer Liebhabervorstellung des privaten „Intimen Theaters" in Biederstein bei München gespielt. Erst 1911 fand die öffentliche Theaterpremiere in Wien statt.

Diese verzögerte Rezeption des Dramas macht deutlich, wie unsicher die Theaterleute lange Zeit hinsichtlich der Deutung des Stücks und seinem möglichen Erfolg beim Publikum waren. Wie kommt ein Drama an, das als eine politisch motivierte Satire ebenso gedeutet werden kann wie als wehmütiges Märchen für Erwachsene, als ästhetischer Scherz ebenso wie als Ausdruck eines nihilistischen Weltbildes oder als surrealistisches Theater? Die vielfältigen Zugänge, die das Stück eröffnet, verhindern eine klare Etikettierung. Mittlerweile wird das jedoch eher als Vorzug empfunden. Heute wird das Stück relativ oft aufgeführt.

Mit seiner Ironie unterscheidet sich das Drama von den anderen Werken Georg Büchners, vor allem von *Woyzeck* und *Dantons Tod,* Dramen also, die eine klare politische oder soziale Aussage zu besitzen scheinen. Dass auch das Lachen eine befreiende Wirkung haben kann und zu den politischen Waffen gehört, mit denen die Zustände der Zeit bekämpft werden können, ist eine Vorstellung, die in der deutschen Literatur lange Zeit wenig Resonanz gefunden hat. *Leonce und Lena* verbindet solche beißende Gesellschaftskritik mit der subtilen und gewissermaßen lyrischen Gestaltung eines persönlichen Dilemmas. Dieser Doppelcharakter begründet die Ausnahmestellung des Stücks innerhalb des deutschen Dramas.

Aufgabe 22   Wie bewerten Sie das Stück aus heutiger Sicht?

Lösungsvorschlag:
Leonce und Lena ist das einzige Lustspiel Büchners. Es zeigt Menschen, die „keinen Bock" mehr haben, ihren Aufgaben nachzukommen, die nicht einsehen, warum sie wie in einem Hamsterrad ihren Alltag täglich aufs Neue und in einem immer gleichen Rhythmus durchstehen sollen und melancholisch werden, weil sie keinen Ausweg finden. Das ist ein sehr modernes Lebensgefühl. Büchner zeigt, dass Leonce sich diesem Zustand durch ironische Distanz, durch Träume und rauschhafte Fantasien zu verweigern versucht. In dem vorliegenden Textabschnitt wird aber auch deutlich, dass diese Haltung menschenverachtende Züge annehmen kann.

Heutige Zuschauer haben wohl kein Problem damit, sich in die „Null-Bock-Haltung" des Prinzen Leonce zu versetzen. Vor allem Jugendliche können sich mit den Hauptfiguren des Dramas identifizieren, versuchen sie doch auch häufig, sich Anforderungen mit ironischer Distanz zu entziehen. Büchner liefert jedoch kein billiges Happy End, das den Zuschauer mit seiner Situation versöhnt. Die Verhältnisse bleiben noch immer brüchig; die Auseinandersetzung muss stets aufs Neue gesucht werden.

9 Der Aufsatz als Gesamtkunstwerk: Einleitung und Schluss

Jeder Aufsatz muss in sich abgerundet sein. Sie müssen – mit Einleitung und Schluss – einen Rahmen gestalten, der zu Ihren Ausführungen im Mittelteil passt. Sie haben dabei einen **großen Spielraum**. Die folgenden Passagen können Ihnen allenfalls einige Hinweise geben, wie Sie ihn ausgestalten können.

Auch wenn Einleitung und Schluss jeweils nicht länger als eine halbe Seite sein sollten, müssen Sie in der Vorbereitung die Zeit einkalkulieren, die Sie dafür benötigen. Weniger als eine halbe Stunde dürften Sie kaum dafür veranschlagen, denn diese Passagen haben es in sich.

Die **Einleitung** hat einen hinführenden Charakter. Ein Interpretationsaufsatz beginnt nicht *medias in res*. Er macht den Leser erst einmal mit dem Thema bekannt. Diese ersten Zeilen sind auch deshalb besonders wichtig, weil sie Ihren Lesern – in jedem Falle sind das der Erst-, Zweit- und Drittkorrektor, auf deren Urteil es ankommt – einen ersten Eindruck von Ihren Kenntnissen und Formulierungsfähigkeiten vermitteln.

Präsentation des Textes in der Einleitung
- Sie nennen Autor, Titel, Erscheinungsdatum des Dramas.

Weiterführende Möglichkeiten:
- Sie beziehen die Biografie des Autors ein.
- Sie nennen das zentrale Thema des Dramas.
- Sie gehen auf das Verhältnis zwischen Text und Epoche ein.

Diese Gedanken werden nur genannt, nicht näher erläutert – daran arbeiten Sie im Hauptteil Ihres Aufsatzes. Hier geht es darum, auf Ihre Argumentation hinzuführen.

Aufgabe 23 Schreiben Sie eine Einleitung zu Büchners Drama, die die vorgegebene Aufgabenstellung einbezieht.

Lösungsvorschlag:
Wie lässt sich in politisch finsteren Zeiten ein politisches Drama schreiben, das die Zensur passiert und dennoch auf deutliche Weise die gesellschaftlichen Missstände offen legt? Büchners Lustspiel *Leonce und Lena* aus dem Jahre 1836 ist ein Beispiel für die Mischung aus unterhaltsam-sarkastischer Gestaltung und bitterer Enthüllung volksverachtender Arroganz in den absolutistisch

regierten Kleinstaaten Deutschlands der Restaurationszeit. Hier begehrt nicht etwa das Volk gegen seine Unterdrücker auf. Vielmehr wehrt sich ausgerechnet derjenige gegen die sinn- und geistlosen Zustände, der das ihnen zugrunde liegende System in Zukunft repräsentieren und stützen soll: Kronprinz Leonce.

Büchner will seinem Publikum die Augen öffnen und es zu selbstständigem, aufgeklärtem Denken und Handeln anregen. Um dieses Ziel zu erreichen, stellt er keine Figuren auf die Bühne, mit denen sich die Zuschauer blindlings und gedankenlos identifizieren können, sondern vielmehr einen gelangweilten, an seinem Dasein völlig desinteressierten Protagonisten, von dem eine gewisse Faszination ausgeht, der jedoch auf den Zuschauer auch provozierend wirkt. Eine solche Figur, an der sich der Zuschauer reibt, ist geeignet, einen Denkprozess in Gang zu bringen.

Versuchen Sie, die Thesen, die Sie in der Einleitung formuliert haben, am **Schluss** wieder aufzugreifen. Anfang und Ende sollten korrespondieren und ein Gesamtkonzept erkennen lassen. Deutlich sollte werden, dass Sie eine eigenständige Sichtweise auf den Text entwickelt haben. Wie für die Einleitung gilt auch hier, dass Sie mehr als einige Floskeln schreiben sollten. Vermeiden Sie jedoch auch den Eindruck, dass Sie im Schlussteil erneut mit der Analyse und Interpretation der Szene beginnen. Hier kommt es auf die richtige Balance an. Auf jeden Fall aber sollten Sie darauf verzichten, in Ihrer Stellungnahme peinliche Beurteilungen abzugeben („... hat der Autor gut beschrieben ...").

Zusammenfassung der Ergebnisse im Schluss

- Bestätigung oder Variation der Ausgangsthesen

Alternativ zum Beispiel:

- Verweis auf vergleichbare Texte dieser – oder späterer / vorhergehender – Epoche(n)
- Aktualisierung der Thematik

Vermutlich werden Sie Einleitung und Schluss erst formulieren, wenn Sie das Konzept Ihres Aufsatzes abgeschlossen haben. Erst dann wissen Sie selbst, wie Sie argumentieren wollen und was Ihre Ausführungen als zentralen Gedanken enthalten. Auf keinen Fall sollten Sie versuchen, in der Abiturvorbereitung einleitende Sätze auswendig zu lernen. Diese sind meist aus dem Zusammenhang gerissen und können Ihren eigenen Stil kaum treffen.

Isabel Schosnig als Rosetta und Oliver
Kraushaar als Leonce in Michael
Thalheimers Inszenierung von *Leonce und
Lena* am Schauspiel Leipzig
aus dem Jahre 2001.

Aufgabe 24   Schreiben Sie einen Schluss zu Ihrer Analyse von Büchners Drama.

Lösungsvorschlag:
Büchners Held, der gelangweilte, desinteressierte, herumhängende, dabei aber nicht unsympathische Leonce, dürfte heute gerade bei einem jugendlichen Publikum auf großes Verständnis stoßen. Es ist durchaus nachvollziehbar, dass man sich als von außen gelenkt erlebt und keine Lust hat, in diesem Spiel mitzumachen. Auch das ambivalente Verhalten, das Leonce an den Tag legt – sich dem System zu widersetzen, aber dennoch an seinen Privilegien festhalten zu wollen –, ist heute kein unbekannter Zug.

Büchner hat seinen gebrochenen Helden mit so viel Verständnis und Sympathie gestaltet, dass auch die negativen Seiten seines Charakters erträglich wirken. Andererseits ist es gerade diese zwiespältige Darstellung, die einem eindeutigen Erfolg des Lustspiels zunächst im Wege stand und wohl auch noch heute dafür verantwortlich ist, dass das Stück nicht wirklich populär ist. Es gibt beim größeren Teil des Publikums vermutlich ein Bedürfnis nach starken Gefühlen und aufgeladenen Affekten, Tränen, Rührung, Liebe, Hass, Misstrauen, Verrat – all das hat Büchners Lustspiel gerade nicht zu bieten.

10 Einen roten Faden finden: das Konzept

Ohne vorher eine **Gliederung** geschrieben zu haben, sollten Sie mit dem Aufsatz nicht anfangen. Sie müssen Ihre Gedanken zunächst so weit ordnen, dass sie ein in sich geschlossenes Konzept bilden.

Sinnvoll ist es, wenn Sie zunächst einige vorläufige Eindrücke notieren, erste Ideen zum Thema, zum Inhalt, zu den Personen, zu sprachlichen Auffälligkeiten am Rand festhalten beziehungsweise im Text markieren.

Anschließend sollten Sie die **Untersuchungsschritte** vornehmen, die in den Abschnitten 1 bis 7 **dieses Grundlagenkapitels** ausführlich dargestellt worden sind. Stützen Sie sich dabei auf die dort formulierten **Leitfragen**. Natürlich müssen Sie die einzelnen Analyseschritte in Ihrem Abituraufsatz nicht in der Ausführlichkeit abhandeln, wie das in diesem Grundlagenkapitel geschehen ist. Hier ging es nur darum, Ihnen zu veranschaulichen, wie viel man aus einem begrenzten Textausschnitt herausholen kann. Im Abitur erwartet niemand, dass Sie zwanzig Seiten schreiben. Viel wichtiger als ein großer Umfang ist eine konzentrierte, gut strukturierte Darstellung. Diese gelingt Ihnen, wenn Sie sich an die in diesem Kapitel vorgestellten Untersuchungsschritte halten.

Die Ergebnisse der Untersuchungsschritte sollten Sie **im Konzept stichwortartig formulieren** und ihre **Gedanken grafisch ordnen**, sodass Sie während des Aufsatzes schnell in der Lage sind, sich zu orientieren.

Mind-Map

Eine Möglichkeit, Ihre Gedanken strukturiert zu notieren, ist die Mind-Map. Diese Visualisierungsform versucht, die Vorgänge im Gehirn nachzuzeichnen. Das Denken soll wie auf einer Landkarte abgebildet werden. Begriffe werden so zueinander in Bezug gesetzt, dass am Ende ein Netz von Beziehungen zwischen den Elementen grafisch dargestellt erscheint. Auf diese Weise gelingt es, Begriffe zu ordnen und Argumentationslinien zu finden, indem über- und untergeordnete Gesichtspunkte unterschieden werden.

Zunächst schreiben Sie das Thema des Aufsatzes in die Mitte eines Blattes und umranden es. Die Analyseschritte werden in Form von Linien („Hauptästen") vom Zentrum ausgehend festgehalten. Diese Hauptäste können Sie dann in Nebenäste verzweigen lassen. An jeder beliebigen Stelle können diese ergänzt und erweitert werden; Sie können auch Piktogramme oder Symbole einfügen.

Aufgabe 25 Gestalten Sie eine Mind-Map zu den Personen, zu Handlungsort und -zeit und zu den Konflikten, die in dieser Szene genannt werden.

Lösung 25

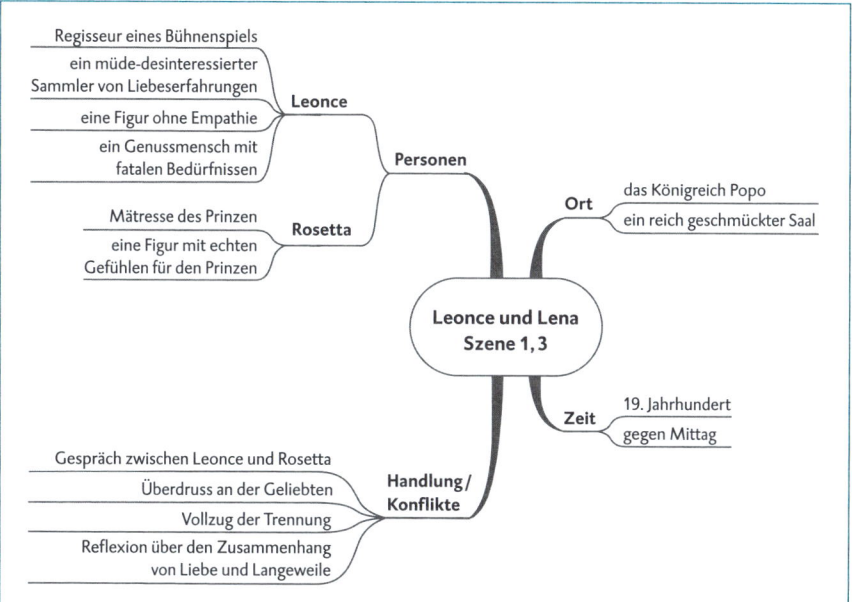

Das Drama der Aufklärung
Gotthold E. Lessing: Nathan der Weise

Sprache wird im Drama in den unterschiedlichen Epochen der Literatur-geschichte zu je eigenen Zwecken eingesetzt. In der Zeit der Aufklärung dient sie vor allem der **rationalen Verständigung**. Gotthold Ephraim Lessing etwa geht davon aus, dass die Menschen durch ein vernünftiges, „aufklärendes" Ge-spräch dazu gebracht werden können, Vorurteile zu überwinden und zu einer unbefangenen, „natürlichen" Sicht der Dinge zu finden. Im Verlauf eines ratio-nalen Diskurses lernen sie, ihr eigentliches Wesen zu erkennen. Gehindert werden können sie daran allenfalls durch Fehleinschätzungen und durch den Einfluss eines Denkens, das sich im Besitz der Wahrheit glaubt und sich damit vernunftbetonten Argumenten entzieht. Die Bereitschaft, an einem gleich-berechtigten Dialog teilzunehmen, setzt aber voraus, den Dialogpartner als autonome Person ernst zu nehmen, ihn nicht manipulieren zu wollen. Das bedeutet auch, dass der Andere als wertvoll erachtet wird. Sympathie der Beteiligten füreinander gehört zu den grundlegenden Bedingungen eines ge-lungenen Dialogs. Es gilt also nicht nur, vernünftige Argumente im Gespräch zu äußern. Sie erfordern darüber hinaus Empathie und müssen auch die Gefühlsebene ansprechen. Auf einer derart vertrauensvollen Basis können Störungen in der Kommunikation behoben, der Weg zu praktischem Handeln beschritten und Beziehungen positiv verändert werden.

Der Tempelherr (Martin Bretschnei-der) und Nathan (Otto David) im Gespräch. Szene aus Thomas Reicherts Insze-nierung des Stücks am Schauspielhaus Graz aus dem Jahre 2002.

Von diesen Überlegungen ist Lessings Drama *Nathan der Weise* geprägt. Es soll zeigen, wie das Trennende religiöser Überzeugungen durch menschliche Solidarität überwunden werden kann. Damit verfolgt der Autor einen pädagogischen Zweck: Das Drama soll am konkreten Beispiel die Möglichkeit eines interreligiösen Dialogs veranschaulichen.

Drama der Aufklärung	
wichtigster Autor	Gotthold Ephraim Lessing (1729–1781)
Grundverständnis	Immanuel Kant: „Sapere aude!" („Habe Mut, dich deines eigenen Verstandes zu bedienen!")
Themen	<ul><li>Toleranz</li><li>Spannung zwischen bürgerlicher Moral und adliger Standesethik</li><li>Nachdenken über den absolutistischen Staat</li></ul>
Merkmale des Dramas	<ul><li>Sprache: Blankvers oder Prosa</li><li>Struktur: fünfaktiger Aufbau</li><li>Form: Die Forderung nach Natürlichkeit der Charaktere und ihrer Sprache, der Folgerichtigkeit ihrer Motive und Entscheidungen, führt zu Formen, die dem Alltag der Zuschauer näher liegen: – Lustspiel – bürgerliches Trauerspiel – dramatisches Gedicht</li></ul>
wichtige Dramen Lessings	*Minna von Barnhelm.* Lustspiel (1767) *Emilia Galotti.* Bürgerliches Trauerspiel (1772) *Nathan der Weise.* Dramatisches Gedicht (1779)

Dramen-
auszug 2 **Gotthold Ephraim Lessing**
Nathan der Weise (Szene II,5)

NATHAN *und bald darauf der* TEMPELHERR.

NATHAN. Fast scheu ich mich des Sonderlings. Fast macht
    Mich seine raue Tugend stutzen. Dass
    Ein Mensch doch einen Menschen so verlegen
5   Soll machen können! – Ha! er kömmt. – Bei Gott!
    Ein Jüngling wie ein Mann. Ich mag ihn wohl
    Den guten, trotz'gen Blick! den prallen Gang!
    Die Schale kann nur bitter sein: der Kern
    Ist's sicher nicht. – Wo sah ich doch dergleichen? –
10   Verzeihet, edler Franke …
TEMPELHERR.   Was?
NATHAN.   Erlaubt …
TEMPELHERR. Was, Jude? Was?
NATHAN.   Dass ich mich untersteh,
    Euch anzureden.
TEMPELHERR.   Kann ich's wehren? Doch
    Nur kurz.
NATHAN.   Verzieht, und eilet nicht so stolz,
    Nicht so verächtlich einem Mann vorüber,
15   Den Ihr auf ewig Euch verbunden habt.
TEMPELHERR. Wie das? – Ah, fast errat ich's. Nicht? Ihr seid …
NATHAN. Ich heiße Nathan; bin des Mädchens Vater,
    Das Eure Großmut aus dem Feu'r gerettet;
    Und komme …
TEMPELHERR.   Wenn zu danken: – spart's! Ich hab
20   Um diese Kleinigkeit des Dankes schon
    Zu viel erdulden müssen. – Vollends Ihr,
    Ihr seid mir gar nichts schuldig. Wusst ich denn,
    Dass dieses Mädchen Eure Tochter war?
    Es ist der Tempelherren Pflicht, dem Ersten
25   Dem Besten beizuspringen, dessen Not
    Sie sehn. Mein Leben war mir ohnedem
    In diesem Augenblicke lästig. Gern,
    Sehr gern ergriff ich die Gelegenheit,
    Es für ein andres Leben in die Schanze
30   Zu schlagen: für ein andres – wenn's auch nur
    Das Leben einer Jüdin wäre.
NATHAN.   Groß!
    Groß und abscheulich! – Doch die Wendung lässt
    Sich denken. Die bescheidne Größe flüchtet
    Sich hinter das Abscheuliche, um der

35   Bewundrung auszuweichen. – Aber wenn
      Sie so das Opfer der Bewunderung
      Verschmäht: was für ein Opfer denn verschmäht
      Sie minder? – Ritter, wenn Ihr hier nicht fremd,
      Und nicht gefangen wäret, würd ich Euch
40   So dreist nicht fragen. Sagt, befehlt: womit
      Kann man Euch dienen?

TEMPELHERR.   Ihr? Mit nichts.

NATHAN.   Ich bin
      Ein reicher Mann.

TEMPELHERR.   Der reiche Jude war
      Mir nie der bessre Jude.

NATHAN.   Dürft Ihr denn
      Darum nicht nützen, was dem ungeachtet
45   Er Bessres hat? nicht seinen Reichtum nützen?

TEMPELHERR. Nun gut, das will ich auch nicht ganz verreden;
      Um meines Mantels willen nicht. Sobald
      Der ganz und gar verschlissen; weder Stich
      Noch Fetze länger halten will: komm ich
50   Und borge mir bei Euch zu einem neuen,
      Tuch oder Geld. – Seht nicht mit eins so finster!
      Noch seid Ihr sicher; noch ist's nicht so weit
      Mit ihm. Ihr seht; er ist so ziemlich noch
      Im Stande. Nur der eine Zipfel da
55   Hat einen garst'gen Fleck; er ist versengt.
      Und das bekam er, als ich Eure Tochter
      Durchs Feuer trug.

NATHAN *(der nach dem Zipfel greift und ihn betrachtet)*.
                Es ist doch sonderbar,
      Dass so ein böser Fleck, dass so ein Brandmal
      Dem Mann ein bessres Zeugnis redet, als
60   Sein eigner Mund. Ich möchte ihn küssen gleich –
      Den Flecken! – Ah, verzeiht! – Ich tat es ungern.

TEMPELHERR. Was?

NATHAN.   Eine Träne fiel darauf.

TEMPELHERR.   Tut nichts!
      Er hat der Tropfen mehr. – (Bald aber fängt
      Mich dieser Jud' an zu verwirren.)

NATHAN.   Wärt
65   Ihr wohl so gut, und schicktet Euern Mantel
      Auch einmal meinem Mädchen?

TEMPELHERR.   Was damit?

NATHAN. Auch ihren Mund auf diesen Fleck zu drücken.
      Denn Eure Kniee selber zu umfassen,

Wünscht sie nun wohl vergebens.
TEMPELHERR.   Aber, Jude –
70   Ihr heißet Nathan? – Aber, Nathan – Ihr
Setzt Eure Wort sehr – sehr gut – sehr spitz –
Ich bin betreten – Allerdings – ich hätte …
NATHAN. Stellt und verstellt Euch, wie Ihr wollt. Ich find
Auch hier Euch aus. Ihr wart zu gut, zu bieder,
75   Um höflicher zu sein. – Das Mädchen, ganz
Gefühl; der weibliche Gesandte, ganz
Dienstfertigkeit; der Vater weit entfernt –
Ihr trugt für ihren guten Namen Sorge;
Floht ihre Prüfung; floht, um nicht zu siegen.
80   Auch dafür dank ich Euch –
TEMPELHERR.   Ich muss gestehn,
Ihr wisst, wie Tempelherren denken sollten.
NATHAN. Nur Tempelherren? s o l l t e n bloß? und bloß
Weil es die Ordensregeln so gebieten?
Ich weiß, wie gute Menschen denken; weiß,
85   Dass alle Länder gute Menschen tragen.
TEMPELHERR. Mit Unterschied, doch hoffentlich?
NATHAN.   Jawohl;
An Farb', an Kleidung, an Gestalt verschieden.
TEMPELHERR. Auch hier bald mehr, bald weniger, als dort.
NATHAN. Mit diesem Unterschied ist's nicht weit her.
90   Der große Mann braucht überall viel Boden;
Und mehrere, zu nah gepflanzt, zerschlagen
Sich nur die Äste. Mittelgut, wie wir,
Find't sich hingegen überall in Menge.
Nur muss der eine nicht den andern mäkeln.
95   Nur muss der Knorr den Knuppen hübsch vertragen.
Nur muss ein Gipfelchen sich nicht vermessen,
Dass es allein der Erde nicht entschossen.
TEMPELHERR. Sehr wohl gesagt! – Doch kennt Ihr auch das Volk,
Das diese Menschenmäkelei zuerst
100   Getrieben? Wisst Ihr, Nathan, welches Volk
Zuerst das auserwählte Volk sich nannte?
Wie? wenn ich dieses Volk nun, zwar nicht hasste,
Doch wegen seines Stolzes zu verachten,
Mich nicht entbrechen könnte? Seines Stolzes;
105   Den es auf Christ und Muselmann vererbte,
Nur sein Gott sei der rechte Gott! – Ihr stutzt,
Dass ich, ein Christ, ein Tempelherr, so rede?
Wenn hat, und wo die fromme Raserei,
Den bessern Gott zu haben, diesen bessern

110 Der ganzen Welt als Besten aufzudringen,
In ihrer schwärzesten Gestalt sich mehr
Gezeigt, als hier, als itzt? Wem hier, wem itzt
Die Schuppen nicht vom Auge fallen ... Doch
Sei blind, wer will! – Vergesst, was ich gesagt;
115 Und lasst mich! *(Will gehen.)*
NATHAN.   Ha! Ihr wisst nicht, wie viel fester
Ich nun mich an Euch drängen werde. – Kommt,
Wir müssen, müssen Freunde sein! – Verachtet
Mein Volk so sehr Ihr wollt. Wir haben beide
Uns unser Volk nicht auserlesen. Sind
120 Wir unser Volk? Was heißt denn Volk?
Sind Christ und Jude eher Christ und Jude,
Als Mensch? Ah! wenn ich einen mehr in Euch
Gefunden hätte, dem es g'nügt, ein Mensch
Zu heißen!
TEMPELHERR. Ja, bei Gott, das habt Ihr, Nathan!
125 Das habt Ihr! – Eure Hand! – Ich schäme mich
Euch einen Augenblick verkannt zu haben.
NATHAN. Und ich bin stolz darauf. Nur das Gemeine
Verkennt man selten.
TEMPELHERR.   Und das Seltene
Vergisst man schwerlich. – Nathan, ja;
130 Wir müssen, müssen Freunde werden.
NATHAN.   Sind
Es schon. – Wie wird sich meine Recha freuen! –
Und ah! welch eine heitre Ferne schließt
Sich meinen Blicken auf! – Kennt sie nur erst!
TEMPELHERR. Ich brenne vor Verlangen – Wer stürzt dort
135 Aus Euerm Hause? Ist's nicht ihre Daja?
NATHAN. Jawohl. So ängstlich?
TEMPELHERR.   Unsrer Recha ist
Doch nichts begegnet?

Aus: Gotthold Ephraim Lessing: Nathan der Weise.
Ein dramatisches Gedicht in fünf Aufzügen (1779).
Stuttgart: Reclam Verlag 2000, S. 51–56

Aufgaben-
stellung   Analysieren Sie die vorliegende Szene. Ordnen Sie die Szene in den Gesamtzusammenhang der Handlung ein. Beschreiben Sie dabei insbesondere, wie es
dem Autor gelingt, die gegensätzlichen Positionen zusammenzuführen.

1 Reflexion des Szeneninhalts, Klärung der Situation

In einem **ersten Schritt** geht es darum, die Situation zu erfassen und zu strukturieren, die in der vorgegebenen Szene angelegt ist.

Aufgabe 26   Fassen Sie das Geschehen der vorliegenden Szene knapp zusammen.

Aufgabe 27   Welches Vorwissen ist nötig, um den Gesprächsverlauf zu verstehen?

Aufgabe 28   Beschreiben Sie in kurzen Worten den Schauplatz der Handlung. Welche Rückschlüsse lassen sich daraus auf den Inhalt des Gesprächs ziehen?

Die Auseinandersetzung der beiden Gesprächspartner ist entscheidend für das weitere Dramengeschehen. Warum das so ist, sollen Sie in der folgenden Aufgabe entwickeln.

Aufgabe 29   Arbeiten Sie den Stellenwert der vorliegenden Szene innerhalb der Dramenstruktur heraus. Welche Bedeutung hat das Gespräch für Nathan? Welche für den Tempelherrn? Wie wird das erkennbar?

2 Analyse des Szenenaufbaus

Im **zweiten Schritt** wird eine Detailanalyse der Szene vorgenommen. Sie müssen also den Verlauf des Gesprächs in einzelne Sinnabschnitte aufteilen.

Aufgabe 30   Beschreiben Sie den Aufbau der Szene. Bestimmen Sie die Handlungsschritte der Szene und ihre jeweilige Bedeutung für den Handlungsverlauf.

3 Analyse der Argumentation

Der **dritte Schritt** analysiert die Argumentation der beiden Figuren. Wie sie aufeinander eingehen, hat eine (bewusste oder unbewusste) taktische Funktion, die Sie im Folgenden für beide Figuren beschreiben sollen.

Aufgabe 31   Wie ist die Argumentation Nathans aufgebaut?

Aufgabe 32   Wie tritt der Tempelherr auf? Was will er erreichen? Warum finden er und Nathan am Ende der Szene zu einer gemeinsamen Position?

4 Betrachtung der Sprache

In einem **vierten Schritt** gehen Sie auf das Handwerkszeug des Dichters, die Sprache, ein. Das ist bei diesem Drama besonders wichtig, weil Lessing hier ein innovatives Mittel – den Blankvers – verwendet, um seinen Text lebendig werden zu lassen.

Aufgabe 33 Beschreiben Sie die Aufgaben der Regieanweisungen in dieser Szene.

Aufgabe 34 Bestimmen Sie die **sprachlichen Mittel**, die in dieser Szene auffällig sind. (Bei der Lösung dieser Aufgabe können Sie sich von den Hinweisen anregen lassen, die in der folgenden Übersicht gegeben werden.)

Sprachliche Mittel und ihre Funktion in „Nathan der Weise"	
Mittel	**Funktion**
Blankvers: fünfhebiger Jambus ohne Endreim; der Vers kann betont oder unbetont schließen.	Nach dem Vorbild Shakespeares wird dieser freie Vers durch die Verwendung in Lessings „Nathan" zum klassischen deutschen Dramenvers. Er steht der Prosasprache nahe und erlaubt aufgrund seiner Flexibilität eine große Bandbreite an Sprechweisen.
Antilaben: auf mehrere Personen verteilter Sprechvers	wirkungsvolles Mittel zur Darstellung eines gehetzten Dialogs, oft in abgerissenen Sätzen
Enjambement: Zeilensprung, Übergreifen eines Satzes über das Ende einer Zeile hinaus	Damit kommt Bewegung in das Gespräch; Spannungsbögen werden nicht unterbrochen.
Schlüsselbegriffe: bedeutsam gebrauchte Worte in einem Text, die auf einen tieferen Sinn verweisen	Sie sollen die Rezeption des Lesers leiten und seine Interpretation beeinflussen.
Sentenzen: Sinnsprüche, knapp formulierte Erkenntnisse	Sie sind auf Allgemeinverständlichkeit angelegt, bringen eine Idee auf den Begriff.

Wichtig ist auch, herauszuarbeiten, wie die beiden Gesprächspartner miteinander reden, wie sie bereits durch ihre Sprachverwendung charakterisiert werden. Bestimmen Sie die sprachlichen Mittel und rhetorischen Figuren, mit denen die Äußerungen der beiden Figuren gestaltet werden.

Aufgabe 35 Welche Mittel setzt der Autor ein, um Nathans Verhalten zu charakterisieren? Welche Wirkung soll damit beim Leser beziehungsweise Zuschauer erreicht werden?

Aufgabe 36 Welche sprachlichen Mittel sind für die Redeweise des Tempelherrn charakteristisch? Welche Wirkungsabsichten sind mit ihnen verbunden?

Sprachliche Mittel und ihre Funktion: Figurenrede	
Metapher: bildhafter Ausdruck, in dem zwei Begriffe bzw. Vorstellungen durch ein gemeinsames Merkmal („tertium comparationis") miteinander verknüpft werden	soll abstrakte Begriffe veranschaulichen oder lebendiger gestalten
Personifikation: Sonderform der Metapher: Vermenschlichung abstrakter Begriffe	wie oben; verdeutlicht, wie das Unbelebte zum Leben erwachen kann
Rhetorische Fragen: Form des Fragesatzes, bei dem keine Antwort erwartet wird	zielen meistens darauf ab, den Angesprochenen zu einer Reaktion zu bewegen, ihn zu provozieren oder seine Zustimmung zu erhalten
Emphase: Nachdruck, der durch unterschiedliche Stilmittel auf einen Begriff oder eine Aussage gelegt werden kann (etwa durch Anaphern, Wiederholungen, Inversion, Steigerung …)	hebt einen Gedankengang hervor, macht auf die Bedeutsamkeit einer Aussage aufmerksam
Anapher: Wiederholung eines Wortes am Anfang eines Satzes	dient der eindringlicheren Formulierung und übersichtlicheren Gliederung einer Aussage
Ellipse: Weglassen eines unwichtigen, aus dem Textzusammenhang leicht ergänzbaren Begriffs	wird in leidenschaftlich erregter Rede oder in einer der Umgangssprache angenäherten Rede verwendet

5 Untersuchung der Personengestaltung

In diesem Schritt geht es darum, die Charakterzeichnung der Dramenfiguren zu analysieren. Hier sollen Sie detailliert nachweisen, wie die beiden Gesprächspartner voneinander abgehoben werden; welche ihrer Charakterzüge zunächst ein Verständnis für die Positionen des jeweils anderen erschweren, wie es dann aber doch zu einer Übereinstimmung kommen kann.

Aufgabe 37 Wie wird in der vorliegenden Szene Nathan charakterisiert?

Aufgabe 38   Wie wird der Tempelherr charakterisiert?

Aufgabe 39   Warum kommt es dennoch zu einem guten und herzlichen Einvernehmen?

Der Tempelherr (Martin Bretschneider) lässt sich allmählich auf das Gespäch mit Nathan (Otto David) ein. Szene aus Thomas Reicherts Inszenierung des Stücks am Schauspielhaus Graz aus dem Jahre 2002.

6 Einordnung in die dramatische Form

In der von Ihnen bearbeiteten Aufgabe wird nicht nach dem Dramengenre gefragt. Die für die oben formulierte Aufgabe notwendigen Teilschritte der Untersuchung sind damit abgeschlossen. Nun gilt es nur noch, die bis hierhin geleisteten Vorarbeiten in einen in sich abgerundeten Text, in dem die einzelnen Teile gut aufeinander aufbauen, zu überführen und diesen Text mit einer passenden Einleitung und einem abwägenden oder resümierenden Schluss zu versehen.

Dennoch schließt dieses Kapitel mit Aufgaben zum Dramengenre und zur geistes- und literaturgeschichtlichen Einordnung von Lessings Stück ab; aus dem zweifachen Grund, um zum einen die exemplarische Betrachtung des Dramas der Aufklärung auch nach dieser Seite hin zu vervollständigen und weil zum anderen im Abitur natürlich auch nach diesen Aspekten gefragt werden *kann*.

Das Genre eines Dramas wird häufig im Untertitel des Textes genannt – nicht immer aber lässt sich aus der Bezeichnung eindeutig ablesen, welche Facetten der gewählten Form gemeint sind. Deshalb lohnt eine Auseinandersetzung mit der dramatischen Form, um die Absicht des Autors zu klären.

Aufgabe 40 Erörtern Sie, was Lessing mit seiner Bezeichnung „Ein dramatisches Gedicht" als Untertitel für *Nathan der Weise* vermutlich ausdrücken will.

Nathan der Weise in einer Inszenierung von Elmar Goerden aus dem Jahre 2003 im Residenz Theater des Bayerischen Staatsschauspiels München. Rudolf Wessely als Nathan und Christian Nickel als Tempelherr.

7 Einordnung in die literarische Epoche

In den abschließenden drei Aufgaben sollen Sie die Ergebnisse Ihrer Analyse zu Ihrem Wissen über die literarische Epoche der Aufklärung in Beziehung setzen.

Aufgabe 41   Zeigen Sie, inwiefern in der vorliegenden Szene Grundzüge der Gedankenwelt der Aufklärung zum Tragen kommen.

Aufgabe 42   Erläutern Sie die besondere Brisanz, die in Lessings Entscheidung liegt, einen Juden zur Hauptfigur des Stückes zu machen.

Aufgabe 43   Ordnen Sie den für *Nathan der Weise* charakteristischen Sprachstil literaturgeschichtlich ein.

Nathan der Weise als Diskussionstheater. Ensemble mit dem Tempelherrn (Gunnar Schmidt) im Vordergrund und Nathan (Stefan Viehring) links neben ihm im Hintergrund. Inszenierung von Donald Berkenhoff aus dem Jahre 2001 am Landestheater Tübingen.

Das Drama des Sturm und Drang
Friedrich Schiller: Die Räuber

Die Autoren des Sturm und Drang wollen in ihren Dramen **die Psyche des Menschen ergründen**, „die Seele gleichsam bei ihren geheimsten Operationen [...] ertappen" (Schiller, „Vorrede" zu den *Räubern*). Hundert Jahre bevor Sigmund Freud die Psychoanalyse entwickelt, gehen sie daran, auf der Bühne ein Netz von persönlichen und sozialen Bedingungen zu knüpfen, um zu veranschaulichen, wie Menschen sich in ihre Leidenschaften verstricken. Das Publikum soll die „vielleicht tausend Räderchen" (ebenda) erfassen, die Einfluss auf das Verhalten und die Verfassung der Figuren ausüben. Dahinter steckt ein Konzept, das sich an der Wirklichkeit orientiert. Glaubwürdige Charaktere sollen sich entfalten, „eine Kopie der wirklichen Welt und keine idealische[n] Affektationen" (ebenda). Die Autoren dieser neuen Schriftstellergeneration, die sich in den Siebzigerjahren des 18. Jahrhunderts zu Wort meldet, verstehen sich als Forscher, die der Entwicklung der Seele auf der Spur sind.

Pädagogische Absichten, wie sie etwa Lessing in *Nathan der Weise* antreiben, liegen ihnen fern. Die Autoren des Sturm und Drang glauben, dass das Drama der Aufklärung an seine Grenzen gestoßen ist. In der Absicht, vorbildliche Wertmaßstäbe zu vermitteln, ist es zu einem blutleeren moraldidaktischen Thesentheater verkommen.

Der Sturm und Drang zeigt dagegen **keine Leitbilder**, sondern **zwiespältige Helden** mit allen Stärken und Schwächen, „*ganze* Menschen" (ebenda), deren Schicksal von Zufällen und den gesellschaftlichen Verhältnissen gelenkt wird. Die Autoren gehen auf die Lebenswirklichkeit ihrer vorrevolutionären Zeit ein, wenn sie Figuren entwerfen, die ihre sozialen Bindungen verloren haben. Sie leben in einer Zeit, in der traditionelle Vorstellungen fragwürdig werden, ohne dass neue Werte sich durchsetzen können. Auf sich allein gestellt scheitern sie mit ihrem Anspruch, ein selbstbestimmtes Leben zu führen.

Im Mittelpunkt des Dramas steht daher **weniger** die **Handlung als** die **Charakterschilderung** „außerordentliche[r] Menschen" (ebenda) wie der Brüder Moor, deren psychisches Erscheinungsbild Schiller in allen Nuancen ihrer inneren Entwicklung wie der Auseinandersetzung mit ihrer Umwelt gestaltet. Daher ist auch die Redeführung darauf angelegt, die seelischen Voraussetzungen und die innere Reaktion auf die Vorgänge zu verdeutlichen. Dies geschieht durch knappe Regieanweisungen zu Mimik und Gestik wie durch affektbetonte Äußerungen, die den Leidenschaften der Figuren Ausdruck verleihen.

Die Absicht einer wirklichkeitsgetreuen Schilderung der tatsächlichen Welt im Drama wird erkennbar, wenn Schiller seine Figuren in ihrer eigenen Sprache reden lässt und so die sozialen Unterschiede zwischen ihnen zum Ausdruck bringt. Ausführliche Monologe dienen dagegen der Reflexion. Sie erklären und interpretieren das Verhältnis des Einzelnen zur Welt.

Drama des Sturm und Drang	
Autoren	Friedrich Schiller (1759–1805) Johann Wolfgang Goethe (1749–1832) Jakob Michael Reinhold Lenz (1751–1792)
Grundverständnis	die Charaktere – und nicht die Handlung – als das Rückgrat der Tragödie (Lenz, *Anmerkungen übers Theater*, 1774)
Themen	• Auflehnung gegenüber Normen und Autoritäten, Drang nach Selbstverwirklichung • das Motiv der feindlichen Brüder als dichterischer Ausdruck des Konflikts zwischen dem zunehmend selbstbewussten, materiell einflussreichen, aber politisch machtlosen Bürgertum und dem Adel, der die alte Ordnung repräsentiert • der Künstler als Genie • Aufwertung von Subjektivität, Gefühl und Leidenschaft
Merkmale des Dramas	• expressive Prosasprache • Struktur: offene Form (Goethe, *Götz von Berlichingen*) oder fünfaktiger Dramenaufbau
Werke	• Schiller *Die Räuber. Ein Schauspiel* (1781) *Kabale und Liebe. Ein bürgerliches Trauerspiel* (1784) • Goethe *Götz von Berlichingen. Ein Schauspiel* (1773) • Lenz *Der Hofmeister oder Vorteile der Privaterziehung. Eine Komödie* (1774) *Die Soldaten. Eine Komödie* (1776)

Friedrich Schiller
Die Räuber (aus: Szene I, 2)

Die Szene spielt in einer „*Schenke an den Grenzen von Sachsen.*"

1   SCHWEIZER, GRIMM, ROLLER, SCHUFTERLE, RAZMANN *treten auf.*

ROLLER. Wisst ihr auch, dass man uns auskundschaftet?

GRIMM. Dass wir keinen Augenblick sicher sind aufgehoben zu werden?

MOOR. Mich wundert's nicht. Es gehe, wie es will! saht ihr den Schwarz nicht? sagt er

5   euch von keinem Brief, den er an mich hätte?

ROLLER. Schon lang sucht er dich, ich vermute so etwas.

MOOR. Wo ist er, wo? wo? (*Will eilig fort.*)

ROLLER. Bleib! wir haben ihn hieher beschieden. Du zitterst? –

MOOR. Ich zittre nicht. Warum sollt' ich auch zittern? Kameraden! dieser Brief – freut

10   euch mit mir! Ich bin der Glücklichste unter der Sonne, warum sollt' ich zittern?

                   SCHWARZ *tritt auf.*

MOOR (*fliegt ihm entgegen*). Bruder! Bruder! den Brief! den Brief!

SCHWARZ (*gibt ihm den Brief, den er hastig aufbricht*). Was ist dir? Wirst du nicht wie
     die Wand?

15 MOOR. Meines Bruders Hand!

SCHWARZ. Was treibt denn der Spiegelberg?

GRIMM. Der Kerl ist unsinnig. Er macht Gestus wie beim Sankt-Veits-Tanz.

SCHUFTERLE. Sein Verstand geht in Ring herum. Ich glaub, er macht Verse.

RAZMANN. Spiegelberg! He, Spiegelberg! – Die Bestie hört nicht.

20 GRIMM (*schüttelt ihn*). Kerl! träumst du, oder –?

SPIEGELBERG (*der sich die ganze Zeit über mit den Pantomimen eines Projektmachers im
     Stubeneck abgearbeitet hat, springt wild auf*). La bourse ou la vie! (*Und packt Schwei-
     zern an der Gurgel, der ihn gelassen an die Wand wirft. – Moor lässt den Brief fallen und
     rennt hinaus. Alle fahren auf.*)

25 ROLLER (*ihm nach*). Moor! Wo 'naus, Moor? was beginnst du?

GRIMM. Was hat er, was hat er? Er ist bleich wie die Leiche.

SCHWEIZER. Das müssen schöne Neuigkeiten sein! Lass doch sehen!

ROLLER (*nimmt den Brief von der Erde und liest*). „Unglücklicher Bruder!" Der Anfang
     klingt lustig. „Nur kürzlich muss ich dir melden, dass deine Hoffnung vereitelt ist –

30   du sollst hingehen, lässt dir der Vater sagen, wohin dich deine Schandtaten führen.
     Auch, sagt er, werdest du dir keine Hoffnung machen, jemals Gnade zu seinen Füßen
     zu erwimmern, wenn du nicht gewärtig sein wollest, im untersten Gewölb seiner
     Türme mit Wasser und Brot so lang traktiert zu werden, bis deine Haare wachsen wie
     Adlersfedern und deine Nägel wie Vogelsklauen werden. Das sind seine eigene

35   Worte. Er befiehlt mir, den Brief zu schließen. Leb wohl auf ewig. Ich bedaure dich –
                                     Franz von Moor."

SCHWEIZER. Ein zuckersüßes Brüderchen! In der Tat! – Franz heißt die Kanaille?

SPIEGELBERG *(sachte herbeischleichend).* Von Wasser und Brot ist die Rede? Ein schönes Leben! Da hab ich anders für euch gesorgt! Sagt ich's nicht, ich müsst am Ende für
40 euch alle denken?

SCHWEIZER. Was sagt der Schafskopf? der Esel will für uns alle denken?

SPIEGELBERG. Hasen, Krüppel, lahme Hunde seid ihr alle, wenn ihr das Herz nicht habt, etwas Großes zu wagen!

ROLLER. Nun, das wären wir freilich, du hast Recht – aber wird es uns auch aus dieser
45 vermaledeiten Lage reißen, was du wagen wirst? wird es? –

SPIEGELBERG *(mit einem stolzen Gelächter).* Armer Tropf! Aus dieser Lage reißen? hahaha! – aus dieser Lage reißen? – und auf mehr raffiniert dein Fingerhut voll Gehirn nicht? und damit trabt deine Mähre zum Stalle? Spiegelberg müsste ein Hundsfott sein, wenn er mit dem nur anfangen wollte. Zu Helden, sag ich dir, zu Freiherrn, zu
50 Fürsten, zu Göttern wird's euch machen!

RAZMANN. Das ist viel auf einen Hieb, wahrlich! Aber es wird wohl eine halsbrechende Arbeit sein, den Kopf wird's wenigstens kosten.

SPIEGELBERG. Es will nichts als Mut, denn was den Witz betrifft, den nehm ich ganz über m i c h . Mut, sag ich, Schweizer! Mut! Roller, Grimm, Razmann, Schufterle!
55 Mut! –

SCHWEIZER. Mut? Wenn's nur das ist – Mut hab ich genug, um barfuß mitten durch die Hölle zu gehn.

SCHUFTERLE. Mut genug, mich unterm lichten Galgen mit dem leibhaftigen Teufel um einen armen Sünder zu balgen.

60 SPIEGELBERG. So gefällt mir's! Wenn ihr Mut habt, tret' einer auf und sag': Er habe noch etwas zu verlieren, und nicht alles zu gewinnen! –

SCHWARZ. Wahrhaftig, da gäb's manches zu verlieren, wenn ich das verlieren wollte, was ich noch zu gewinnen habe!

RAZMANN. Ja, zum Teufel! und manches zu gewinnen, wenn ich das gewinnen wollte,
65 was ich nicht verlieren kann.

SCHUFTERLE. Wenn ich das verlieren müsste, was ich auf Borgs auf dem Leibe trage, so hätt ich allenfalls morgen nichts mehr zu verlieren.

SPIEGELBERG. Also denn! *(Er stellt sich mitten unter sie mit beschwörendem Ton.)* Wenn noch ein Tropfen deutschen Heldenbluts in euren Adern rinnt – kommt! Wir wollen
70 uns in den böhmischen Wäldern niederlassen, dort eine Räuberbande zusammen- ziehen und – Was gafft ihr mich an? – Ist euer bisschen Mut schon verdampft?

ROLLER. Du bist wohl nicht der erste Gauner, der über den hohen Galgen weggesehen hat – und doch – Was hätten wir sonst noch für eine Wahl übrig?
[…]

75 ROLLER. Sachte nur! sachte! Wohin? Das Tier muss auch seinen Kopf haben, Kinder.

SPIEGELBERG *(giftig).* Was predigt der Zauderer? Stand nicht der Kopf schon, eh noch ein Glied sich regte? Folgt, Kameraden.

ROLLER. Gemach sag ich. Auch die Freiheit muss ihren Herrn haben. Ohne Oberhaupt ging Rom und Sparta zugrunde.

80 SPIEGELBERG *(geschmeidig).* Ja – haltet – Roller sagt recht. Und das muss ein erleuchteter Kopf sein. Versteht ihr? Ein feiner, politischer Kopf muss das sein! Ja! wenn ich mir's

denke, was ihr vor einer Stunde waret, was ihr itzt seid, – durch e i n e n glücklichen Gedanken seid – ja freilich, freilich müsst ihr einen Chef haben – und wer diesen Gedanken entsponnen, sagt, muss das nicht ein erleuchteter politischer Kopf sein?

85 ROLLER. Wenn sich's hoffen ließe – träumen ließe – aber ich fürchte, er wird es nicht tun.

SPIEGELBERG. Warum nicht? Sag's keck heraus, Freund! – So schwer es ist, das kämpfende Schiff gegen die Winde zu lenken, so schwer sie auch drückt, die Last der Kronen – sag's unverzagt, Roller, – vielleicht wird er's doch tun.

ROLLER. Und leck ist das Ganze, wenn er's nicht tut. Ohne den Moor sind wir Leib ohne
90 Seele.

SPIEGELBERG *(unwillig von ihm weg)*. Stockfisch!

MOOR *(tritt herein in wilder Bewegung und läuft heftig im Zimmer auf und nieder, mit sich selber)*. Menschen – Menschen! falsche, heuchlerische Krokodilbrut! Ihre Augen sind Wasser! Ihre Herzen sind Erzt! Küsse auf den Lippen! Schwerter im Busen!
95 Löwen und Leoparden füttern ihre Jungen, Raben tischen ihren Kleinen auf dem Aas, und Er, Er – Bosheit hab ich dulden gelernt, kann dazu lächeln, wenn mein erboster Feind mir mein eigen Herzblut zutrinkt – aber wenn Blutliebe zur Verräterin, wenn Vaterliebe zur Megäre wird, o so fange Feuer, männliche Gelassenheit, verwilde zum Tiger, sanftmütiges Lamm, und jede Faser recke sich auf zu Grimm und Verderben.

100 ROLLER. Höre, Moor! Was denkst du davon? Ein Räuberleben ist doch auch besser, als bei Wasser und Brot im untersten Gewölbe der Türme?

MOOR. Warum ist dieser Geist nicht in einen Tiger gefahren, der sein wütendes Gebiss in Menschenfleisch haut? Ist das Vatertreue? Ist das Liebe für Liebe? Ich möchte ein Bär sein, und die Bären des Nordlands wider dies mörderische Geschlecht anhetzen –
105 Reue, und keine Gnade! – Oh ich möchte den Ozean vergiften, dass sie den Tod aus allen Quellen saufen! Vertrauen, unüberwindliche Zuversicht, und kein Erbarmen!

ROLLER. So höre doch, Moor, was ich dir sage!

MOOR. Es ist unglaublich, es ist ein Traum, eine Täuschung – So eine rührende Bitte, so eine lebendige Schilderung des Elends und der zerfließenden Reue – die wilde Bestie
110 wär in Mitleid zerschmolzen! Steine hätten Tränen vergossen, und doch – man würde es für ein boshaftes Pasquill aufs Menschengeschlecht halten, wenn ich's aussagen wollte – und doch, doch – oh, dass ich durch die ganze Natur das Horn des Aufruhrs blasen könnte, Luft, Erde und Meer wider das Hyänengezücht ins Treffen zu führen!

GRIMM. Höre doch, höre! vor Rasen hörst du ja nicht.

115 MOOR. Weg, weg von mir! Ist dein Name nicht Mensch? Hat dich das Weib nicht geboren? – Aus meinen Augen, du mit dem Menschengesicht! – Ich hab ihn so unaussprechlich geliebt! so liebte kein Sohn, ich hätte tausend Leben für ihn – *(Schäumend auf die Erde stampfend.)* Ha! wer mir itzt ein Schwert in die Hand gäb, dieser Otterbrut eine brennende Wunde zu versetzen! wer mir sagte, wo ich das Herz ihres
120 Lebens erzielen, zermalmen, zernichten – er sei mein Freund, mein Engel, mein Gott – ich will ihn anbeten!

ROLLER. Eben diese Freunde wollen ja wir sein, lass dich doch weisen!

SCHWARZ. Komm mit uns in die böhmischen Wälder! Wir wollen eine Räuberbande sammeln, und du –
125 *(Moor stiert ihn an.)*

SCHWEIZER. Du sollst unser Hauptmann sein! du musst unser Hauptmann sein!

SPIEGELBERG *(wirft sich wild in einen Sessel).* Sklaven und Memmen!

MOOR. Wer blies dir das Wort ein? Höre, Kerl! *(Indem er Schwarzen hart ergreift.)* Das
hast du nicht aus deiner Menschenseele hervorgeholt! Wer blies dir das Wort ein? Ja,
130 bei dem tausendarmigen Tod! das wollen wir, das müssen wir! Der Gedanke verdient
Vergötterung – R ä u b e r und M ö r d e r ! – So wahr meine Seele lebt, ich bin euer
Hauptmann!

ALLE *(mit lärmendem Geschrei).* Es lebe der Hauptmann!

SPIEGELBERG *(aufspringend, vor sich).* Bis ich ihm hinhelfe!

135 MOOR. Siehe, da fällt's wie der Star von meinen Augen! was für ein Tor ich war, dass ich
ins Käficht zurückwollte! – Mein Geist dürstet nach Taten, mein Atem nach Freiheit, –
M ö r d e r , R ä u b e r ! – mit diesem Wort war das Gesetz unter meine Füße gerollt –
Menschen haben Menschheit vor mir verborgen, da ich an Menschheit appellierte,
weg dann von mir Sympathie und menschliche Schonung! – Ich habe keinen Vater
140 mehr, ich habe keine Liebe mehr, und Blut und Tod soll mich vergessen lehren, dass
mir jemals etwas teuer war! Kommt, kommt! – Oh ich will mir eine fürchterliche
Zerstreuung machen – es bleibt dabei, ich bin euer Hauptmann! Und Glück zu dem
Meister unter euch, der am wildesten sengt, am grässlichsten mordet, denn ich sage
euch, er soll königlich belohnet werden – tretet her um mich ein jeder und schwöret
145 mir Treu und Gehorsam zu bis in den Tod! – schwört mir das bei dieser männlichen
Rechte!

ALLE *(geben ihm die Hand).* Wir schwören dir Treu und Gehorsam bis in den Tod!

MOOR. Nun, und bei dieser männlichen Rechte! schwör ich euch hier, treu und stand-
haft euer Hauptmann zu bleiben bis in den Tod! Den soll dieser Arm gleich zur Leiche
150 machen, der jemals zagt oder zweifelt oder zurücktritt! Ein Gleiches widerfahre mir
von jedem unter euch, wenn ich meinen Schwur verletze! Seid ihr's zufrieden?
(Spiegelberg läuft wütend auf und nieder.)

ALLE *(mit aufgeworfenen Hüten).* Wir sind's zufrieden.

MOOR. Nun dann, so lasst uns gehn! Fürchtet euch nicht vor Tod und Gefahr, denn über
155 uns waltet ein unbeugsames Fatum! Jeden ereilet endlich sein Tag, es sei auf dem
weichen Kissen von Flaum, oder im rauen Gewühl des Gefechts, oder auf offenem
Galgen und Rad! Eins davon ist unser Schicksal!
(Sie gehen ab.)

SPIEGELBERG *(ihnen nachsehend, nach einer Pause).* Dein Register hat ein Loch. Du hast
160 das Gift weggelassen. *(Ab.)*

*Aus: Friedrich Schiller: Die Räuber. Ein Schauspiel. Mit Anmerkungen von Christian Grawe.
Stuttgart: Reclam Verlag 1969, 2001, S. 28–30 und 34–37 (RUB 15)*

Aufgaben-
stellung Erläutern Sie kurz die Situation, in der sich Karl Moor und Moritz Spiegelberg
hier befinden, und bearbeiten Sie dann <u>eine</u> der beiden folgenden Aufgaben:

Variante 1: Gehen Sie von folgender Annahme aus:
Infolge der staatlichen Verfolgungsmaßnahmen ist es gelungen, große Teile der
Moor'schen Bande festzunehmen. Es kommt zu einem Prozess, in dessen Ver-

lauf sich auch Moritz Spiegelberg für seine Taten verantworten muss. Sie sind sein Rechtsbeistand und sollen seine Position in einem Plädoyer vertreten. Schreiben Sie dieses Plädoyer.
Begründen Sie anschließend kurz Ihre Gestaltung.

Variante 2: Gehen Sie von folgender Annahme aus:
Nach seinem Wutausbruch am Ende der Szene bleibt Moor für einige Minuten alleine im Biergarten der Schenke zurück. Er versucht, wieder einen klaren Kopf zu bekommen und die neue Situation einzuschätzen.
Geben Sie seine Gedanken in einem Bühnenmonolog wieder.
Begründen Sie anschließend kurz Ihre Gestaltung.

Till Weinheimer als Karl von Moor in K. D. Schmidts Inszenierung der *Räuber* am Nationaltheater Mannheim aus dem Jahre 2003.

1 Reflexion des Szeneninhalts, Klärung der Situation

Die Aufgabenstellung zum obigen Textauszug legt den Schwerpunkt auf die **Gestaltende Interpretation**. Diese Aufgabenart stellt eine Alternative zur herkömmlichen Interpretation dar, da hier die Deutung eines literarischen Textes als eigenständige kreative Textproduktion erfolgt. Sie ist gleichsam die gestaltende Antwort des Rezipienten auf den Ausgangstext.
Allerdings sind der Gestaltungsfreiheit durch die Textvorgaben enge Grenzen gesetzt. Voraussetzung ist die gründliche Beschäftigung mit dem Ausgangstext. Daher verlangt die erste Teilaufgabe der Gestaltenden Interpretation meist eine Zusammenfassung der Situation und die Einordnung der Szene in den Gesamtzusammenhang der Dramenhandlung.

Aufgabe 44 Fassen Sie das Geschehen der vorliegenden Szene zusammen. Setzen Sie dabei Schwerpunkte: In welcher Situation befindet sich Karl von Moor? Wie ist die Lage seiner Kameraden? Warum lässt Moor sich auf ihre Pläne ein? Was wird aus Spiegelbergs Ambitionen und wie reagiert er darauf?

Aufgabe 45 Zeigen Sie, wie dieser Auszug aus der zweiten Szene des ersten Aktes auf dem vorhergehenden Geschehen aufbaut.

Aufgabe 46 Inwiefern lässt sich die vorliegende Szene als Schlüsselszene für das gesamte Schauspiel bezeichnen?

2 Vorarbeiten zur Gestaltenden Interpretation (I): Analyse des Szenenaufbaus und des Redeverhaltens

Bei der Gestaltenden Interpretation sind Ihre Vorstellungskraft und Ihre Fähigkeit, sich mit dem Drama auseinanderzusetzen und selbst einen Text zu verfassen, gefragt. Dabei werden Ihre Textkenntnis, Ihr Textverständnis und Ihre Kreativität in besonderer Weise eingefordert.

Ein erfolgreiches Arbeiten bei der Gestaltenden Interpretation beruht wesentlich auf dem **Verstehen des Ausgangstextes**. Nach der Einordnung des vorgegebenen Textauszugs in den Dramenkontext ist es daher hilfreich, kurz den Aufbau des Szenenabschnitts sowie das Redeverhalten der Figuren zu untersuchen. Die Ergebnisse dieser Untersuchung fließen zwar nur indirekt in die eigene gestalterische Arbeit ein, sind aber wichtig für das Textverständnis.

Aufgabe 47 Beschreiben Sie den Aufbau des Szenenabschnitts: Isolieren Sie einzelne Handlungsschritte und erläutern Sie jeweils deren Funktion.

Aufgabe 48 Wie lässt sich das Redeverhalten Karls charakterisieren?

Aufgabe 49 Wie redet Spiegelberg?

Aufgabe 50 Arbeiten Sie die sprachlichen Mittel und rhetorischen Figuren heraus, durch die die Äußerungen Karls ihre charakteristische Färbung erhalten.

Aufgabe 51 Analysieren Sie Karls Monolog und seine Ansprache an die Räuber. Was erfährt man durch die Untersuchung von Karls Sprache über seinen Charakter?

Sprachliche Mittel und ihre Funktion in „Die Räuber"	
Mittel	**Funktion**
Prosasprache	Die Sprache auf der Bühne soll ein Spiegel der Alltagssprache sein.
Expressive Sprache: **Ausrufe, Ellipsen, Aposiopesen**; zum Teil derbe Sprache	Eine emotional aufgeladene Sprache bringt im Satzbau und in der Wortwahl die leidenschaftliche Erregung der Sprecher zum Ausdruck.
Monolog: das laute Denken der Theaterfiguren	Im Monolog können die Figuren ihre Gefühle, Gedanken oder seelischen Konflikte direkt äußern.
Metaphern: eine Bilderwelt der Extreme	Eine auf grelle Effekte angelegte Sprache setzt auf Bilder aus dem Umfeld von Raubtieren, um eine Weltuntergangsstimmung zu beschwören und auf die außergewöhnliche Situation aufmerksam zu machen.
Sentenzen: Sinnsprüche, knapp formulierte Erkenntnisse	Sie sind auf Allgemeinverständlichkeit hin angelegt, bringen eine Idee auf den Begriff.

Die Räuber in einer Inszenierung von Hasko Weber (Berliner Ensemble, 2004). Szene mit Karl von Moor (Norbert Stoess) und Moritz Spiegelberg (Alexander Doering).

3 Vorarbeiten zur Gestaltenden Interpretation (II): Untersuchung der Figurenkonzeption

Die Aufgabenstellung zu den *Räubern* setzt eine gründliche Auseinandersetzung mit den Figuren voraus: in Variante 1 mit Spiegelberg, in Variante 2 mit Karl. Bereits die Analyse des Redeverhaltens war ergiebig im Hinblick auf die Figurenkonzeption. Für eine genauere Analyse ist die Unterscheidung zwischen direkter und indirekter Charakterisierung lohnend. Auch diese Untersuchungsergebnisse schaffen die Basis für ein vertieftes Verständnis der Figur, in die Sie sich einfühlen sollen.

Direkte und indirekte Charakterisierung

Unter **direkter Charakterisierung** versteht man die Charakterisierung einer Figur durch eine andere Figur. Dabei muss es sich nicht um eine umfassende Charakterschilderung handeln. Aufschlussreich sind beispielsweise auch:

- ein knappes Urteil,
- eine anerkennende oder abschätzige Bemerkung,
- ein Bericht über das Verhalten der Figur.

Zu beachten ist, dass die Charakterisierung einer Figur durch eine andere Figur **nicht neutral** sein kann, sondern immer von deren Perspektive und Einstellung abhängt. Wichtig sind dabei:

- der Charakter der anderen Figur (offen, intrigant, selbstbewusst, neidisch?),
- die Art der Beziehungen zwischen den beiden Figuren (lose, eng, herzlich, distanziert?),
- die Interessenlage der anderen Figur (was nützt es ihr, wenn sie eine andere Figur lobt oder wenn sie ihr durch ein negatives Urteil schadet?),
- der Adressat der Äußerung (spricht die Figur, die eine andere Figur charakterisiert, dem Adressaten gegenüber offen, muss sie ihm gegenüber vorsichtig oder zurückhaltend sein, will sie ihm womöglich sogar etwas vormachen?).

Die **indirekte Charakterisierung** einer Figur erfolgt vorwiegend durch die Figur selbst. Hierbei helfen die folgenden Leitfragen:

- Wie tritt sie auf? Wie verhält sie sich gegenüber anderen?
- Wie spricht sie? Welche Einstellungen äußert sie?
- Wie handelt sie?

Aufgabe 52 Als was für ein Charakter erscheint Karl von Moor?

Aufgabe 53 Wie wird Spiegelberg direkt und indirekt charakterisiert?

4 Vorarbeiten zur Gestaltenden Interpretation (III): Berücksichtigung der zu verfassenden Textsorte

Die Art von Texten, die bei der Gestaltenden Interpretation gefordert werden, kann sehr unterschiedlich sein, wird sich jedoch stets auf Leerstellen beziehen, die im dramatischen Text angelegt sind. Möglich sind individuell gestaltbare Formen subjektiven Schreibens wie Monolog, Tagebucheintrag, Rollenbiografie oder Brief, aber auch die Gestaltung eines Dialogs zweier Dramenfiguren.

Neben der eingehenden Auseinandersetzung mit der Textvorlage ist es entscheidend, die **Merkmale der geforderten Textsorte** zu kennen, in der sich die Gestaltende Interpretation realisieren soll.

Gestaltende Interpretation – Häufig geforderte Textsorten	
Tagebucheintrag	subjektive, an niemanden gerichtete Äußerung, die Erlebnisse und Gefühle festhält; Ziel: Klärung der Position des Verfassers; spontanes Niederschreiben → Satzbrüche, affektgeladene Ausbrüche, sprunghafte Satzsplitter; Offenheit bezüglich Inhalt und Form, aber: Übereinstimmung mit Charakterisierung und aktueller Situation der Figur; Datierung nicht vergessen!
Persönlicher Brief	ebenfalls subjektive Schreibweise, aber stärker durch die Kommunikationssituation geprägt; lässt die Beziehung der Briefpartner erkennen; Grund des Schreibens, Interesse und Erwartungshaltung des Schreibenden müssen erkennbar werden; korrekter Schreibstil; adäquate Anrede und Schlussformel
Innerer Monolog, Bühnenmonolog	Selbstgespräch, das die Gedankengänge einer Figur nach außen kehrt und ihre Gemütslage spiegelt; auf die vorhergehende Situation gemünzt und künftige Entwicklungen vorbereitend; Sprache: assoziativ, evtl. sprunghaft, Gedankenstrom; Regieanweisungen verdeutlichen die Bühnensituation
Bühnendialog, (Steit-) Gespräch	szenische Gestaltung: Regieanweisungen, Perspektivwechsel, den Figuren angemessene Redeweisen; konfrontiert die Gesprächspartner mit ihren Perspektiven und Absichten in einer konkreten Situation; Sprache: Partner gehen auf die Äußerungen des anderen ein, entwickeln sie weiter, ironisieren sie …; Gesprächsanteile bringen die unterschiedlichen sprachlichen wie situativen Möglichkeiten der Gesprächspartner zum Ausdruck
Rollenbiografie	dient dem besseren Verständnis einer Bühnenfigur; greift alle Angaben auf, die im Rollenverzeichnis und im Verlauf des Geschehens über diese Figur direkt oder indirekt erkennbar werden (objektive Faktoren wie familiäre Voraussetzungen, Sozialisationsbedingungen, Bildungsstand, materielle Lage, Machtposition; aber auch Charakterzüge, Situationseinschätzungen); sinnvolle, zum Drama passende Ergänzungen sind möglich

Bei **Variante 1** der Aufgabenstellung zu den *Räubern* wird von Ihnen ein weiterer Zugriff verlangt: Sie sollen eine Rede entwerfen, die innerhalb eines Strafprozesses eine wesentliche Position einnimmt und ihren eigenen Regeln folgt. Textsortenspezifisches Schreiben bedeutet hier, dass Sie die Stilebene des fiktiven Anwalts, den situativen Kontext und die Interessen, die der Redner verfolgt, möglichst genau treffen, damit ein authentischer Text entsteht.

Aufgabe 54 Klären Sie, welche inhaltlichen Elemente der Textvorlage für das Plädoyer von Spiegelbergs Anwalt von Bedeutung sein können.

Notieren Sie stichpunktartig, welche weiteren Verweise eingebracht werden können, um die Position von Spiegelberg zu stärken bzw. die Argumente der Anklage zu widerlegen. Überlegen Sie in diesem Zusammenhang, welche Straftatbestände Spiegelberg vorgeworfen werden können.

Aufgabe 55   Sammeln Sie die Textsortenmerkmale eines Plädoyers (strukturell, inhaltlich, formal, sprachlich).

Aufgabe 56   Machen Sie sich Notizen zur historisch-politischen Verortung der Gerichtsverhandlung.

Bei **Variante 2** der Aufgabenstellung zu den *Räubern* steht die Situation Karl Moors nach seiner überstürzten und ungeplanten Übernahme der Funktion eines Hauptmanns in dieser sich gerade bildenden Bande im Fokus. Ihre Diktion sollte die reiche Metaphorik aufgreifen, die den Sprachstil von Schillers Figur prägt. Lassen Sie durch Regieangaben deutlich werden, wie sein Verhalten die innere Erregung spiegelt.

Aufgabe 57   Nennen Sie die spezifischen Merkmale eines Bühnenmonologs. Halten Sie stichwortartig fest, welche Gedanken Karl Moor in dieser Situation bewegen. Machen Sie sich auch klar, wie dieser Monolog szenisch eingebettet werden muss, in welcher Weise also Innen- und Außenwelt korrespondieren.

5 Verfassen der Gestaltenden Interpretation

Nach diesen gründlichen Vorarbeiten ist das gesammelte und sinnvoll ergänzte Material nun im Hinblick auf den Zieltext zu strukturieren. Erst dann erfolgt die eigentliche Textproduktion. Bei der Ausarbeitung kommt es auf eine mit der Textvorlage korrespondierende Figurenzeichnung sowie auf einen angemessenen Sprachstil an.

Aufgabe 58   Verfassen Sie das Plädoyer von Spiegelbergs Anwalt.

Aufgabe 59   Schreiben Sie den Bühnenmonolog Karls.

6 Begründen und Reflektieren des eigenen Textes

Häufig wird verlangt, dass Sie im Anschluss an die Gestaltende Interpretation ihr eigenes gestalterisches Vorgehen begründen. Hier sollen Sie die inhaltliche, strukturelle und sprachliche Ausführung Ihrer Arbeit reflektieren.

Aufgabe 60   Begründen Sie die Gestaltung des von Ihnen verfassten Plädoyers.

Aufgabe 61   Reflektieren Sie die Gestaltung des von Ihnen verfassten Bühnenmonologs.

Das Drama der Klassik
Johann Wolfgang von Goethe: Faust I

Die Autoren der Klassik wollen sich mit ihren Werken von den zufälligen Gegebenheiten des Alltags lösen. In ihnen soll vielmehr das Typische, Gesetzmäßige, modellhaft Vorbildliche gestaltet werden. So ist auch ihr Menschenbild auf Ausgleich angelegt. Maß und Würde sind die idealen Zielpunkte der von ihnen propagierten Humanität; ausgewogen und harmonisch sollen sich die Kräfte der Menschen entfalten.

Für die Wendung zur Klassik in der deutschen Literatur wird meist Goethes italienische Reise in den Jahren 1786 bis 1788 als auslösendes Ereignis betrachtet, die ihn mit der römischen Antike in Berührung brachte. Hier fand er das Vorbild eines reifen, aufgeklärten Menschentums, ein zeitlich entferntes Idealbild, das modellhaft der eigenen Gegenwart gegenübergestellt werden konnte.

Faust I in einer Inszenierung von Christoph Schroth am Cottbuser Staatstheater aus dem Jahre 2008. Kai Börner als Faust und Johanna-Julia Spitzer als Gretchen

Kunst erscheint Goethe und Schiller in den Jahren ihrer künstlerischen Reife als ein zweckfreier, autonomer Spielraum des Geistes, in dem der Mensch sich der Enge seiner Lebenswirklichkeit entziehen kann. Das ist nicht etwa mit einem Fluchtversuch vor den trüben politischen und gesellschaftlichen Verhältnissen gleichzusetzen, die die beiden Häupter der Weimarer Klassik umgaben – Absolutismus, Kleinstaaterei und Ständegesellschaft sowie die Wirren von Terrorherrschaft und Krieg in den Jahren nach der Französischen Revolution von 1789. Die Werke der Klassik weisen vielmehr eine vorwärtsgewandte

Utopie auf. In erster Linie dienen sie der Absicht, den einzelnen Menschen zu vervollkommnen. Das erscheint den Autoren der Klassik als notwendige Voraussetzung, um dann auch die gesellschaftlichen Verhältnisse verändern zu können.

Daher steht nun nicht mehr der große Einzelne im Mittelpunkt, der willkürlich gegen den Druck der politischen Misere aufbegehrt. An seine Stelle treten Protagonisten, die sich ihrer eigenen Verantwortung bewusst werden. Dieser ethische Akzent findet auch in der Sprache und Form der klassischen Literatur seine Entsprechung. Strenge und Perfektion der künstlerischen Gestaltung haben Vorrang vor Individualität und Expressivität. Im Drama herrschen gebundene, regelmäßige und geschlossene Formen vor.

Wie Goethes „**Faust**" zeigt, erlaubt aber auch die gebundene Sprache ein vielfältiges Spiel mit unterschiedlichen metrischen und strophischen Formen. Dieses reicht von freien Rhythmen über den Knittelvers bis hin zu Madrigal- und Blankvers. Goethe geht recht freizügig mit diesen Formen um und passt die Sprache seiner Figuren der jeweiligen Stimmung, der Situation oder Sphäre, in der sie sich bewegen, an. Er erreicht damit, dass der Klang lebendig bleibt und sich keine ermüdende Gewöhnung einstellt. Das gilt auch für die Strophenformen, die in diesem Drama eingesetzt werden. So ist die Zueignung ein aus vier **Stanzen** (achtzeiligen Strophen, die im Deutschen meist aus jambischen Fünfhebern mit abwechselnd betontem und unbetontem Versausgang bestehen) gebautes Gedicht; der aus dem Heilschlaf des Vergessens genesene Faust spricht in **Terzinen** (einer Gedichtform mit dreizeiligen Strophen und dem Reimschema: a b a b c b c d c und so fort), Gretchen singt ihre Ballade vom „König in Thule" als **Volksliedstrophe** (im Allgemeinen eine vierzeilige, kreuzgereimte Strophe mit kurzen – dreihebigen oder vierhebigen – metrisch oft unregelmäßigen Verszeilen), ihr letztes Lied aus dem Märchen vom Machandelboom verdeutlicht ihre Panik und Verrücktheit in **freien Rhythmen**; lediglich die Endreime erinnern noch an ein Volkslied.

Goethe hat sich über einen Zeitraum von sechzig Jahren mit dem *Faust*-Thema beschäftigt. Erste Überlegungen reichen zurück in seine Sturm-und-Drang-Phase der Jahre 1773 bis 1775. Erst 1831 schloss er die Arbeit am zweiten Teil des Dramas ab, das kurz nach seinem Tod veröffentlicht wurde. Der lange Schaffensprozess hat auch zur Folge, dass der Text nicht immer einheitlich wirkt, die Zusammenhänge zwischen den Szenen und die Motive der Handelnden nicht immer offen zutage liegen. Das zeigt sich etwa in der Verknüpfung der „Kerker"-Szene mit der vorhergehenden Handlung oder in der Prosasprache der Szene „Trüber Tag. Feld".

Drama der Klassik	
Autoren	Friedrich Schiller (1759–1805) Johann Wolfgang von Goethe (1749–1832)
Grundverständnis	Goethe: „Edel sei der Mensch, hilfreich und gut"
Themen	• Harmonie zwischen Pflicht und Neigung • ästhetische Erziehung • Humanität, Charakterschönheit, Anmut
Merkmale des Dramas	• stilisierte Kunstsprache • Struktur: geschlossene Form, Einzelteile untergeordnet • Orientierung an antiken Themen und Formen
Werke	• Schiller *Wallenstein* (1798/99), *Maria Stuart* (1800) • Goethe *Iphigenie auf Tauris* (1787), *Faust I/II* (1790 – 1831)

Dramen-
auszug 4

Johann Wolfgang von Goethe
Faust I (Szene „Kerker")

1   Kerker

FAUST *(mit einem Bund Schlüssel und einer Lampe, vor einem eisernen Türchen).*
    Mich fasst ein längst entwohnter Schauer,
    Der Menschheit ganzer Jammer fasst mich an.
5   Hier wohnt sie hinter dieser feuchten Mauer,
    Und ihr Verbrechen war ein guter Wahn!
    Du zauderst zu ihr zu gehen!
    Du fürchtest sie wieder zu sehen!
    Fort! Dein Zagen zögert den Tod heran.
10 *(Er ergreift das Schloss. Es singt inwendig.)*

        Meine Mutter, die Hur,
        Die mich umgebracht hat!
        Mein Vater, der Schelm,
        Der mich gessen hat!
15   Mein Schwesterlein klein
        Hub auf die Bein',
        An einem kühlen Ort;
        Da ward ich ein schönes Waldvögelein;
        Fliege fort, fliege fort!
20 FAUST *(aufschließend).*
    Sie ahnet nicht, dass der Geliebte lauscht,
    Die Ketten klirren hört, das Stroh das rauscht. *(Er tritt ein.)*

MARGARETE *(sich auf dem Lager verbergend).*
    Weh! Weh! Sie kommen. Bittrer Tod!

25 FAUST *(leise).* Still! Still! ich komme dich zu befreien.

MARGARETE *(sich vor ihn hinwälzend).*
    Bist du ein Mensch, so fühle meine Not.

FAUST. Du wirst die Wächter aus dem Schlafe schreien!
    (Er fasst die Ketten, sie aufzuschließen.)

30 MARGARETE *(auf den Knieen).*
    Wer hat dir Henker diese Macht
    Über mich gegeben!
    Du holst mich schon um Mitternacht.
    Erbarme dich und lass mich leben!

35   Ist's morgen früh nicht zeitig genung? *(Sie steht auf.)*
    Bin ich doch noch so jung, so jung!
    Und soll schon sterben!
    Schön war ich auch, und das war mein Verderben.
    Nah war der Freund, nun ist er weit;

40   Zerrissen liegt der Kranz, die Blumen zerstreut.
    Fasse mich nicht so gewaltsam an!
    Schone mich! Was hab ich dir getan?
    Lass mich nicht vergebens flehen,
    Hab ich dich doch mein Tage nicht gesehen!

45 FAUST. Werd ich den Jammer überstehen!

MARGARETE. Ich bin nun ganz in deiner Macht.
    Lass mich nur erst das Kind noch tränken.
    Ich herzt es diese ganze Nacht;
    Sie nahmen mir's um mich zu kränken

50   Und sagen nun, ich hätt es umgebracht.
    Und niemals werd ich wieder froh.
    Sie singen Lieder auf mich! Es ist bös von den Leuten!
    Ein altes Märchen endigt so,
    Wer heißt sie's deuten?

55 FAUST *(wirft sich nieder).*
    Ein Liebender liegt dir zu Füßen
    Die Jammerknechtschaft aufzuschließen.

MARGARETE *(wirft sich zu ihm).*
    O lass uns knien die Heil'gen anzurufen!

60   Sieh! unter diesen Stufen,
    Unter der Schwelle
    Siedet die Hölle!
    Der Böse,
    Mit furchtbarem Grimme,

65   Macht ein Getöse!

FAUST *(laut).* Gretchen! Gretchen!

MARGARETE *(aufmerksam).*
    Das war des Freundes Stimme!
    (Sie springt auf. Die Ketten fallen ab.)
70   Wo ist er! Ich hab ihn rufen hören.
    Ich bin frei! Mir soll niemand wehren.
    An seinen Hals will ich fliegen,
    An seinem Busen liegen!
    Er rief Gretchen! Er stand auf der Schwelle.
75   Mitten durchs Heulen und Klappen der Hölle,
    Durch den grimmigen, teuflischen Hohn,
    Erkannt ich den süßen, den liebenden Ton.
FAUST. Ich bin's!
MARGARETE.   Du bist's! O sag es noch einmal!
    (Ihn fassend.) Er ist's! Er ist's! Wohin ist alle Qual?
80   Wohin die Angst des Kerkers? der Ketten?
    Du bist's! Kommst mich zu retten!
    Ich bin gerettet! –
    Schon ist die Straße wieder da,
    Auf der ich dich zum ersten Male sah.
85   Und der heitere Garten,
    Wo ich und Marthe deiner warten.
FAUST *(fortstrebend).* Komm mit! Komm mit!
MARGARETE.   O weile!
    Weil' ich doch so gern wo du weilest. *(Liebkosend.)*
FAUST. Eile!
90   Wenn du nicht eilest,
    Werden wir's teuer büßen müssen.
MARGARETE. Wie? du kannst nicht mehr küssen?
    Mein Freund, so kurz von mir entfernt,
    Und hast's Küssen verlernt?
95   Warum wird mir an deinem Halse so bang?
    Wenn sonst von deinen Worten, deinen Blicken
    Ein ganzer Himmel mich überdrang,
    Und du mich küsstest als wolltest du mich ersticken.
    Küsse mich!
100   Sonst küss ich dich! *(Sie umfasst ihn.)*
    O weh! deine Lippen sind kalt,
    Sind stumm.
    Wo ist dein Lieben
    Geblieben?
105   Wer brachte mich drum? *(Sie wendet sich von ihm.)*
FAUST. Komm! Folge mir! Liebchen, fasse Mut!
    Ich herze dich mit tausendfacher Glut;
    Nur folge mir! Ich bitte dich nur dies!

MARGARETE *(zu ihm gewendet).*

110   Und bist du's denn? Und bist du's auch gewiss?

FAUST. Ich bin's! Komm mit!

MARGARETE.   Du machst die Fesseln los,

    Nimmst wieder mich in deinen Schoß.

    Wie kommt es, dass du dich vor mir nicht scheust? –

    Und weißt du denn, mein Freund, wen du befreist?

115 FAUST. Komm! komm! Schon weicht die tiefe Nacht.

MARGARETE. Meine Mutter hab ich umgebracht,

    Mein Kind hab ich ertränkt.

    War es nicht dir und mir geschenkt?

    Dir auch – Du bist's! ich glaub es kaum.

120   Gib deine Hand! Es ist kein Traum!

    Deine liebe Hand! – Ach aber sie ist feucht!

    Wische sie ab! Wie mich deucht

    Ist Blut dran.

    Ach Gott! Was hast du getan!

125   Stecke den Degen ein;

    Ich bitte dich drum!

FAUST. Lass das Vergangne vergangen sein,

    Du bringst mich um.

MARGARETE. Nein, du musst übrig bleiben!

130   Ich will dir die Gräber beschreiben,

    Für die musst du sorgen

    Gleich morgen;

    Der Mutter den besten Platz geben,

    Meinen Bruder sogleich darneben,

135   Mich ein wenig beiseit,

    Nur nicht gar zu weit!

    Und das Kleine mir an die rechte Brust.

    Niemand wird sonst bei mir liegen! –

    Mich an deine Seite zu schmiegen

140   Das war ein süßes, ein holdes Glück!

    Aber es will mir nicht mehr gelingen;

    Mir ist's als müsst ich mich zu dir zwingen,

    Als stießest du mich von dir zurück;

    Und doch bist du's und blickst so gut, so fromm.

145 FAUST. Fühlst du dass ich es bin, so komm!

MARGARETE. Dahinaus?

FAUST. Ins Freie.

MARGARETE.   Ist das Grab drauß',

    Lauert der Tod, so komm!

    Von hier ins ewige Ruhebett

150   Und weiter keinen Schritt –

Du gehst nun fort? O Heinrich, könnt ich mit!

FAUST. Du kannst! So wolle nur! Die Tür steht offen.

MARGARETE. Ich darf nicht fort; für mich ist nichts zu hoffen.

Was hilft es fliehn? Sie lauern doch mir auf.

155 Es ist so elend betteln zu müssen,

Und noch dazu mit bösem Gewissen!

Es ist so elend in der Fremde schweifen,

Und sie werden mich doch ergreifen!

FAUST. Ich bleibe bei dir.

160 MARGARETE. Geschwind! Geschwind!

Rette dein armes Kind.

Fort! Immer den Weg

Am Bach hinauf,

Über den Steg

165 In den Wald hinein,

Links wo die Planke steht,

Im Teich.

Fass es nur gleich!

Es will sich heben,

170 Es zappelt noch!

Rette! rette!

FAUST. Besinne dich doch!

Nur Einen Schritt, so bist du frei!

MARGARETE. Wären wir nur den Berg vorbei!

175 Da sitzt meine Mutter auf einem Stein,

Es fasst mich kalt beim Schopfe!

Da sitzt meine Mutter auf einem Stein

Und wackelt mit dem Kopfe;

Sie winkt nicht, sie nickt nicht, der Kopf ist ihr schwer,

180 Sie schlief so lange, sie wacht nicht mehr.

Sie schlief damit wir uns freuten.

Es waren glückliche Zeiten!

FAUST. Hilft hier kein Flehen, hilft kein Sagen;

So wag ich's dich hinweg zu tragen.

185 MARGARETE. Lass mich! Nein, ich leide keine Gewalt!

Fasse mich nicht so mörderisch an!

Sonst hab ich dir ja alles zulieb getan.

FAUST. Der Tag graut! Liebchen! Liebchen!

MARGARETE. Tag! Ja es wird Tag! der letzte Tag dringt herein;

190 Mein Hochzeittag sollt es sein!

Sag niemand dass du schon bei Gretchen warst.

Weh meinem Kranze!

Es ist eben geschehn!

Wir werden uns wiedersehn;

195 Aber nicht beim Tanze.
    Die Menge drängt sich, man hört sie nicht.
    Der Platz, die Gassen
    Können sie nicht fassen.
    Die Glocke ruft, das Stäbchen bricht.
200   Wie sie mich binden und packen!
    Zum Blutstuhl bin ich schon entrückt.
    Schon zuckt nach jedem Nacken
    Die Schärfe die nach meinem zückt.
    Stumm liegt die Welt wie das Grab!
205 FAUST. O wär ich nie geboren!
MEPHISTOPHELES *(erscheint draußen).*
    Auf! oder ihr seid verloren.
    Unnützes Zagen! Zaudern und Plaudern!
    Meine Pferde schaudern,
210   Der Morgen dämmert auf.
MARGARETE. Was steigt aus dem Boden herauf?
    Der! der! Schick ihn fort!
    Was will der an dem heiligen Ort?
    Er will mich!
FAUST.   Du sollst leben!
215 MARGARETE. Gericht Gottes! Dir hab ich mich übergeben!
MEPHISTOPHELES *(zu Faust).*
    Komm! komm! Ich lasse dich mit ihr im Stich.
MARGARETE. Dein bin ich, Vater! Rette mich!
    Ihr Engel! Ihr heiligen Scharen,
220   Lagert euch umher, mich zu bewahren!
    Heinrich! Mir graut's vor dir.
MEPHISTOPHELES. Sie ist gerichtet!
STIMME *(von oben).*   Ist gerettet!
MEPHISTOPHELES *(zu Faust).*   Her zu mir!
    (Verschwindet mit Faust.)
STIMME *(von innen, verhallend).*
225   Heinrich! Heinrich!

Aus: Johann Wolfgang von Goethe: Faust. Der Tragödie Erster Teil.
Stuttgart. Reclam Verlag 1986, 2000, S. 129–135 (RUB 1)

Aufgaben-
stellung   Arbeiten Sie anhand des Gesprächsverlaufs die Beziehung Gretchens zu Faust heraus und berücksichtigen Sie dabei die dramaturgischen und sprachlichen Gestaltungsmittel. Zeigen Sie am Beispiel der „Gretchenhandlung" in *Faust I,* inwiefern Goethe das Stück im Untertitel zu Recht als „Tragödie" bezeichnet hat.

1 Reflexion des Szeneninhalts, Klärung der Situation

Im Vergleich zu Aufgaben, denen lyrische oder epische Texte zugrunde liegen, sind in Abituraufgaben zu dramatischen Werken oft recht umfangreiche Textauszüge vorgegeben. Die vorliegende Schlussszene aus *Faust I* ist dafür ein gutes Beispiel. Bei einer Textgrundlage dieser Länge ist es besonders wichtig, dass Sie einen genauen Überblick über das Ganze gewinnen und in der Lage sind, die wichtigsten Momente der Szene zu erkennen.

Aufgabe 62   Fassen Sie die Handlung des Textauszugs knapp zusammen.

Mit dieser letzten Begegnung zwischen Faust und Gretchen endet *Der Tragödie Erster Teil.* Zum Verständnis dieser Szene ist es wichtig, die Vorgeschichte der Beziehung zwischen Faust und Gretchen in ihren wesentlichen Zügen zu rekonstruieren.

Aufgabe 63   Arbeiten Sie die Voraussetzungen der vorliegenden Szene innerhalb des Dramengeschehens heraus: In welchen Phasen verläuft die Beziehung zwischen Faust und Gretchen? Welche Konsequenzen hat die Beziehung für ihn? Welche für sie?

Ihre besondere Eindringlichkeit bezieht die Szene auch aus dem Schauplatz (Kerker) und der Tageszeit (Nacht). Entsprechend sollten Sie in Ihrer Untersuchung auch auf diese beiden Faktoren eingehen.

Aufgabe 64   Beschreiben Sie in kurzen Worten den Schauplatz der Schlussszene und erläutern Sie, warum das letzte Gespräch zwischen Gretchen und Faust in der Nacht stattfindet.

Untersuchen Sie nun, inwieweit die Schlussszene von *Faust I* als Höhepunkt des ersten Teils der Tragödie bezeichnet werden kann und welche Ansatzpunkte sich aus ihr für die Handlung von *Faust II* ergeben.

Aufgabe 65   Arbeiten Sie den Stellenwert dieser Szene am Ende von *Faust I* heraus. Welche Bedeutung hat das Geschehen für Gretchen? Welche für Faust? Welche Konsequenzen ergeben sich daraus für den zweiten Teil des Dramas?

2 Analyse des Szenenaufbaus

Eine Dramenszene lässt sich immer in einzelne Sinnabschnitte aufteilen, die jeweils ihre besondere Funktion für die Wirkung der gesamten Szene haben und die natürlich auch untereinander in aufschlussreicher Weise zusammenhängen.

Aufgabe 66 Beschreiben Sie den Aufbau des Szenenabschnitts. In welche Handlungsschritte ist der Textauszug untergliedert? Welche Aufgabe haben die einzelnen Schritte innerhalb dieses Abschnitts?

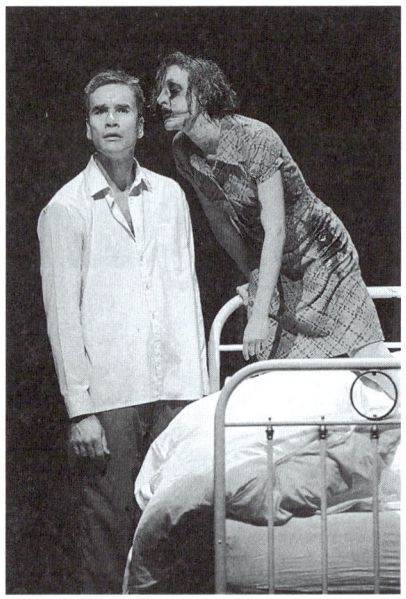

Faust. Der Tragödie Erster Teil, inszeniert von Michael Thalheimer am Deutschen Theater Berlin (2004). Ingo Huelsmann als Faust und Regine Zimmermann als Gretchen.

3 Analyse der Argumentation

Das Gespräch zwischen Faust und Gretchen verläuft nicht sehr geradlinig. Das hat mit der Situation, aber auch mit dem seelischen Zustand Gretchens zu tun. Faust bedrängt Gretchen mit den besten Absichten, sie entzieht sich ihm aber immer wieder. Die innere Dramatik der Szene resultiert zu einem großen Teil daraus, dass Faust und Gretchen keine wirkliche gemeinsame Gesprächsebene mehr finden. Eine Analyse ihrer jeweiligen Argumentation zielt daher vor allem darauf, ihre unvereinbaren Absichten und Gefühle herauszuarbeiten.

Aufgabe 67 Mit welchen Mitteln versucht Faust, Gretchen zur Flucht zu überreden?

Aufgabe 68 Wie verhält sich Gretchen? Was ist ihr wichtig? Warum kann sie sich durchsetzen?

4 Betrachtung der Sprache

Bei der Betrachtung der Sprache ist es wiederum sinnvoll, die **Nebentexte** und die **Haupttexte** getrennt zu untersuchen.

Aufgabe 69   Beschreiben Sie die Aufgaben der Regieanweisungen im vorliegenden Szenenausschnitt.

Bevor Sie sich nun bei der sprachlichen Untersuchung des **Haupttextes** den beiden Figuren zuwenden, sollten Sie herausfinden, welche stilistischen und rhetorischen Mittel Goethe in dieser Szene verwendet.

Aufgabe 70   Bestimmen Sie die **sprachlichen Mittel**, die in dieser Szene auffällig sind. Wie wird der Dialog geführt?

Sprachformen und ihre Funktion in „Faust I"	
Mittel	**Funktion**
Freier Vers: Verse mit freier – wechselnder – Hebung und Senkung; meist gepaarte oder gekreuzte Reimstellung	Der freie Vers dient der Gestaltung einer natürlichen Redeweise.
Faustvers: jambische Verse, in der Regel fünfhebig, aber auch zwei- bis sechshebig verwendet	Die Sprache bleibt durch die flexible Länge der Verszeilen lebendig, wirkt nicht ermüdend; sie lässt sich der jeweiligen Situation und der inneren Anspannung der Figuren anpassen.
Lied (V. 11–19): zerfahrene, unregelmäßige Rhythmik des Gesangs; zunächst reimlos, in der zweiten Hälfte des Liedes Endreime (a a b a b)	Gretchen ist in panische Unruhe geraten. Die Endreime der Verse 15 bis 19 verweisen auf einen Hoffnungsschimmer.
freie Rhythmen: ohne metrische Regeln, beliebige Zeilenlänge und Taktfülle (etwa V. 31– 44)	Sie spiegeln das Ausmaß der Erregung wider, drücken hier Gretchens Verzweiflung aus.
Textzitate: Verwendung von Märchenmotiven (Gretchens Lied) und Anspielungen auf das Hohelied des Salomon aus dem Alten Testament (V. 39 und 69 f.)	Verweis auf den Wahnsinn, darauf, dass Gretchen die Realität entglitten ist; Betonung von Gretchens Gläubigkeit und zugleich Hinweis auf die Größe sowie auf die Sinnlichkeit ihrer Liebe

Aufgabe 71 Wie wird die Beziehung zwischen Faust und Gretchen durch ihr sprachliches Handeln charakterisiert? Welche stilistischen und rhetorischen Mittel setzt Goethe ein, um die Redeweise von Faust zu charakterisieren?

Aufgabe 72 Mit welchen sprachlichen Mitteln wird Gretchen charakterisiert? Welche Rolle spielt Mephisto am Ende dieser Szene?

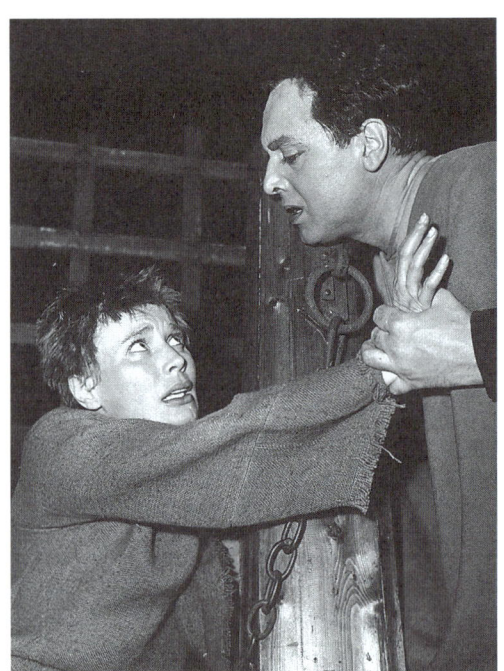

Antje Weisberger als Gretchen und Will Quadflieg als Faust in der Inszenierung der Tragödie durch Gustav Gründgens am Deutschen Schauspielhaus Hamburg aus dem Jahre 1957.

5 Untersuchung der Personengestaltung

In diesem Arbeitsschritt werden die bei der Analyse der Argumentation und der Sprache gewonnenen Ergebnisse aufgenommen, zusammengeführt und um zusätzliche Beobachtungen erweitert.

Aufgabe 73 Wie wird in der vorliegenden Szene Faust charakterisiert?

Aufgabe 74 Wie wird Gretchen charakterisiert?

Aufgabe 75 Entsprechen diese Charakterisierungen von Faust und Gretchen dem Bild, das der Zuschauer in den vorhergehenden Szenen des Dramas von ihnen erhält?

6 Einordnung in die dramatische Gattung

Goethe hat für *Faust* einen Untertitel gewählt, der das Drama in die Traditionslinie der antiken griechischen Bühnendichtung stellt. Er nennt es eine „Tragödie".

Aufgabe 76 Erläutern Sie, warum Goethe seinem Drama diesen Untertitel gegeben hat. Beziehen Sie sich dabei auf die „Gretchenhandlung". Enthält das Stück auch Handlungselemente, die das Tragödienschema durchbrechen?

7 Einordnung in die literarische Epoche

Der folgende Arbeitsauftrag – der über die Aufgabenstellung hinausgeht – bietet die Möglichkeit, die Informationen, die Sie in der Hinführung zum Drama der Klassik erhalten haben, aber auch Ihre Einsichten aus der Beschäftigung mit dem Drama des Sturm und Drang, in Ihre Analyse einzubeziehen.

Aufgabe 77 Erläutern Sie, inwiefern Goethes *Faust* der Weimarer Klassik zugerechnet werden kann und wo die Grenzen dieser Zuordnung liegen.

8 Überlegungen zur Rezeption

In literarischen Erörterungen, die Dramenauszüge zur Grundlage haben, wird oft danach gefragt, was der vorliegende Dramentext einem heutigen Theaterbesucher noch bedeuten kann. Der letzte Arbeitsauftrag dieses Kapitels bietet die Möglichkeit, auch eine solche erörternde Auseinandersetzung mit Goethes Faust in Ansätzen auszuprobieren.

Aufgabe 78 Beschreiben Sie, was ein heutiges Publikum an diesem Werk faszinieren kann.

Das Drama des Naturalismus
Gerhart Hauptmann: Vor Sonnenaufgang

Wirklichkeitstreue wird in den Werken der naturalistischen Autoren zum obersten Prinzip moderner Theaterkunst. Gemeint ist eine Wirklichkeit, die das Leben der Zu-Kurz-Gekommenen, der Außenseiter und Verlierer widerspiegelt. Diese Welt kann nicht mehr rasch und im Vorübergehen als „Theater" konsumiert werden. Die Inszenierung verlängert vielmehr den Alltag, aus dem die Theaterbesucher kommen, entführt sie nicht in eine angenehme Unterhaltungswelt, sondern konfrontiert sie mit ihren eigenen Problemen, ihrer eigenen Zeit. Das Publikum soll gezwungen werden, nachzudenken, Entscheidungen zu treffen. Was sich auf der Bühne abspielt, trifft den Zuschauer direkt, macht ihn zum Zeugen von **Debatten über soziale Probleme,** die nicht nur theatralisch auf der Bühne verhandelt werden, sondern seine eigene Stellungnahme erfordern.

Mit **naturwissenschaftlicher Objektivität** wollen die Autoren die Wirklichkeit erfassen. Sie entwickeln eine Vorliebe für das **analytische Drama** und konzipieren ihre Stücke so, dass bedeutsame Ereignisse aus der Vergangenheit erst langsam und behutsam im Verlauf der Handlung aufgedeckt werden. Deutlich wird dabei, dass die sozialen Probleme der Zeit zugleich auf existenzielle Grundprobleme des Lebens verweisen.

Das künstlerische Hauptmerkmal des Naturalismus ist eine **präzise Wiedergabe der Alltagssprache**. In den Äußerungen der Figuren spiegeln sich die soziale wie die geografische Herkunft, Bildungsvoraussetzungen und Sprachgewandtheit, Alter und Geschlecht. Die Figuren erhalten ihre individuelle sprachliche Färbung. Um möglichst nahe an das tatsächliche Sprachverhalten der Menschen heranzukommen, setzen die Autoren Dialektmerkmale, Redensarten, Satzfetzen und sogar Stammeln ein. In der Stimmführung wie der nuancierten Wiedergabe mundartlicher Wendungen versuchen sie, die psychische und soziale Situation der Sprecher zu veranschaulichen. Radikal werden damit traditionelle Theatergewohnheiten über den Haufen geworfen. Die Autoren nehmen in Kauf, dass das Publikum einzelne Bühnenfiguren kaum noch versteht. **Das Versagen der sprachlichen Kommunikation** ist ein wesentliches Kennzeichen des Naturalismus. Isolierte, *Einsame Menschen* – so ein Dramentitel Hauptmanns – sind die Protagonisten des naturalistischen Theaters.

Das bürgerliche Theaterpublikum reagierte zunächst oft mit Unverständnis auf die Aufführungen naturalistischer Stücke (wenn sie denn überhaupt in öffentlichen Theatern gespielt wurden); häufig konnten die Zuschauer dem Gang der Handlung kaum folgen. Ähnlich wird auch der Leser in einige Verwirrung gestürzt, wenn er versucht, den Text zu verstehen. Gedankenstriche, vielsagende Pünktchen, Ausrufezeichen, Parenthesen kennzeichnen die psychische Erregung der Figuren. Dieser **Psycholekt** ist jedoch nichts prinzipiell Neues. Auch die Sprache im Drama des Sturm und Drang lebte von dieser Spiegelung des seelischen Zustands in den Äußerungen der Figuren. Auf das Vorbild dieser Autoren greifen die Naturalisten ausdrücklich zurück.

Gerhart Hauptmanns
Vor Sonnenaufgang,
inszeniert von D. Bösch am
Thalia Theater Hamburg (2009).
Paula Dombrowski als Helene
und Peter Jordan als Hoffmann.

Hinzu kommt häufig die Verwendung des **Dialekts**, der die Verständnisschwierigkeiten weiter verschärft. Gerhart Hauptmann etwa setzte in der Urfassung der 1893 uraufgeführten *Weber* eine mundartliche Schreibweise ein, die für Nicht-Schlesier kaum lesbar ist; auch die spätere, dem Hochdeutschen angenäherte Fassung des Stückes bleibt noch immer schwer verständlich. Der Dialekt leistet aber mehr als eine rein regionale Zuordnung der Sprecher. Er ist auch Ausdruck gesellschaftlicher Positionen und spiegelt die Beziehungen zwischen den Personen genauer als es die Hochsprache könnte.

Die Naturalisten greifen in ihren Stücken Probleme auf, die jenseits der bürgerlichen Gesellschaft spielen. Die Herkunft ihres Personals aus dieser nichtbürgerlichen Sphäre bilden die Autoren ab, indem sie alle Verstöße gegen die Sprachnormen übernehmen. Das kann bis zur Fäkalsprache oder zum Jargon reichen, wenn etwa Säufer und Huren zu Wort kommen. Der **Soziolekt** charakterisiert die gesellschaftliche Herkunft der Figuren. Angehörige aus dem Subproletariat, der Arbeiterschicht, aber auch der erst kürzlich zu Geld gekommenen Bourgeoisie werden gesellschaftlich differenziert, insofern die Figuren ihre Herkunft durch den Sprachgebrauch nicht verleugnen können.

Psycholekt, **Dialekt** und **Soziolekt** lassen die präzise Nuancierung der Sprache im naturalistischen Drama erkennen. Das Publikum im ausgehenden 19. Jahrhundert empfand eine solche Bühnensprache jedoch als ungehörige Provokation. Es reagierte so, wie von den Autoren vorhergesehen (und zum Teil auch gewollt): Theaterskandale mit wüsten Beschimpfungen gehörten zu den üblichen Begleiterscheinungen von Premieren naturalistischer Stücke.

Wie die Sprechtexte erhalten auch die **Regieanweisungen** im Drama des Naturalismus eine besondere Bedeutung. Sie gehen noch über die Funktion der Nebentexte im Drama des Sturm und Drang hinaus. Der Bühnenraum dient dazu, die Figuren in ihrem sozialen Milieu zu definieren, ihre individuellen Eigenschaften zu veranschaulichen und die scheinbare Sicherheit bürgerlicher Verhältnisse als trügerisch zu entlarven. Lebensrealität vorzustellen ist das generelle Ziel dieser akribischen Regieanweisungen. Durch die angestrebte Echtheit der Gegenstände soll die Grenze zwischen Realität und Fiktion auch in der Bühnenausstattung verwischt werden.

Drama des Naturalismus	
wichtige Autoren	Gerhart Hauptmann (1862–1946) Arno Holz (1863–1929) Vorbild: Henrik Ibsen (1828–1906)
Grundverständnis	Arno Holz: „Kunst = Natur – x" Anspruch auf naturwissenschaftliche Objektivität
Themen	• Darstellung der meist hässlichen Alltagswelt • Milieutheorie: Abhängigkeit des Denkens und Handelns vom „Ererbten, Erlebten und Erlernten" (Wilhelm Scherer, nach Hippolyte Taine: „la race, le milieu, le moment")
Merkmale des Dramas	• analytisches Drama: wichtige Ereignisse werden nach und nach enthüllt • offene Form, Darstellung von „Lebensausschnitten" • Alltagssprache (Psycholekt / Dialekt / Soziolekt) • präzise Festlegung der Räume und Figuren in den Regieangaben
wichtige Werke	• Gerhart Hauptmann *Vor Sonnenaufgang* (1889), *Die Weber* (1893) • Arno Holz (zusammen mit Johannes Schlaf) *Die Familie Selicke* (1890) • Henrik Ibsen *Nora oder Ein Puppenheim* (1879), *Gespenster* (1882)

Gerhart Hauptmann
Vor Sonnenaufgang. Soziales Drama (Anfang des ersten Aktes)

ERSTER AKT

*Das Zimmer ist niedrig; der Fußboden mit guten Teppichen belegt. Moderner Luxus auf
bäuerische Dürftigkeit gepfropft. An der Wand hinter dem Eßtisch ein Gemälde, darstellend einen vierspännigen Frachtwagen, von einem Fuhrknecht in blauer Bluse geleitet.*
5 *Miele, eine robuste Bauernmagd mit rotem, etwas stumpfsinnigen Gesicht; sie öffnet die
Mitteltür und läßt Alfred Loth eintreten. Loth ist mittelgroß, breitschultrig, untersetzt, in
seinen Bewegungen bestimmt, doch ein wenig ungelenk; er hat blondes Haar, blaue Augen
und ein dünnes, lichtblondes Schnurrbärtchen, sein ganzes Gesicht ist knochig und hat
einen gleichmäßig ernsten Ausdruck. Er ist ordentlich, jedoch nichts weniger als modern
10 gekleidet. Sommerpaletot, Umhängetäschchen, Stock.*

MIELE. Bitte! Ich werde den Herrn Inschinnär glei ruffen. Wolln Sie nich Platz nehmen?!
*Die Glastür zum Wintergarten wird heftig aufgestoßen; ein Bauernweib, im Gesicht
blaurot vor Wut, stürzt herein. Sie ist nicht viel besser als eine Waschfrau gekleidet.
Nackte rote Arme, blauer Kattunrock und Mieder, rotes punktiertes Brusttuch. Alter:*
15 *Anfang Vierzig – Gesicht hart, sinnlich, bösartig. Die ganze Gestalt sonst gut konserviert.*
FRAU KRAUSE *schreit.* Ihr Madel!! ... Richtig! ... Doas Loster vu Froovulk! ... Naus! mir
gahn nischt! ... *Halb zu Miele, halb zu Loth.* A koan orbeita, a hoot Oarme. Naus! hier
gibbt's nischt!
LOTH. Aber Frau ... Sie werden doch ... ich ... ich heiße Loth, bin ... wünsche zu ...
20 habe auch nicht die Ab ...
MIELE. A wull ock a Herr Inschinnär sprechen.
FRAU KRAUSE. Beim Schwiegersuhne batteln: doas kenn mer schunn. – A hoot au
nischt, a hoot's au ock vu ins, nischt iis seine!
Die Tür rechts wird aufgemacht. Hoffmann steckt den Kopf heraus.
25 HOFFMANN. Schwiegermama! – Ich muß doch bitten ... *Er tritt heraus, wendet sich an
Loth.* Was steht zu ... Alfred! Kerl! Wahrhaftig'n Gott, du!? Das ist aber mal ...nein
<u>das</u> is doch mal' Gedanke!
*Hoffmann ist etwa dreiunddreißig Jahre alt, schlank, groß, hager. Er kleidet sich nach der
neuesten Mode, ist elegant frisiert, trägt kostbare Ringe, Brillantknöpfe im Vorhemd und
30 Berloques an der Uhrkette. Kopfhaar und Schnurrbart schwarz, der letztere sehr üppig,
äußerst sorgfältig gepflegt. Gesicht spitz, vogelartig. Ausdruck verschwommen, Augen
schwarz, lebhaft, zuweilen unruhig.*
LOTH. Ich bin nämlich ganz zufällig ...
HOFFMANN, *aufgeregt.* Etwas Lieberes ... nun aber zunächst leg ab! *Er versucht ihm das*
35 *Umhängetäschchen abzunehmen.* Etwas Lieberes und so Unerwartetes hätte mir jetzt,
– *er hat ihm Hut und Stock abgenommen und legt beides auf einen Stuhl neben der Tür –*
hätte mir jetzt entschieden nicht passieren können, – *indem er zurückkommt –*
<u>entschieden</u> nicht.
LOTH, *sich selbst das Täschchen abnehmend.* Ich bin nämlich – nur so per Zufall auf
40 dich ... *Er legt das Täschchen auf den Tisch im Vordergrund.*

HOFFMANN. Setz dich! Du mußt müde sein, setz dich – bitte. Weißt de noch? wenn du
mich besuchtest, da hatt'st du so 'ne Manier, dich lang auf das Sofa hinfallen zu lassen,
daß die Federn krachten; mitunter sprangen sie nämlich auch. Also du, höre! mach's
wie damals.

45 *Frau Krause hat ein sehr erstauntes Gesicht gemacht und sich dann zurückgezogen. Loth*
lässt sich auf einen der Sessel nieder, die rings um den Tisch im Vordergrunde stehen.

HOFFMANN. Trinkst du was? Sag! – Bier? Wein? Kognak? Kaffee? Tee? Es ist alles im
Hause.

Helene kommt lesend aus dem Wintergarten; ihre große, ein wenig zu starke Gestalt, die
50 *Frisur ihres blonden, ganz ungewöhnlich reichen Haares, ihr Gesichtsausdruck, ihre*
moderne Kleidung, ihre Bewegungen, ihre ganze Erscheinung überhaupt verleugnen das
Bauernmädchen nicht ganz.

HELENE. Schwager, du könntest … *Sie entdeckt Loth und zieht sich schnell zurück.* Ach!
ich bitte um Verzeihung. *Ab.*

55 HOFFMANN. Bleib doch, bleib!

LOTH. Deine Frau?

HOFFMANN. Nein, ihre Schwester. Hörtest du nicht, wie sie mich betitelte?

LOTH. Nein.

HOFFMANN. Hübsch! Wie? – Nu aber erklär dich: Kaffee? Tee? Grog?

60 LOTH. Danke, danke für alles.

HOFFMANN *präsentiert ihm Zigarren.* Aber das ist was für dich – nicht?! … Auch nicht?!

LOTH. Nein, danke.

HOFFMANN. Beneidenswerte Bedürfnislosigkeit! *Er raucht sich selbst eine Zigarre an und*
spricht dabei. Die A … Asche, wollte sagen, der … der Tabak … ä! Rauch natürlich …
65 der Rauch belästigt dich doch wohl nicht?

LOTH. Nein.

HOFFMANN. Wenn ich das nicht noch hätte … ach Gott ja, das bißchen Leben! – Nu aber
tu mir den Gefallen, erzähle was. – Zehn Jahre – bist übrigens kaum sehr verändert –
zehn Jahre, 'n ekliger Fetzen Zeit – was macht Schn … Schnurz nannten wir ihn ja
70 wohl? Fips – die ganze heitere Blase von damals? Hast du den einen oder anderen im
Auge behalten?

LOTH. Sach mal, solltest du das nicht wissen?

HOFFMANN. Was?

LOTH. Daß er sich erschossen hat.

75 HOFFMANN. Wer – hat sich wieder mal erschossen?

LOTH. Fips! Friedrich Hildebrandt.

HOFFMANN. I warum nich gar!

LOTH. Ja! er hat sich erschossen – im Grunewald, an einer sehr schönen Stelle der
Havelseeufer. Ich war dort, man hat den Blick auf Spandau.

80 HOFFMANN. Hm! – Hätt' ihm das nicht zugetraut, war doch sonst keine Heldennatur.

LOTH. Deswegen hat er sich eben erschossen. – Gewissenhaft war er, sehr gewissenhaft.

HOFFMANN. Gewissenhaft? Woso?

LOTH. Nun, darum eben … sonst hätte er sich wohl nicht erschossen.

HOFFMANN. Versteh' nicht recht.

⁸⁵ LOTH. Na, die Farbe seiner politischen Anschauungen kennst du doch?

HOFFMANN. Ja, grün.

LOTH. Du kannst sie gern so nennen. Er war, dies wirst du ihm wohl lassen müssen, ein talentvoller Jung. – Fünf Jahre hat er als Stukkateur arbeiten müssen, andere fünf Jahre dann, sozusagen, auf eigene Faust durchgehungert und dazu kleine Statuetten ⁹⁰ modelliert.

HOFFMANN. Abstoßendes Zeug. Ich will von der Kunst erheitert sein ... Nee! diese Sorte Kunst war durchaus nicht mein Geschmack.

LOTH. Meiner war es auch nicht, aber er hatte sich nun doch einmal drauf versteift. Voriges Frühjahr schrieben sie da ein Denkmal aus; irgendein Duodezfürstchen, ⁹⁵ glaub' ich, sollte verewigt werden. Fips hatte sich beteiligt und gewonnen; kurz darauf schoß er sich tot.

HOFFMANN. Wo da die Gewissenhaftigkeit stecken soll, ist mir völlig schleierhaft. – Für so was habe ich nur eine Benennung: Span – auch Wurm – Spleen – so was.

LOTH. Das ist ja das allgemeine Urteil.

¹⁰⁰ HOFFMANN.Tut mir leid, kann aber nicht umhin, mich ihm anzuschließen.

LOTH. Es ist ja für ihn auch ganz gleichgültig, was ...

HOFFMANN. Ach überhaupt, lassen wir das. Ich bedaure ihn im Grunde ganz ebenso sehr wie du, aber – nun ist er doch einmal tot, der gute Kerl; – erzähle mir lieber was von dir, was du getrieben hast, wie's dir ergangen ist.

¹⁰⁵ LOTH. Es ist mir so ergangen, wie ich's erwarten mußte. – Hast du gar nichts von mir gehört? – durch die Zeitungen, mein' ich.

HOFFMANN, *ein wenig befangen.* Wüßte nicht.

LOTH. Nichts von der Leipziger Geschichte?

HOFFMANN. Ach so, das! – Ja! – Ich glaube ... nichts Genaues.

¹¹⁰ LOTH. Also, die Sache war folgende ...

HOFFMANN, *seine Hand auf Loths Arm legend.* Ehe du anfängst – willst du denn gar nichts zu dir nehmen?

LOTH. Später vielleicht.

HOFFMANN. Auch nicht ein Gläschen Kognak?

¹¹⁵ LOTH. Nein. Das am allerwenigsten.

HOFFMANN. Nun, dann werde ich ein Gläschen ... Nichts besser für den Magen. *Holt Flasche und zwei Gläschen vom Büfett, setzt alles auf den Tisch vor Loth.* Grand Champagne, feinste Nummer; ich kann ihn empfehlen. – Möchtest du nicht ...?

LOTH. Danke.

¹²⁰ HOFFMANN *kippt das Gläschen in den Mund.* Oah! – na, nu bin ich ganz Ohr.

LOTH. Kurz und gut: da bin ich eben sehr stark hineingefallen.

HOFFMANN. Mit zwei Jahren, glaub' ich?!

LOTH. Ganz recht! Du scheinst es ja doch also zu wissen. Zwei Jahre Gefängnis bekam ich, und nach dem haben sie mich noch von der Universität relegiert. Damals war ich ¹²⁵ – einundzwanzig. – Nun! in diesen zwei Gefängnisjahren habe ich mein erstes volkswirtschaftliches Buch geschrieben. Daß es gerade ein Vergnügen gewesen, zu brummen, müßte ich allerdings lügen.

HOFFMANN. Wie man doch einmal so sein konnte! Merkwürdig! So was hat man sich nun allen Ernstes in den Kopf gesetzt. Bare Kindereien sind es gewesen, kann mir
130 nicht helfen, du! – nach Amerika auswandern, 'n Dutzend Gelbschnäbel wie wir! – wir und Musterstaat gründen! Köstliche Vorstellung!

LOTH. Kindereien?! – tjaa! In gewisser Beziehung sind es auch wirklich Kindereien gewesen; wir unterschätzten die Schwierigkeiten eines solchen Unternehmens.

HOFFMANN. Und daß du nun wirk-lich hinausgingst – nach Amerika – al-len Ernstes
135 mit leeren Händen … Denk doch mal an, was es heißt, Grund und Boden für einen Musterstaat mit leeren Händen erwerben zu wollen: das ist ja beinah ver … jedenfalls ist es einzig naiv.

LOTH. Ach, gerade mit dem Ergebnis meiner Amerikafahrt bin ich ganz zufrieden.

HOFFMANN, *laut auflachend.* Kaltwasserkur, vorzügliche Resultate, wenn du es so
140 meinst …

LOTH. Kann sein, ich bin etwas abgekühlt worden; damit ist mir aber nichts Besonderes geschehen. Jeder Mensch macht seinen Abkühlungsprozeß durch. Ich bin jedoch weit davon entfernt, den Wert der … nun, sagen wir hitzigen Zeit zu verkennen. Sie war auch gar nicht so furchtbar naiv, wie du sie hinstellst.

145 HOFFMANN. Na, ich weiß nicht?!

LOTH. Du brauchst nur an die Durchschnittskindereien unserer Tage denken: das Couleurwesen auf den Universitäten, das Saufen, das Pauken. Warum all der Lärm? Wie Fips zu sagen pflegte: um Hekuba! – – Um Hekuba drehte es sich bei uns doch wohl nicht; wir hatten die allerhöchsten menschheitlichen Ziele im Auge. Und abgesehen
150 davon, diese naive Zeit hat bei mir gründlich mit Vorurteilen aufgeräumt. Ich bin mit der Scheinreligion und Scheinmoral und mit noch manchem anderen …

HOFFMANN. Das kann ich dir ja auch ohne weiteres zugeben. Wenn ich jetzt doch immerhin eine vorurteilsloser, aufgeklärter Mensch bin, dann verdanke ich das, wie ich gar nicht leugne, den Tagen unseres Umgangs. – Natürlicherweise! – Ich bin der
155 letzte, das zu leugnen. – Ich bin überhaupt in keiner Beziehung Unmensch. Nur muß man nicht mit dem Kopfe durch die Wand rennen wollen. – Man muß nicht die Übel, an denen die gegenwärtige Generation leider Gottes krankt, durch noch größere verdrängen wollen; man muß – alles ruhig seinen natürlichen Gang gehen lassen. Was kommen soll, kommt! Praktisch, praktisch muß man verfahren! Erinnere dich! Ich
160 habe das früher gerade so betont, und dieser Grundsatz hat sich bezahlt gemacht. – Das ist es ja eben. Ihr alle – du mit eingerechnet! –, ihr verfahrt höchst unpraktisch.

LOTH. Erklär mir eben mal, wie du das meinst.

HOFFMANN. Einfach! Ihr nützt eure Fähigkeiten nicht aus. Zum Beispiel du: 'n Kerl wie du, mit Kenntnissen, Energie et cetera, was hätte dir nicht offengestanden! Statt des-
165 sen, was machst du? Kom-pro-mit-tierst dich von vornherein der-art … na, Hand aufs Herz! hast du das nicht manchmal bereut?

LOTH. Ich konnte nicht gut bereuen, weil ich ohne Schuld verurteilt worden bin.

HOFFMANN. Kann ich ja nicht beurteilen, weißt du.

LOTH. Du wirst das gleich können, wenn ich dir sage: die Anklageschrift führte aus, ich
170 hätte unseren Verein Vancouver-Island nur zum Zwecke parteilicher Agitation ins Leben gerufen; dann sollte ich auch Geld zu Parteizwecken gesammelt haben. Du

weißt ja nun, daß es uns mit unseren kolonialen Bestrebungen ernst war, und was das Geldsammeln anlangt, so hast du ja selbst gesagt, daß wir alle miteinander leere Hände hatten. Die Anklage enthält also kein wahres Wort, und als Mitglied solltest du

175 das doch ...

HOFFMANN. Na – Mitglied war ich doch wohl eigentlich nicht so recht. – Übrigens glaube ich dir selbstredend. – Die Richter sind halt immer nur Menschen, muß man nehmen. – Jedenfalls hättest du, um praktisch zu handeln, auch den <u>Schein</u> meiden müssen. Überhaupt: ich habe mich in der Folge manchmal baß gewundert über dich:

180 Redakteur der Arbeiterkanzel, des obskursten aller Käseblättchen – Reichstagskandidat des süßen Pöbels! Und was hast du nu davon? – versteh mich nicht falsch! Ich bin der letzte, der es an Mitleid mit dem armen Volke fehlen läßt, aber <u>wenn</u> etwas geschieht, dann mag es von oben her<u>ab</u> geschehen! Es muß sogar von oben herab geschehen, das Volk weiß nun mal nicht, was ihm not tut – das Von-unten-<u>herauf</u>,

185 siehst du, <u>das</u> eben nenne ich das Mit-dem-Kopf-durch-die-Wand-Rennen.

LOTH. Ich bin aus dem, was du eben gesagt hast, nicht klug geworden.

HOFFMANN. Na, ich meine eben; sie <u>mich</u> an! Ich habe die Hände frei: ich könnte nu schon anfangen, was für die Ideale zu tun. – Ich kann wohl sagen, mein <u>praktisches</u> Programm ist nahezu durchgeführt. Aber ihr ... immer mit leeren Händen, was wollt

190 denn <u>ihr machen</u>?

Aus: Gerhart Hauptmann: Vor Sonnenaufgang. Soziales Drama. (Entstanden und uraufgeführt 1889). Berlin: Ullstein Verlag 2004, S. 7–15 (Ullstein Taschenbuch Nr. 23564)

Worterklärungen:
Zeile 10:   *Sommerpaletot: Ein Paletot ist ein – mittlerweile aus der Mode gekommenes – Kleiderstück: ein leicht taillierter, doppelreihiger Herrenmantel, zumeist mit einem Samtkragen und aus schwarzem Stoff gefertigt.*
Zeile 30:   *Berloques: auch (die) Berlocke: im 18- und 19. Jahrhundert üblicher kleiner Schmuck an Uhrketten*
Zeile 94:   *Duodezfürstchen: „Fürst in kleinem Format" (abgeleitet vom Buchdruck: das Duodez ist die Zwölftelbogengröße); ein Duodezfürstentum ist ein lächerlich kleines, unbedeutendes Fürstentum*
Zeile 98:   *Span [...] Wurm [...] Spleen: Jargonausdrücke für: absonderliche Marotte*
Zeile 124:   *relegiert: ausgeschlossen, entfernt*
Zeile 146 f.: *Couleurwesen: das Treiben der farbentragenden Burschenschaften unter den Studenten*
Zeile 147:   *Pauken: im burschenschaftlichen Verbindungswesen: eine Mensur fechten*
Zeile 148:   *Hekuba: Hecuba (griech. Hekabe) ist die Ehefrau von Priamos, dem Herrscher über Troja, in der „Ilias" des Homer. Im Epos sagt ihr ältester Sohn Hektor zu seiner Frau Andromache, dass ihn ihr Leid weit mehr bekümmere als das seiner Landsleute, seines Vaters und sogar seiner Mutter. Shakespeare griff diese Bermerkung in „Hamlet" auf, wo es in der zweiten Szene des zweiten Aktes heißt: „Was ist ihm Hekuba, was ist er ihr, dass er um sie soll weinen." Seither signalisierte der Name redensartlich eine Haltung der Interesselosigkeit: „Was geht mich / uns das an?" In einer Reichstagsrede vom 11. Januar 1887 griff Bismarck die Formulierung („Was ist ihm Hekuba?") auf, um auf diese Weise Deutschlands Verhältnis zu Bulgarien zu charakterisieren.*

Aufgabenstellung

Arbeiten Sie anhand des Gesprächsverlaufs die Beziehungen zwischen Loth und Hoffmann heraus. Gehen Sie dabei besonders auf die Bedeutung der Regieanweisungen in der Exposition des Dramas ein. Erläutern Sie zuletzt den Untertitel und erörtern Sie knapp, inwiefern das Stück ein typisches Werk des Naturalismus ist.

1 Reflexion des Szeneninhalts, Klärung der Situation

Aufgabe 79 Fassen Sie das Geschehen des vorliegenden Szenenausschnitts knapp zusammen.

Dieser Szenenausschnitt stellt die **Exposition** des Dramas dar. In ihr werden die zentralen Figuren, der Ort und die Atmosphäre der Handlung vorgestellt und wesentliche Konflikte angedeutet. Die wichtigsten Aspekte sollten Sie in der zweiten Aufgabe kurz zusammenstellen.

Aufgabe 80 Zeigen Sie, wie der vorliegende Ausschnitt seiner Funktion als Exposition des Stückes gerecht wird. Welche Themen werden angeschlagen? Welche Konflikte werden hier bereits deutlich?

Aufgabe 81 Beschreiben Sie den Schauplatz und bestimmen Sie den Zeitpunkt der Handlung, wobei Ihnen die folgende Zusatzinformation helfen sollte.

Zusatzinformationen zum zeitgeschichtlichen Hintergrund des Stückes

1863: Gründung des „Allgemeinen Deutschen Arbeitervereins" (ADAV)

1868/69: Aus dem linken Flügel des ADAV entsteht unter der Führung August Bebels und Wilhelm Liebknechts die „Sozialistische Deutsche Arbeiterpartei" (SDAP).

1871: Nach ersten Wahlerfolgen müssen die Sozialdemokraten bei den Reichstagswahlen im Jahr der Reichseinigung einen Rückschlag hinnehmen (3,2 Prozent der Stimmen, 2 Mandate).

1874: Bei den Reichstagswahlen kommen die Sozialdemokraten auf 6,8 Prozent der Stimmen und erhalten 9 Mandate.

1877: Bei den Wahlen zum Reichstag erhalten die Sozialdemokraten 9,1 Prozent der Stimmen und damit 12 Sitze im Reichstag.

1878: Im Mai und Juni werden zwei Attentate auf Wilhelm I. unternommen. Beide Male überlebt der Kaiser. Die Attentate dienen Bismarck als Vorwand, das Sozialistengesetz („Gesetz gegen die gemeingefährlichen Bestrebungen der Sozialdemokratie") im Reichstag verabschieden zu lassen, das die Regierung als Kampfmittel gegen die politische Vertretung der Arbeiterklasse einsetzt. Die Organisationen und Publikationsorgane der Sozialdemokraten werden verboten, die Führer der Partei werden verfolgt, eingesperrt oder ausgewiesen. Die Reichstagsfraktion bleibt jedoch unangetastet, das aktive und das passive Wahlrecht bleiben erhalten. Der Stimmenanteil der Sozialdemokraten geht bei der Reichstagswahl 1878 auf 7,6 Prozent (9 Mandate) zurück.

1881: Bei den Reichstagswahlen verlieren die Sozialdemokraten wiederum an Stimmen (6,1 Prozent, 9 Mandate).

1884: Die Sozialdemokraten erhalten bei den Reichstagswahlen 9,7 Prozent der Stimmen und 24 Mandate.

1887: Die Sozialdemokraten bauen ihren Stimmenanteil bei den Reichstagswahlen auf 10,2 Prozent aus.

1890: Bei den Reichstagswahlen im Januar kommen die Sozialdemokraten auf 19,7 Prozent der Stimmen (35 Mandate).

Im März wird Bismarck von Kaiser Wilhelm II. als Reichskanzler entlassen.

Das mehrmals verlängerte Sozialistengesetz wird am 30. September aufgehoben.

(Quelle: Thomas Nipperdey, Deutsche Geschichte 1866–1918.
Band II: Machtstaat vor der Demokratie. München: C. H. Beck 1992)

Vor Sonnenaufgang ist eines der berühmtesten Stücke des Naturalismus. Man sollte es kennen, auch wenn Gerhart Hauptmann – der von 1890 an bis zu seinem Tode im Jahre 1946 weitgehend unangefochten den Platz des bedeutendsten deutschsprachigen Dramatikers behauptete – heute im Unterricht nicht mehr so oft gelesen wird. Wenn Sie das Stück gelesen haben, so werden Sie auch die folgende Aufgabe beantworten können. Kennen Sie es nicht, so hilft Ihnen der Lösungsvorschlag im Lösungsteil, einen Überblick über dessen Handlung und Thematik zu gewinnen.

Aufgabe 82   Weisen Sie nach, wie in dieser Expositionsszene das weitere Geschehen des „sozialen Dramas" bereits vorgezeichnet wird.

2 Analyse des Szenenaufbaus

Anders als Lessings Drama *Nathan der Weise,* ähnlich aber wie Schillers Sturm und Drang-Stück *Die Räuber,* ist Hauptmanns Drama *Vor Sonnenaufgang* nicht in Auftritte unterteilt (einem traditionellen Gliederungsprinzip, bei dem mit dem Kommen und Gehen der Figuren Abschnitte markiert werden). Hauptmann verzichtet sogar auf jede weitere Untergliederung der fünf Akte des Stücks. Szenen im herkömmlichen Sinne gibt es nicht. Jeweils der ganze Akt besteht aus einer Szene. Umso wichtiger ist es, den Dramentext auf andere Weise zu gliedern, um so seine Sinnabschnitte und seinen dramaturgischen Aufbau zu erkennen.

Aufgabe 83   Beschreiben Sie den Aufbau des vorliegenden Dramenauszugs. Gliedern Sie ihn in Handlungsschritte und beschreiben Sie die Funktion der einzelnen Schritte.

Hoffmann (Philipp Hochmair) und Alfred Loth (Philipp Hauß). Gerhart Hauptmanns „Soziales Drama" *Vor Sonnenaufgang* in einer Inszenierung von Nicolas Stemann am Burgtheater Wien aus dem Jahre 2004.

3 Analyse der Argumentation

Leicht ist zu erkennen, dass das Gespräch zwischen Hoffmann und Loth durch untergründige Spannungen belastet ist. Beide sind nicht ganz offen zueinander. Um diesen zwischenmenschlichen Spannungen auf den Grund zu gehen, ist es notwendig, das Gesprächsverhalten der beiden ehemaligen Freunde genau zu untersuchen.

Aufgabe 84   Wie stellt sich Hoffmann dar? Was will er mit seiner Argumentation erreichen?

Aufgabe 85   Wie tritt Loth auf? Wie ist seine Argumentation aufgebaut?

4 Untersuchung der Regieanweisungen

Die ausführlichen Bühnenanweisungen sind geradezu ein Markenzeichen des naturalistischen Dramas. Entsprechend ist in der Aufgabenstellung eine besonders gründliche Untersuchung der Regieanweisungen gefordert.

Durch genaue Beschreibungen von Räumen und handelnden Personen versuchten die Autoren des Naturalismus, das jeweils dargestellte Milieu mit möglichst wissenschaftlicher Präzision einzufangen. Schon in den Nebentexten sollte der Charakter des naturalistischen Dramas als kritische Sozialstudie kenntlich werden. Da manche der Anweisungen – vor allem zum äußeren Erscheinungsbild der Figuren (vgl. etwa die Beschreibung Alfred Loths in den Zeilen 6 ff.) – sich nicht ohne Weiteres auf jeder Bühne und mit den Schauspielern eines jeden Ensembles realisieren lassen – es steht nicht immer ein Schauspieler mit ebensolcher Statur und ebensolchen Gesichtszügen zur Verfügung, wie der Dramatiker sie sich vorgestellt hat –, nehmen die Dramen des Naturalismus tendenziell den Charakter von Lesedramen an: Durch die weitgehenden Vorgaben ist die Realisierung des Stückes auf der Bühne erschwert; zugleich wird dem Leser eine so konkrete Vorstellung vermittelt, dass die Lektüre den Theaterbesuch weitgehend ersetzen kann.

Aufgabe 86 Erschließen Sie die Bedeutung der Regieanmerkungen in diesem Expositionsauszug.

Vor Sonnenaufgang in den Münchner Kammerspielen. Inszenierung von Thomas Ostermeier aus dem Jahre 2005. Hoffmann (Michael Neuenschwander) und Alfred Loth (Stephan Bissmeier) im Gespräch.

5 Betrachtung der Sprache

Die Analyse der Figurensprache (des Haupttextes) zeigt, dass Hauptmann in seinem „sozialen Drama" stilistische und rhetorische Mittel einsetzt, die auf den ersten Blick recht auffällig und unkonventionell wirken, für das naturalistische Drama aber gerade besonders charakteristisch sind.

Aufgabe 87 Beschreiben Sie zunächst **generell**, welche sprachliche Gestaltung in diesem Szenenausschnitt auffällt.
- Bestimmen Sie die **sprachlichen Mittel** dieser Szene.
- Wie wird der Dialog geführt?

Sprachliche Mittel und ihre Funktion in „Vor Sonnenaufgang"	
Mittel	**Funktion**
Dialekt	Reproduktion der Alltagssprache und damit radikaler Bruch mit der bisherigen Dichtungssprache
Aposiopese: affektbetonter Abbruch der Rede	eines der wichtigsten Stilmittel der Naturalisten, um ein wirklichkeitstreues Sprechen nachzuahmen
Ellipse: grammatisch unvollständiger Satz	ein weiteres wichtiges Stilmittel der Naturalisten, um ein wirklichkeitstreues Sprechen nachzuahmen

Aufgabe 88 Wie wird Hoffmann durch sein sprachliches Handeln charakterisiert? Auf welche Weise zeigt Hauptmann, dass Hoffmann ein ‚Fremdkörper' im Haus der Schwiegereltern ist?

Aufgabe 89 Welche sprachlichen Mittel sind für Loth charakteristisch? Welche Persönlichkeitsmerkmale sollen damit ausgedrückt werden?

6 Untersuchung der Personengestaltung

Wie Hoffmann und Loth miteinander sprechen und wie sie sich jeweils ausdrücken, sagt viel über ihre Persönlichkeit, die nun zusammenfassend charakterisiert werden soll.

Aufgabe 90 Wie wird Loth am Anfang des Stückes charakterisiert?

Aufgabe 91 Wie wird Hoffmann charakterisiert?

Wenn Sie das Stück kennen, können Sie auch zusätzlich die folgende Frage beantworten. Wenn nicht, sollten Sie gleich den Lösungsvorschlag nachlesen.

Aufgabe 92 Haben diese Charakterzüge auch im weiteren Dramengeschehen Bestand?

7 Einordnung in die dramatische Gattung

Gerhart Hauptmann hat *Vor Sonnenaufgang* im Untertitel ein „soziales Drama" genannt. Zu überlegen ist nun, wie diese Bezeichnung gemeint ist.

Aufgabe 93 Stellen Sie dar, welche Bedeutung das Adjektiv „sozial" in diesem Stück besitzt
und in welcher dramengeschichtlichen Tradition diese Bezeichnung steht.

8 Einordnung in die literarische Epoche

Aufgabe 94 Erläutern Sie, inwiefern in *Vor Sonnenaufgang* typische Themen der naturalistischen Autoren zum Tragen kommen.

9 Erörterung der Wirkung

Aufgabe 95 Was könnte ein heutiges Publikum an diesem Werk faszinieren?

Das Drama der Neuen Sachlichkeit
Bertolt Brecht: Trommeln in der Nacht

Die Tendenzen der Neuen Sachlichkeit kann man kaum verstehen, wenn man sie nicht **vor dem Hintergrund des Expressionismus** betrachtet. Deshalb soll diese Phase der Literatur zwischen der Jahrhundertwende und dem Beginn der Weimarer Republik hier kurz skizziert werden.

In den expressionistischen Gedichten und Dramen wird mit revolutionärem Pathos die Forderung nach Welterlösung vorgetragen. Die Autoren glauben an die Möglichkeit des Menschen, eine neue, solidarische Gemeinschaft aufzubauen. Sie fordern, dass jeder Einzelne sich wandeln müsse; erst dann könne er auch die Gesellschaft und seine Umwelt verändern.

Vorbildhaft lassen die Expressionisten diese *Wandlung* – so der Titel von Ernst Tollers Erstlingsdrama aus den Jahren 1917/18 – auf der Bühne sichtbar werden. Die Personen der Stücke sind daher häufig idealtypische Gestalten, flache Ideenträger ohne individuelle Motivation. Sie bleiben meist auch namenlos *(Der Sohn, Der Vater ...)* und unterstreichen so das Modellhafte von Gestalt und Handlung. In ekstatisch mitreißenden Monologen fordern die Handelnden die Zuschauer zur Änderung ihrer Einstellung auf. Sie sind Propagandisten der Idee, dass eine allgemeine Menschheitsverbrüderung die große gesellschaftliche Revolution bewirken könne. Aus diesen Stücken spricht viel Idealismus, der sich aber vielfach in hohlem Pathos und weihevollen Posen erschöpft. Das trifft in der Umbruchsituation am Ende des Ersten Weltkriegs auf Verständnis, fällt hier doch tatsächlich die ganze Welt des Wilhelminismus in sich zusammen und wird die Revolution zur realen Erfahrung. Vor allem die expressionistischen Dramen sind daher kurz vor und nach der Novemberrevolution 1919 auf den deutschen Bühnen populär. Die Werke können sich aber nur wenige Jahre im Theaterrepertoire halten.

Zu Beginn der Zwanzigerjahre wird ein neues Verhältnis der Künstler zur Realität erkennbar. Diese Richtung wird nach dem Titel einer Ausstellung in der Mannheimer Kunsthalle 1925 unter der Bezeichnung **„Neue Sachlichkeit"** zusammengefasst. Ihre Werke bilden einen Gegenimpuls zum Expressionismus, indem sie Abstand von dessen extremem Idealismus nehmen. Gefordert wird ein bescheidenerer Zugriff auf die Wirklichkeit. In den Texten, die in diesen Jahren entstehen, wird nicht mehr der Alltag zugunsten einer sehnsüchtig erwarteten Utopie gemieden, geht es nicht mehr um eine Typisierung der Figuren, die den Einzelnen zum Menschen schlechthin ausweitet. Im Gegenteil: den Träumen der Expressionisten steht eine **desillusionierte Kühle** in der Darstellung, ein Gefühl für das Machbare und Alltägliche gegenüber. Die Menschen sind präzise in ihren sozialen Merkmalen erfasst.

Auf dem Theater wird Pathos jetzt entlarvt. Das Publikum soll erkennen, wie leicht die im Expressionismus vorgetragenen hohen Werte dazu missbraucht werden können, materielle Interessen zu verschleiern. Alltagserfahrungen werden vorgeführt; die aktuellen gesellschaftlichen und politischen Auseinandersetzungen werden zum Stoff der Bühnenhandlung. Um diesen Vorführeffekt zu verstärken, greift Bertolt Brecht schon in seinen frühen Stücken auf Techniken zurück, die ein genießendes Zurücklehnen der Zuschauer unmöglich machen.

Brechts *Trommeln in der Nacht,* inszeniert von Tobias Lenel am Staatstheater Darmstadt (1996). Szene mit der Prostituierten Auguste (Monika Dortschy), dem Journalisten Babusch (Helmut Zhuber), Andreas Kragler (Jens Schäfer), dem Verlobten von Auguste Friedrich Murk (Timo Berndt), Karl Balicke (Jo Kärn), der Prostituierten Marie (Claudia Fenner) sowie Anna Balicke (Katharina Hofmann).

Brecht will das Publikum provozieren, vor den Kopf stoßen und zum Nachdenken zwingen. Der Autor betont damit die aufklärerische, politische Funktion des Theaters. Er fordert, dass die Menschen auf der Bühne ihre eigene Wirklichkeit entdecken und über Lösungen nachdenken, die sie in ihrem Alltag umsetzen können.

Dafür erprobt er **Verfremdungstechniken,** die ihn von den herkömmlichen Maßstäben realistischer Gestaltung weit abbringen. *Trommeln in der Nacht* zeigt Brecht als virtuosen Jongleur, der mit Versatzstücken der unterschiedlichsten Genres spielt. An Carl Sternheims (1878–1942) Dramen „aus dem bürgerlichen Heldenleben" erinnern die abgehackten Dialoge, die Verbindung von offen ausgesprochener Interessenpolitik und vorgespielter Familiengemütlichkeit sowie die Verweigerung von Identifikationsfiguren; an die Stummfilme von Charlie Chaplin und an Kabarettstücke von Karl Valentin einige slapstickartige Szenen. In diesem Stück ist bereits der lakonische, von Sarkasmus getränkte Ausdruck vorhanden, der für die Werke Brechts kennzeichnend bleiben wird.

Drama der Neuen Sachlichkeit	
Autoren	Bertolt Brecht (1898–1956) Ödön von Horváth (1901–1938)
Grundverständnis	Bertolt Brecht: „Glotzt nicht so romantisch"
Themen	• Revolution und Wirtschaftskrise • Das Bürgertum als Kriegsgewinnler • materielle Werte und sexuelle Lust prägen den Menschen, ideelle Werte werden nur vorgetäuscht
Merkmale des Dramas	• Illusionslos-nüchterne Darstellung • Verfremdungseffekte, die das Publikum zu einer kritischen Position führen • Impulse vom Varieté, vom Musical und von Sportveranstaltungen • Ausrichtung an Massenmedien
Werke	• Brecht *Trommeln in der Nacht* (1922) *Die Dreigroschenoper* (1928) • Horváth *Geschichten aus dem Wiener Wald* (1931)

Bertolt Brecht
Trommeln in der Nacht. Komödie in fünf Akten
(Auszug aus dem fünften Akt)

Einführende Hinweise

In der ersten Fassung von 1919 nennt Brecht sein Drama „Spartakus". Er spielt damit direkt auf das aktuelle Geschehen an: den Spartakusaufstand und den Zusammenbruch der Räterepublik nach dem Ersten Weltkrieg. Erst nach mehrfacher Bearbeitung gibt er seinem Drama schließlich den weniger gegenwartsnahen Titel „Trommeln in der Nacht".

Das Stück spielt zur Zeit der Novemberrevolution in Berlin. Der Unternehmer Balicke hat während der Kriegsjahre enorm verdient und ist jetzt dabei, seinen Betrieb auf die Friedensproduktion umzustellen. Er will seine Tochter Anna mit dem ehrgeizigen Vorarbeiter Murk verheiraten. Anna hat ein Verhältnis mit Murk und erwartet ein Kind von ihm. Daher eilt die Verlobung, wenn der Schein bürgerlicher Verhältnisse gewahrt bleiben soll. Dennoch scheut Anna vor einer Heirat zurück, weil sie befürchtet, ihr im Krieg vermisster Verlobter Andreas Kragler könnte zurückkommen. Die Befürchtungen erweisen sich als nur zu berechtigt. Kragler kommt nach langjähriger Kriegsgefangenschaft zurück und platzt in die Verlobungsfeier. Von Balicke wird er abgewiesen, weil er nichts hat und nichts ist. Auch Anna will zunächst von ihm nichts wissen. Schließlich wird ihr aber klar, dass sie mit Murk nichts als die körperliche Beziehung verbindet. Sie will zurück zu Kragler und sucht ihn auf den Straßen der umkämpften Stadt. Kragler hat sich enttäuscht in eine Kneipe verzogen und dort einige Aufständische kennen gelernt. Mit ihnen will er ins Zeitungsviertel ziehen, um in das Bürgerkriegsgeschehen einzugreifen. Als er Anna trifft – vor einer „Holzbrücke", wie es in den Regieanweisungen zu Beginn des fünften Aktes heißt (am Himmel steht ein „großer, roter Mond") –, lässt er jedoch die Revolutionäre im Stich. Über der Szene hängen als Kommentar Plakate mit der Aufschrift: „Glotzt nicht so romantisch!"

1 GLUBB. Willst du nicht noch etwas mitgehen, Bruder Artillerist?

KRAGLER *schweigt.*

GLUBB. Einige von uns hätten gern noch einige Korn getrunken, aber du warst dagegen. Einige wären gern noch einmal in einem Bett gelegen, aber du hattest kein Bett, und
5 so wurde es auch nichts aus dem Nachhausegehen.

KRAGLER *schweigt.*

ANNA. Willst du nicht gehen, Andree? Die Herren warten.

MANKE. Mensch, so tu doch die Flosse aus dem Sack!

KRAGLER. Schmeißt Steine auf mich, hier stehe ich: ich kann das Hemd ausziehen für
10 euch, aber den Hals hinhalten ans Messer, das will ich nicht.

DER BESOFFENE MENSCH. Himmel, Arsch und Zwirn.

AUGUSTE. Und und und die Zeitungen?

KRAGLER. Es hilft nichts. Ich lasse mich nicht noch im Hemd in die Zeitungen schleifen. Ich bin kein Lamm mehr. Ich will nicht verrecken. *Zieht die Tabakspfeife aus dem*
15 *Hosensack.*

GLUBB. Ist das nicht ein wenig bettelhäftig?

KRAGLER. Mensch, sie schießen dich schwarz in deine Brust! Anna! Wie schaust du denn, zum Teufel? Soll ich mich vor dir auch noch verteidigen? *Zu Glubb:* Dir haben sie den Neffen abgeschossen, aber ich habe meine Frau wieder. Anna, komm!

20 GLUBB. Ich glaube, wir können allein weitergehen.

AUGUSTE. Dann war also alles, Afrika und alles, Lüge?

KRAGLER. Nein, es war wahr! Anna!

MANKE. Der Herr hat geschrien wie ein Börsenmakler, und jetzt will er ins Bett.

KRAGLER. Jetzt habe ich die Frau.

25 MANKE. Hast du sie?!

KRAGLER. Her, Anna! Sie ist nicht unbeschädigt, unschuldig ist sie nicht, bist du anständig gewesen oder hast du einen Balg im Leibe?

ANNA. Einen Balg, ja, das habe ich.

KRAGLER. Das hast du.

30 ANNA. Hier drinnen ist er, der Pfeffer hat nicht geholfen und meine Hüften sind hin für immer.

KRAGLER. Ja, so ist sie.

MANKE. Und wir? Mit Schnaps getränkt bis ans Herz und mit Geschwätz gefüttert bis zum Nabel, und die Messer in unseren Pfoten, von wem sind die?

35 KRAGLER. Die sind von mir. *Zu Anna:* Ja, so eine bist du.

ANNA. Ja, so eine bin ich.

AUGUSTE. Du hast wohl gar nicht „In die Zeitungen!" geschrien?

KRAGLER. Doch, das habe ich. *Zu Anna:* Geh her!

MANKE. Ja, das hast du, das wird dich auffressen, Junge, „In die Zeitungen!" hast du
40 geschrien.

KRAGLER. Und heim gehe ich. *Zu Anna:* Soll ich dir Beine machen?

AUGUSTE. Schwein!

ANNA. Laß mich! Vater und Mutter habe ich etwas vorgespielt und im Bett bin ich gelegen mit einem Junggesellen.

45 AUGUSTE. Schwein auch du!

KRAGLER. Was hast du?

ANNA. Die Vorhänge habe ich mit ihm gekauft. Und geschlafen habe ich mit ihm im Bett.

KRAGLER. Halt's Maul!

50 MANKE. Mensch, ich hänge mich auf, wenn du wankst!

    Hinten fernes Geschrei.

AUGUSTE. Und jetzt stürmen sie Mosse.

ANNA. Und dich habe ich ganz und gar vergessen, trotz der Photographie, mit Haut und Haar.

55 KRAGLER. Halt das Maul!

ANNA. Vergessen! Vergessen!

KRAGLER. Und ich pfeif drauf. Soll ich dich mit dem Messer holen?

ANNA. Ja, hol mich. Ja, mit dem Messer!

MANKE. Ins Wasser, das Aas!

60   *Sie stürzen sich auf Anna.*

AUGUSTE. Ja, holt ihm das Mensch weg.

MANKE. Eine Hand in den Hals!

AUGUSTE. Unters Wasser, das Schiebermensch!

ANNA. Andree!

65 KRAGLER. Hände weg!

Man hört nur Keuchen. In der Ferne fallen unregelmäßig dumpfe Kanonenschüsse.

MANKE. Was ist das?

AUGUSTE. Artillerie.

MANKE. Kanonen.

70 AUGUSTE. Jetzt gnade Gott allen, die dort sind. Sie explodieren wie die Fische!

KRAGLER. Anna!

AUGUSTE *läuft geduckt nach hinten.*

BULLTROTTER *taucht hinten auf der Brücke auf:* Teufel, wo bleibt ihr?

GLUBB. Er geht auf den Abtritt.

75 MANKE. Schuft! *Abgehend.*

KRAGLER. Ich gehe jetzt heim, mein lieber Schwan.

GLUBB *schon auf der Brücke:* Ja, deine Hoden hast du noch.

KRAGLER *zu Anna:* Es pfeift wieder, häng dich an meinen Hals, Anna.

ANNA. Ich will mich auch ganz dünne machen.

80 GLUBB. Du hängst dich ja doch auf, morgen früh, im Abtritt.

AUGUSTE *ist mit den anderen schon verschwunden.*

KRAGLER. Du läufst an die Wand, Mensch.

GLUBB. Ja, der Morgen riecht viel, mein Junge. Einige freilich bringen sich wohl in Sicherheit. *Er verschwindet.*

85 KRAGLER. Fast ersoffen seid ihr in euren Tränen über mich, und ich habe nur mein Hemd gewaschen mit euren Tränen! Mein Fleisch soll im Rinnstein verwesen, daß eure Idee in den Himmel kommt? Seid ihr besoffen?

ANNA. Andree! Es macht nichts!

KRAGLER *sieht ihr nicht ins Gesicht, trollt sich herum, langt sich an den Hals:* Ich hab's bis 90 zum Hals! *Er lacht ärgerlich.* Es ist gewöhnliches Theater. Es sind Bretter und ein Papiermond und dahinter die Fleischbank, die allein ist leibhaftig. *Er läuft wieder herum, die Arme hängend bis zum Boden, und so fischt er die Trommel aus der Schnaps-kneipe. Sie haben ihre Trommel liegenlassen. Er haut drauf.* Der halbe Spartakus oder Die Macht der Liebe. Das Blutbad im Zeitungsviertel oder Jeder Mann ist der beste 95 Mann in seiner Haut. *Sieht auf, blinzelt.* Entweder mit dem Schild oder ohne den Schild. *Trommelt.* Der Dudelsack pfeift, die armen Leute sterben im Zeitungsviertel, die Häuser fallen auf sie, der Morgen graut, sie liegen wie ersäufte Katzen auf dem Asphalt, ich bin ein Schwein, und das Schwein geht heim. *Er zieht den Atem ein.* Ich ziehe ein frisches Hemd an, meine Haut habe ich noch, meinen Rock ziehe ich aus, 100 meine Stiefel fette ich ein. *Lacht bösartig.* Das Geschrei ist alles vorbei, morgen früh, aber ich liege im Bett morgen früh und vervielfältige mich, daß ich nicht aussterbe. *Trommelt.* Glotzt nicht so romantisch! Ihr Wucherer! *Trommelt.* Ihr Halsabschneider! *Aus vollem Halse lachend, fast erstickend:* Ihr blutdürstigen Feiglinge, ihr! *Sein Gelächter bleibt stecken im Hals, er kann nicht mehr, er torkelt herum, schmeißt die*

105 *Trommel nach dem Mond, der ein Lampion war, und die Trommel und der Mond fallen in den Fluß, der kein Wasser hat.* Besoffenheit und Kinderei. Jetzt kommt das Bett, das große, weiße, breite Bett, komm!

ANNA. O Andree!

KRAGLER *führt sie hinter.* Hast du auch warm?

110 ANNA. Aber du hast keine Jacke an. *Sie hilft ihm hinein.*

KRAGLER. Es ist kalt. *Er legt ihr den Schal um den Hals.* Komm jetzt!

Aus: Bertolt Brecht: Trommeln in der Nacht. Komödie in fünf Akten. Fünfter Akt (Das Bett). Frankfurt am Main: Suhrkamp Verlag 1975, S. 56–59

Aufgaben-stellung
Erschließen Sie unter Berücksichtigung der dramaturgischen und sprachlichen Gestaltungsmittel die Einstellung der Personen zur Revolution. Zeigen Sie, wie Brecht seine Konzeption vom epischen Theater hier vorbereitet.

Erläutern Sie, wie der Untertitel des Stücks zu verstehen ist und inwiefern es der Neuen Sachlichkeit zuzurechnen ist. Erörtern Sie zuletzt, welche Wirkung das Stück heute noch besitzen kann.

Brechts *Trommeln in der Nacht,* inszeniert von Tobias Lenel am Staatstheater Darmstadt (1996). Szene aus dem fünften Akt mit Anna (Katharina Hofmann) am linken Bildrand und Kragler (Jens Schäfer) sitzend vorne rechts.

Zusatzinformationen zum zeitgeschichtlichen Hintergrund des Dramas

1. August 1914: Beginn des I. Weltkriegs; Bewilligung der Kriegskredite durch alle Parteien im Reichstag, auch durch die oppositionelle Sozialdemokratische Partei (SPD)

1. Januar 1916: Gründung des „Spartakusbundes" durch oppositionelle Sozialdemokraten um Rosa Luxemburg und Karl Liebknecht. Ziele: Ablehnung der Kriegspolitik, Forderung nach direkten revolutionären Aktionen

6. April 1917: Spaltung der SPD; Gründung der „Unabhängigen Sozialdemokratischen Partei Deutschlands" (USPD); Anschluss der „Spartakusgruppe" an die USPD

6./7. November 1917: Revolution der Bolschewisten unter Lenin in Russland

3. November 1918: Aufstand von Matrosen in Kiel gegen die Fortsetzung des Kriegs; Bildung von „Arbeiter- und Soldatenräten" nach dem Vorbild der Russischen Revolution

7. November 1918: Ausweitung der revolutionären Kämpfe in München

9. November 1918: Revolution in Berlin; Abdankung Kaiser Wilhelms II.; Proklamation der „Deutschen Republik" durch Wilhelm Scheidemann, der „Sozialistischen Republik Deutschlands" durch Liebknecht

10. November 1918: Tagung von 3000 Arbeiter- und Soldatenräten in Berlin; Schießereien am Bahnhof Friedrichstraße

30. Dezember 1918: Gründung der „Kommunistischen Partei Deutschlands" (KPD) unter Führung von Wilhelm Liebknecht und Rosa Luxemburg

5.–7. Januar 1919: Spartakusaufstand im Berliner Zeitungsviertel; Besetzung des Polizeipräsidiums, des Anhalter, Potsdamer und des Schlesischen Bahnhofs

10./13. Januar 1919: Niederschlagung des Aufstands durch Truppenverbände der alten Armee

15. Januar 1919: Ermordung von Rosa Luxemburg und Karl Liebknecht durch Soldaten des Freikorps

(Quellen: Helga Grebing: Geschichte der deutschen Arbeiterbewegung. München: Deutscher Taschenbuch Verlag 1970. Konrad Feilchenfeldt: Bertolt Brecht „Trommeln in der Nacht". Materialien, Abbildungen, Kommentar, München/Wien: Carl Hanser Verlag 1976

1 Reflexion des Szeneninhalts, Klärung der Situation

Der Dramenauszug entstammt dem Ende des Stücks; die bewaffneten Auseinandersetzungen rücken immer näher. Der Kriegsheimkehrer Kragler hat sich, ohne es eigentlich zu wollen, in diese Kämpfe hineinziehen lassen. Jetzt muss er sich entscheiden. Um zu verstehen, welche Position der Protagonist einnimmt, soll zunächst in die bisherige Handlung zurückgeblickt werden.

Aufgabe 96 Fassen Sie das Geschehen zusammen. Setzen Sie dabei Schwerpunkte.

Der Schauplatz, eine Holzbrücke, und der Moment der Handlung, der durch den „Mond" (Z. 105) angedeutet wird, sind in diesem Zeitstück von besonderer Bedeutung.

Aufgabe 97 Zeigen Sie, wie Brecht in Bezug auf Ort und Zeitpunkt der Handlung mit symbolischen Versatzstücken arbeitet.

Die vorliegenden Passagen aus dem fünften Akt stellen den abrupten Abschluss des Dramengeschehens dar, der quer zu den Theatertraditionen des bürgerlichen Schauspiels steht: eine schwangere Frau, die nicht an den Vorurteilen der Gesellschaft zerbricht, sondern sich ihr selbstbewusst stellt, ein männlicher Held, der ihren Zustand akzeptiert und lieber mit ihr ins Bett geht als seinen vermeintlichen gesellschaftlichen Verpflichtungen zu folgen – das unvorbereitete Premierenpublikum dürfte ein solches Ende kaum erwartet haben.

Aufgabe 98 Arbeiten Sie den Stellenwert dieser Szene im Handlungszusammenhang des Dramas heraus.

Brecht verstärkt die Wirkung seiner unkonventionellen Dramenhandlung mit einer dramatischen Technik, die den gleichen Zweck verfolgt: Die Zuschauer sollen irritiert werden. Es lässt sich zeigen, dass sich der Autor schon in diesem Jugendstück in der Figurensprache und in den Requisiten dramatischer Mittel bedient, die er später als **Verfremdungseffekte** bezeichnen wird. Was hier noch etwas unbeholfen und vordergründig-polemisch wirkt, erweitert Brecht in den folgenden Jahren zu einer eigenen Theorie der dramatischen Wirkung.

Verfremdungseffekte sollen dazu beitragen, dass die vertraute Welt für den Zuschauer in neuer Sicht erscheint und er zum Nachdenken über Dinge gebracht wird, die ihm bis dahin selbstverständlich vorgekommen sind. Das Erlebnis von Literatur verändert den Blick aufs Leben.

Um 1930 beginnt Brecht, seine Theorie des „epischen Theaters" zu entwickeln. In ihm nehmen die Verfremdungseffekte eine entscheidende Funktion ein. Das Publikum soll sich nicht mit den Figuren auf der Bühne identifizieren, mit ihnen mitleiden oder sich mit ihnen freuen – es soll in kühler Distanz bleiben, um überprüfen zu können, ob sich die Dramengestalten richtig verhalten, und dadurch lernen, sein eigenes Verhalten zu verändern.

Verfremdungseffekte

Die Techniken der Verfremdung nennt Brecht „V-Effekte".
Dazu gehören zum Beispiel:

- die Relativierung des Bühnenraums durch Projektionen von Lichtbildern, Transparenten, Spruchbändern usw., um den Spielcharakter des Geschehens zu betonen;
- die Unterbrechung der Handlung durch Songs, bei deren Vortrag der Schauspieler aus seiner Rolle schlüpft;
- die Spielweise des Schauspielers, der nicht mit seiner Rolle verwachsen ist, sondern vielmehr deutlich macht, dass er in die Rolle einer Figur geschlüpft ist;
- die direkte Ansprache des Publikums.

Zusammenfassend schreibt Brecht über seine Absicht als Dramatiker: „[D]ie neuen Verfremdungen sollten nur den gesellschaftlich beeinflussbaren Vorgängen den Stempel des Vertrauten wegnehmen, der sie heute vor dem Eingriff bewahrt." (*Kleines Organon für das Theater,* § 43)

In seinen frühen Stücken wie *Trommeln in der Nacht* werden Vorformen dieser Verfremdungseffekte erkennbar, die der Autor in den Opern und in den marxistischen Stücken der Zwanziger- und Dreißigerjahre weiterentwickeln wird.

Aufgabe 99 Erschließen Sie die Bedeutung der Regieanmerkungen in diesem Szenenausschnitt. Was lassen sie über die Haltung der Personen zur Revolution erkennen? Zeigen Sie, wie Brecht hier seine Konzeption vom epischen Theater vorbereitet.

2 Analyse des Szenenaufbaus

Im zweiten Schritt der Analyse geht es um die innere Logik des Szenenausschnitts. Sie müssen also den Verlauf des Gesprächs in einzelne Sinnabschnitte aufteilen und darstellen, wie die einzelnen Phasen aufeinander aufbauen, damit das Geschehen verständlich wird.

Aufgabe 100 Beschreiben Sie den „roten Faden", der sich in diesem Szenenausschnitt verfolgen lässt. Gliedern Sie den Textauszug. Beschreiben Sie die Funktion der einzelnen Schritte innerhalb dieses Auszugs.

3 Analyse der Argumentation

In dieser Szene wird mit harten Bandagen gekämpft. Für alle Beteiligten geht es ums Ganze. Die Kneipenclique um Glubb fürchtet, ohne Kragler als Anführer auf der Strecke zu bleiben. Anna hat mit ihren Eltern und ihrem Verlobten gebrochen. Sie will jetzt mit Kragler neu beginnen. Der aber ist sich zunächst unsicher, ob er damit leben kann, dass sie ein Kind von einem anderen Mann erwartet. Die widersprüchlichen Interessen der Beteiligten und ihre Redetaktik sollte in Ihrer Analyse deutlich werden.

Aufgabe 101 Wie gelangt Kragler zu seinem Entschluss?

Aufgabe 102 Annas Situation ist schwierig. Sie muss deutlich machen, dass sie sich gegen die Erwartungen ihrer Eltern und Murks entschieden hat und auf einen Neuanfang mit Kragler setzt. Zeigen Sie: Wie tritt Anna auf? Wie kann sie ihre Ziele durchsetzen?

Aufgabe 103 Wie argumentiert Glubb, wie argumentieren die anderen Mitglieder der Gruppe? Warum können sie sich nicht durchsetzen?

4 Betrachtung der Sprache

Brecht hat das Publikum mit diesem Drama irritiert und fasziniert. Im Gegensatz zu den pathetischen Deklamationen der expressionistischen Dichter, die um 1922 noch die Bühne beherrschen, sprechen die Menschen seines Stücks eine wilde, kräftige, farbige Sprache, die „dem Volk aufs Maul schaut". Es ist vor allem dieser antiexpressionistische Stil, der dem Autor 1922 den Kleist-Preis eingebracht hat. In der folgenden Sprachanalyse sollen Sie die unkonventionellen stilistischen und rhetorischen Mittel erkennen. Sie können dabei von der knappen Übersicht auf der folgenden Seite ausgehen. Sie enthält einige der sprachlichen Mittel, die für *Trommeln in der Nacht* charakteristisch sind.

Aufgabe 104 Beschreiben Sie zunächst generell, wie dieser Szenenausschnitt sprachlich gestaltet ist.

Sprachliche Mittel und ihre Funktion in „Trommeln in der Nacht"	
Mittel	Funktion
Slang, Flüche, Beleidigungen	reproduzieren die Alltagssprache, kennzeichnen die soziale Gruppe
Alltagsmetaphern	erhöhen die Anschaulichkeit der Ereignisse
Stakkato-Stil: unverbundene, parataktische Reihung von Ereignissen	verdeutlicht den einfachen Sprachstil der Beteiligten, lässt auch das Chaos des Bürgerkriegs erkennen: Turbulenzen ohne deutlichen Zusammenhang
Aposiopese: affektbetonter Abbruch der Rede	Unvollständige Sätze bilden die Alltagskommunikation ab.
Ellipse: grammatisch unvollständiger Satz	Auch die Ellipse hilft, den mündlichen Sprachgebrauch widerzuspiegeln.

Aufgabe 105 Welche stilistischen und rhetorischen Mittel setzt Brecht ein, um diese zugespitzte Situation sprachlich zu kennzeichnen?

Aufgabe 106 Kragler ist in dieser Passage die bestimmende Figur. Er erhält die weitaus größten Redeanteile, bestimmt die Handlung und zwingt die anderen Figuren, sein Verhalten zu akzeptieren. Bestimmen Sie die sprachlichen Mittel und rhetorischen Figuren, durch die seine Sprechweise gekennzeichnet wird.

Aufgabe 107 Wie artikuliert Anna ihr Interesse, Kragler zurückzugewinnen?

Aufgabe 108 Welche Kunstgriffe setzt der Autor ein, um die Redeweise der Kragler'schen Kampfgenossen zu charakterisieren?

5 Untersuchung der Personengestaltung

Was Sie über die Argumentation und den Sprachgebrauch der Figuren erfahren haben, soll jetzt zusammengeführt werden. Damit können Sie die individuelle Ausprägung der Dramenfiguren beschreiben, ihre Haltungen, Verhaltensweisen und Charakterzüge auf den Punkt bringen.

Aufgabe 109 Wie wird in der vorliegenden Szene Kragler charakterisiert?

Aufgabe 110 Welche Rolle spielt Anna?

Aufgabe 111 Wie ist die Haltung der Revolutionäre einzuschätzen?

6 Einordnung in die dramatische Gattung

Bertolt Brecht nennt sein Zeitstück über die Spartakusunruhen nach dem Ende des Ersten Weltkriegs im Untertitel und in der „*Glosse für die Bühne*" eine „Komödie". Wie lässt sich diese Genrebezeichnung begründen?

Aufgabe 112 Stellen Sie dar, warum Brecht sein Drama als „Komödie" bezeichnet.

Brechts *Trommeln in der Nacht,* inszeniert von Tobias Lenel am Staatstheater Darmstadt (1996). Die Prostituierten Marie und Auguste (Claudia Fenner und Monika Dortschy) fallen über Anna (Katharina Hofmann) her, der Kellner Zibebenmanke und der Schnapshändler Glubb (Stefano Wenk und Aart Veder) stürzen sich auf Andreas Kragler (Jens Schäfer).

7 Einordnung in die literarische Epoche

Über die konkrete Textanalyse hinaus sollten Sie in der Lage sein, die besonderen Merkmale dieses Textes auf der Grundlage seines zeit- und literaturgeschichtlichen Kontextes beschreiben zu können.

Aufgabe 113 Klären Sie, welche Züge der **Neuen Sachlichkeit** in der vorliegenden Szene wiederzufinden sind. Beschreiben Sie die Zusammenhänge dieser Strömung mit der Kultur der Weimarer Republik.

Aufgabe 114 Bestimmen Sie, indem Sie die gesellschaftlichen Tendenzen der Entstehungszeit einbeziehen, die Absicht des vorliegenden Szenenausschnitts.

Aufgabe 115 Ordnen Sie den Sprachstil dieses frühen Dramas von Bertolt Brecht literaturgeschichtlich ein.

8 Analyse der Dramenwirkung

Im letzten Schritt sind Sie selbst als heutiger Leser oder Zuschauer gefragt. Damit eröffnet sich auch die Möglichkeit, in einem abschließenden Teil des Aufsatzes Stellung zu Brechts Drama zu nehmen. Welche Wirkung kann das Stück unter ganz anderen äußeren Voraussetzungen heute noch erzielen? Wie reagieren Sie selbst darauf?

Aufgabe 116 Was kann ein heutiges Publikum an *Trommeln in der Nacht* faszinieren?

Brechts *Trommeln in der Nacht*, inszeniert von Tobias Lenel am Staatstheater Darmstadt (1996). Szene aus dem fünften Akt mit Anna (Katharina Hofmann) und Kragler (Jens Schäfer).

Das Drama der Fünfziger- und Sechzigerjahre
Friedrich Dürrenmatt: Die Physiker

Die Literatur bewegt sich in den Fünfziger- und Sechzigerjahren im deutschsprachigen Raum auf die **Politik** zu – wenn auch in einem gemächlichen Tempo und auf unterschiedlichen Bahnen. Eine besondere Rolle spielt dabei das Drama, was vor allem mit den besonderen Wirkungsmöglichkeiten des Theaters zusammenhängt sowie mit der gattungsspezifischen Tradition, auf der Bühne Fragen zu behandeln, die alle angehen.

Die **Themen** liegen auf der Hand: das Versagen des Bürgertums gegenüber der Gewaltherrschaft der Nationalsozialisten, die beharrliche Orientierung am ökonomischen Erfolg in der Nachkriegszeit, die Bedrohung der Menschheit durch die Entwicklung und den Einsatz der Atombombe, der Kalte Krieg zwischen Ost und West ... Eine konsequente und kritische Auseinandersetzung mit den gesellschaftlichen Verhältnissen erscheint umso bedeutsamer, als viele Menschen nach den Erfahrungen im Dritten Reich mit dem Rückzug ins Private reagieren und sich der Reflexion über die Ursachen gesellschaftlicher Missstände entziehen.

Mit unterschiedlichen Mitteln gehen die Autoren in ihren Stücken auf diese Tendenzen ein. Sie orientieren sich dabei zumeist an Bertolt Brechts Vorstellungen zum epischen Theater und greifen dessen Verfremdungstechnik auf. Dabei stehen sie aber meist der politischen Einstellung Brechts fern und distanzieren sich vom pädagogischen Anspruch seiner Stücke. Geht Brecht davon aus, das Theater könne dazu beitragen, die gesellschaftlichen Verhältnisse zu verändern, sind Autoren wie die Schweizer Max Frisch (1911–1991) und Friedrich Dürrenmatt (1921–1990) wesentlich skeptischer. Sie wollen mit ihren Stücken nicht belehren. Literatur ist in dieser Konzeption allenfalls in der Lage, die Verhältnisse infrage zu stellen und Alternativen anzudeuten. Weltanschauliche Gewissheiten und Handlungsanweisungen liefert sie hingegen nicht mehr.

Max Frisch greift so in *Biedermann und die Brandstifter* (1958) auf den Chor zurück, der wie in der griechischen Tragödie Stellung zu den Aktionen auf der Bühne bezieht und sie kommentiert. Friedrich Dürrenmatt verwendet in seinen Stücken Mittel des Slapstick-Theaters. Mit grotesken Übersteigerungen will er seinen Zuschauern den künstlichen Charakter des Theatergeschehens vor Augen führen. Dürrenmatts Verfremdungstechniken weisen auf den jungen Brecht zurück, der etwa in *Trommeln in der Nacht* planvoll Chaos auf der Bühne inszeniert, um sein Publikum vor den Kopf zu stoßen. Dürrenmatt betont daher auch: „Ich bewundere den jungen Brecht, den Anarchisten. Dann hat er sich kommunistisch dogmatisiert." (*Im Bann der Stoffe. Gespräche 1981 bis 1987.* Zürich 1996, S. 226) Die Abgrenzung zu Brechts marxistischem Geschichtsverständnis ist deutlich. Wie Frisch glaubt auch Dürrenmatt nicht, dass die Menschen lernfähig seien und dass die Welt verändert werden könne.

Peter Weiss arbeitet in seinem Drama *Die Ermittlung* (1965) mit Aussagen aus dem Frankfurter Auschwitz-Prozess, Sprachmaterial, das er neu arrangiert, verdichtet und aufbereitet, das aber den Originalton der Zeugen und Angeklagten unverändert wiedergibt.

Allen diesen Dramenformen der Nachkriegsjahrzehnte gemeinsam ist, dass den Zuschauern, wie schon bei Brecht, der Modellcharakter der Bühne vor Augen geführt wird. Sie sollen sich nicht mit den Figuren identifizieren, sondern aus der reflektierenden Distanz zur eigenen Auseinandersetzung veranlasst werden.

Drama der Fünfziger- und Sechzigerjahre	
Autoren	Bertolt Brecht (1898–1956) Max Frisch (1911–1991) Peter Weiss (1916–1982) Friedrich Dürrenmatt (1921–1990)
Grundverständnis	Dürrenmatt: „Die Dramatik kann die Zuschauer überlisten, sich der Wirklichkeit auszusetzen, aber nicht zwingen, ihr standzuhalten oder sie gar zu bewältigen." (Aus: „21 Punkte zu den Physikern")
Themen	• Politisierung der Literatur • Auseinandersetzung mit dem Verhalten der Menschen während und nach dem Dritten Reich • die Konfrontation mit der Atombombe
Merkmale des Dramas	• episches Theater • Verfremdungseffekte • Modellcharakter der Bühne • dokumentarisches Theater
Werke	• Brecht: *Leben des Galilei* (1938/39, 1945/46, 1954–56) • Frisch: *Andorra* (1961) • Dürrenmatt: *Die Physiker* (1961) • Weiss: *Die Ermittlung* (1965)

Dramen-
auszug 7

Friedrich Dürrenmatt

Die Physiker (Auszug aus dem zweiten Akt)

1   MÖBIUS *steht auf.* Wir sind drei Physiker. Die Entscheidung, die wir zu fällen haben, ist
eine Entscheidung unter Physikern. Wir müssen wissenschaftlich vorgehen. Wir dürfen uns nicht von Meinungen bestimmen lassen, sondern von logischen Schlüssen.
Wir müssen versuchen, das Vernünftige zu finden. Wir dürfen uns keinen Denk-
5   fehler leisten, weil ein Fehlschluß zur Katastrophe führen müßte. Der Ausgangspunkt
ist klar. Wir haben alle drei das gleiche Ziel im Auge, doch unsere Taktik ist verschieden. Das Ziel ist der Fortgang der Physik. Sie wollen ihr die Freiheit bewahren,
Kilton, und streiten ihr die Verantwortung ab. Sie dagegen, Eisler, verpflichten die
Physik im Namen der Verantwortung der Machtpolitik eines bestimmten Landes. Wie
10   sieht nun aber die Wirklichkeit aus? Darüber verlange ich Auskunft, soll ich mich
entscheiden.
NEWTON. Einige der berühmtesten Physiker erwarten Sie. Besoldung und Unterkunft
ideal, die Gegend mörderisch, aber die Klimaanlagen ausgezeichnet.
MÖBIUS. Sind diese Physiker frei?
15   NEWTON. Mein lieber Möbius. Diese Physiker erklären sich bereit, wissenschaftliche
Probleme zu lösen, die für die Landesverteidigung entscheidend sind. Sie müssen
daher verstehen –
MÖBIUS. Also nicht frei. *Er wendet sich Einstein zu.* Joseph Eisler. Sie treiben Machtpolitik. Dazu gehört jedoch Macht. Besitzen Sie die?
20   EINSTEIN. Sie missverstehen mich, Möbius. Meine Machtpolitik besteht gerade darin,
daß ich zugunsten einer Partei auf meine Macht verzichtet habe.
MÖBIUS. Können Sie die Partei im Sinne Ihrer Verantwortung lenken, oder laufen Sie
Gefahr, von der Partei gelenkt zu werden?
EINSTEIN. Möbius! Das ist doch lächerlich. Ich kann natürlich nur hoffen, die Partei
25   befolge meine Ratschläge, mehr nicht. Ohne Hoffnung gibt es nun einmal keine
politische Haltung.
MÖBIUS. Sind wenigstens Ihre Physiker frei?
EINSTEIN. Da auch sie für die Landesverteidigung –
MÖBIUS. Merkwürdig. Jeder preist mir eine andere Theorie an, doch die Realität, die
30   man mir bietet, ist dieselbe: ein Gefängnis. Da ziehe ich mein Irrenhaus vor. Es gibt
mir wenigstens die Sicherheit, von Politikern nicht ausgenützt zu werden.
EINSTEIN. Gewisse Risiken muß man schließlich eingehen.
MÖBIUS. Es gibt Risiken, die man nie eingehen darf: der Untergang der Menschheit ist
ein solches. Was die Welt mit den Waffen anrichtet, die sie schon besitzt, wissen wir,
35   was sie mit jenen anrichten würde, die ich ermögliche, können wir uns denken.
Dieser Einsicht habe ich mein Handeln untergeordnet. Ich war arm. Ich besaß eine
Frau und drei Kinder. An der Universität winkte Ruhm, in der Industrie Geld. Beide
Wege waren zu gefährlich. Ich hätte meine Arbeiten veröffentlichen müssen, der
Umsturz unserer Wissenschaft und das Zusammenbrechen des wirtschaftlichen Ge-
40   füges wären die Folgen gewesen. Die Verantwortung zwang mir einen anderen Weg
auf. Ich ließ meine akademische Karriere fahren, die Industrie fallen und überließ

meine Familie ihrem Schicksal. Ich wählte die Narrenkappe. Ich gab vor, der König Salomo erscheine mir, und schon sperrte man mich in ein Irrenhaus.

NEWTON. Das war doch keine Lösung!

45 MÖBIUS. Die Vernunft forderte diesen Schritt. Wir sind in unserer Wissenschaft an die Grenzen des Erkennbaren gestoßen. Wir wissen einige genau erfaßbare Gesetze, einige Grundbeziehungen zwischen unbegreiflichen Erscheinungen, das ist alles, der gewaltige Rest bleibt Geheimnis, dem Verstande unzugänglich. Wir haben das Ende unseres Weges erreicht. Aber die Menschheit ist noch nicht soweit. Wir haben uns
50 vorgekämpft, nun folgt uns niemand nach, wir sind ins Leere gestoßen. Unsere Wissenschaft ist schrecklich geworden, unsere Forschung gefährlich, unsere Erkenntnis tödlich. Es gibt für uns Physiker nur noch die Kapitulation vor der Wirklichkeit. Sie ist uns nicht gewachsen. Sie geht an uns zugrunde. Wir müssen unser Wissen zurücknehmen, und ich habe es zurückgenommen. Es gibt keine andere Lösung, auch für
55 euch nicht.

[…]

FRL. DOKTOR *feierlich*. Auch mir ist der goldene König Salomo erschienen.

Die drei starren sie verblüfft an.

MÖBIUS. Salomo?

60 FRL. DOKTOR. All die Jahre.

Newton lacht leise auf.

FRL. DOKTOR *unbeirrbar*. Zuerst in meinem Arbeitszimmer. An einem Sommerabend. Draußen schien noch die Sonne, und im Park hämmerte ein Specht, als auf einmal der goldene König heranschwebte. Wie ein gewaltiger Engel.

65 EINSTEIN. Sie ist wahnsinnig geworden.

FRL. DOKTOR. Sein Blick ruhte auf mir. Seine Lippen öffneten sich. Er begann mit seiner Magd zu reden. Er war von den Toten auferstanden, er wollte die Macht wieder übernehmen, die ihm einst hienieden gehörte, er hatte seine Weisheit enthüllt, damit in seinem Namen Möbius auf Erden herrsche.

70 EINSTEIN. Sie muß interniert werden. Sie gehört in ein Irrenhaus.

FRL. DOKTOR. Aber Möbius hat ihn verraten. Er versuchte zu verschweigen, was nicht verschwiegen werden konnte. Denn was ihm offenbart worden war, ist kein Geheimnis. Weil es denkbar ist. Alles Denkbare wird einmal gedacht. Jetzt oder in der Zukunft. Was Salomo gefunden hatte, kann einmal auch ein anderer finden, es sollte die
75 Tat des goldenen Königs bleiben, das Mittel zu seiner heiligen Weltherrschaft, und so suchte er mich auf, seine unwürdige Dienerin.

EINSTEIN *eindringlich*. Sie sind verrückt. Hören Sie, Sie sind verrückt.

FRL. DOKTOR. Der goldene König hat mir den Befehl gegeben, Möbius abzusetzen und an seiner Stelle zu herrschen. Ich gehorchte. Ich war Ärztin und Möbius mein Patient.
80 Ich konnte mit ihm tun, was ich wollte. Ich betäubte ihn, jahrelang, immer wieder, und photokopierte die Aufzeichnungen Salomos, bis ich auch die letzten Seiten besaß.

NEWTON. Sie sind übergeschnappt! Vollkommen! Begreifen Sie doch endlich! *Leise* Wir alle sind übergeschnappt.

85 FRL. DOKTOR. Ich bin behutsam vorgegangen. Ich beutete zuerst nur wenige Erfindungen aus, das nötige Kapital anzusammeln. Dann gründete ich Riesenwerke, erstand eine Fabrik um die andere und baute einen mächtigen Trust auf. Ich werde das System aller möglichen Erfindungen auswerten, meine Herren.

Aus: Friedrich Dürrenmatt: Die Physiker. Copyright © 1986 Diogenes Verlag AG Zürich

Aufgaben-stellung   Arbeiten Sie anhand des Szenenausschnitts heraus, wie die Figuren miteinander umgehen. Welche Rolle spielt der Zufall in Dürrenmatts Drama? Welche Tendenzen der Literatur in den Fünfziger- und Sechzigerjahren werden hier deutlich?

Einstein (Peter Pagel), Moebius (Dieter Mann) und Newton (Joerg Gudzuhn) in einer Inszenierung der *Physiker* von Andras Fricsay am Deutschen Theater Berlin aus dem Jahre 2005.

Zusatzinformationen zum zeitgeschichtlichen Hintergrund des Dramas

Im ersten Teil der Szene (Z. 1–55) unterhalten sich die drei Physiker ganz offen miteinander: nüchtern, zur Sache, ohne Pointen. Es geht um grundsätzliche Probleme. Fragen über die Position des Wissenschaftlers zwischen Freiheit und Verpflichtung werden besprochen, wie sie vor dem Hintergrund der atomaren Aufrüstung in der Zeit des Kalten Kriegs unter Wissenschaftlern, in den Medien und in der Bevölkerung breit diskutiert wurden.

Besondere Aktualität und Brisanz erhielt diese Debatte, als die deutsche Regierung unter Konrad Adenauer 1957 plante, die neu geschaffene Bundeswehr mit atomaren Waffen auszurüsten. Die Bemerkung des Kanzlers, taktische Atomwaffen seien „nichts weiter als die Weiterentwicklung der Artillerie", forderte zum Protest heraus. Seine Verharmlosung der Kernwaffen ließ befürchten, hier werde leichtfertig eine gefährliche Entwicklung eingeleitet. In einem Protesttelegramm an den Kanzler erklärten deshalb 18 namhafte deutsche Physiker, darunter Carl Friedrich von Weizsäcker, Otto Hahn, Werner Heisenberg und Max Born, dass sie jegliche Mitarbeit verweigern würden.

Ihre Position untermauerten die Atomwissenschaftler in einem öffentlichen Brief, der **„Göttinger Erklärung"**. In diesem Manifest verwiesen sie explizit auf ihre Verantwortung als Wissenschaftler. Unter anderem schrieben sie: „Durch Verbreitung von Radioaktivität könnte man mit Wasserstoffbomben die Bevölkerung der Bundesrepublik wahrscheinlich heute schon ausrotten. Wir kennen keine technische Möglichkeit, große Bevölkerungsmengen vor dieser Gefahr zu schützen. Wir wissen, wie schwer es ist, aus diesen Tatsachen die politischen Konsequenzen zu ziehen. Uns als Nichtpolitikern wird man die Berechtigung dazu abstreiten wollen; unsere Tätigkeit, die der reinen Wissenschaft und ihrer Anwendung gilt und bei der wir viele junge Menschen unserem Gebiet zuführen, belädt uns aber mit einer Verantwortung für die möglichen Folgen dieser Tätigkeit. Deshalb können wir nicht zu allen politischen Fragen schweigen. […]" (Zitiert nach: *Vaterland, Muttersprache. Deutsche Schriftsteller und ihr Staat von 1945 bis heute.* Berlin 1979, S. 139 f.)

Politisch blieb dieser Protest irrelevant. Bei der Bundestagswahl am 15. September 1957 erhielten CDU und CSU sogar die absolute Mehrheit. Drei Monate später stimmte der NATO-Rat in Paris der Ausrüstung der Partnerstaaten mit taktischen Atomwaffen, wenn auch unter amerikanischer Kontrolle, zu. Aber die öffentliche Auseinandersetzung über die Atombewaffnung endete damit nicht. Mit aller Schärfe wurde sie von Schriftstellerinnen und Schriftstellern weitergeführt. Es entstand ein Manifest „Frauen gegen die Atombewaffnung", das unter anderem Ilse Aichinger und Luise Rinser unterzeichneten. Autoren wie Hans Magnus Enzensberger, Hans Henny Jahnn, Heinrich Böll, Erich Kästner wendeten sich in Resolutionen und Aufrufen gegen die Politik der Bundesregierung. Die Bewegung „Kampf dem Atomtod" entstand, die zur Keimzelle der „Ostermarsch"-Bewegung wurde. Ingeborg Bachmanns Gedicht „Freies Geleit" nimmt diese Debatte auf.

Als Friedrich Dürrenmatt am 20. Februar 1962 sein Drama „Die Physiker" am Schauspielhaus Zürich auf die Bühne brachte, konnte er also davon ausgehen, dass sein Publikum mit der Debatte, die das Stück beherrscht, vertraut war. Möbius' Position dürfte die Mehrheitsmeinung der kritischen Intellektuellen seiner Zeit widerspiegeln.

1 Reflexion des Szeneninhalts, Klärung der Situation

Wie Brecht will auch Dürrenmatt sein Publikum verblüffen. Das Drama endet mit einer völlig unerwarteten Wendung des Geschehens. Der Autor konfrontiert die Zuschauer mit einer Entwicklung, die alles umstößt, was sie bislang für gesichert hielten. Um diesen Handlungsumschlag beschreiben zu können, sollten Sie in einem **ersten Schritt** das Geschehen der Textpassage in den Kontext der Handlung des Stücks einbetten. Formulieren Sie mit eigenen Worten, was in der vorliegenden Szene geschieht.

Aufgabe 117

Fassen Sie das Geschehen knapp zusammen. Wie ist das Verhältnis der Figuren untereinander gestaltet?

Die Szene zwischen der Ärztin und den Physikern zeigt ein für dieses Stück typisches Aufeinanderprallen von Gegensätzen. Zunächst führt die Konfrontation der Physiker, ihr rational geführter Dialog, zu einer vorläufigen Verständigung. Dann werden jedoch völlig überraschend alle Karten neu verteilt und am Ende steht das glatte Gegenteil dessen, was planvoll erreicht werden sollte. Zufällige Ereignisse machen alle Berechnungen zunichte.

Aufgabe 118

Beschreiben Sie die Positionen, die in der vorliegenden Szene herausgearbeitet und miteinander konfrontiert werden. Dabei geht es um die folgenden Aspekte: Welche Bedeutung hat die Auseinandersetzung zwischen den Physikern? Welche Position nimmt die Ärztin in dieser Konstellation ein?

Dass Dürrenmatt die Handlung seines Dramas in eine Irrenanstalt verlegt hat, unterstreicht den Modellcharakter der Komödie. Das Sanatorium als Schauplatz der Handlung verweist auf die Abgeschlossenheit einer Welt, in der alle Personen andere täuschen, belügen und manipulieren.

Aufgabe 119

Beschreiben Sie den Schauplatz und die zeitliche Organisation der Handlung. In welcher Weise beeinflusst beides die Gespräche der verschiedenen Personen?

Der Modellcharakter des Dramas zeigt sich auch darin, dass die Positionen prononciert einander gegenübergestellt werden. Die Aussagen der Personen sind also sehr stark zugespitzt, um ihre prinzipielle Haltung zu verdeutlichen. Diesen Aspekt sollten Sie in der folgenden Teilaufgabe herausarbeiten.

Aufgabe 120 Mit welcher Haltung geht Möbius auf Newton und Einstein zu? Was will die Chefärztin erreichen?

Wenn Sie diese Szene mit dem Auszug aus Brechts *Trommeln in der Nacht* vergleichen, wird Ihnen der Gegensatz sofort ins Auge springen. Hier ist es nicht der Jargon der Straße, der dominiert, im Gegenteil: Dürrenmatt bevorzugt den wissenschaftlichen Duktus, so wie er in einem Fachgespräch unter Wissenschaftlern üblich sein dürfte. Deutlich wird aber auch, wie weltfremd und emotionsarm hier debattiert wird. In diesem Stück sind strikt deduktiv denkende Menschen am Werk, die überzeugt davon sind, dass ihrer Logik auch die Probleme des Alltags entsprechen, womit sie jedoch an der Wirklichkeit scheitern.

Aufgabe 121 Machen Sie deutlich, in welcher Weise die Dialogführung hier symptomatisch für das Geschehen im Drama überhaupt ist.

Die drei Patienten und Fräulein Doktor Mathilde von Zahnd (Jutta Wachowiak) in Andras Fricsays Inszenierung der *Physiker* am Deutschen Theater Berlin aus dem Jahre 2005.

2 Analyse des Szenenaufbaus

Der vorliegende Dramenauszug ist deutlich in **zwei gegensätzliche Phasen** aufgeteilt. Erst die Feinstruktur lässt jedoch erkennen, wie diese Passagen miteinander verbunden sind. Im zweiten Untersuchungsschritt ist daher zunächst der Szenenausschnitt zu gliedern, um die gedankliche Logik der Dialoge erkennbar werden zu lassen. Zur Abwechslung und um zu kontrollieren, dass Sie bei jedem Abschnitt sowohl auf den Inhalt wie auf die Funktion eingegangen sind, können Sie die Lösung von Aufgabe 122 in tabellarischer Form anlegen.

Aufgabe 122 Beschreiben Sie, in welchen Stufen die Entwicklung in diesem Szenenausschnitt vor sich geht. Erläutern Sie die Funktion der einzelnen Schritte innerhalb dieses Auszugs. Wie sind sie aufeinander bezogen?

3 Analyse der Argumentation

Die Figuren argumentieren völlig unterschiedlich. Zwei Konfliktkonstellationen mit diametral entgegengesetzten Lösungen treffen aufeinander. Gelingt es in der ersten Dialogsequenz, einen **Ausgleich der Positionen** zu finden, endet der Szenenausschnitt mit einer **Machtdemonstration** der Chefärztin, der die anderen Beteiligten nichts mehr entgegenzusetzen haben. Dieser Verlauf des Gespräches ist in seinen groben Linien bereits bei der Klärung der Situation analysiert worden. Nun kommt es zur Vertiefung dieser Erkenntnisse darauf an, textnah und im Detail herauszuarbeiten, welche Redetaktik die beteiligten Figuren einsetzen und wie sie ihren jeweiligen Interessen dient.

Aufgabe 123 Wie entwickelt sich das Gespräch? Wie argumentiert Möbius, wie argumentieren Newton und Einstein? Was wollen sie jeweils erreichen?

Aufgabe 124 Wie argumentiert die Chefärztin?

4 Untersuchung der Regieanweisungen

In diesem Textauszug sind Regieanmerkungen nur spärlich eingesetzt, was aber nicht charakteristisch für Dürrenmatts dramatischen Stil ist. Dem Stück vorangestellt sind ausführliche Anweisungen zu den Figuren, dem Mobiliar und dem Bühnenraum, die sich über drei Seiten erstrecken. Der Autor hat sie erst nach den praktischen Erfahrungen der Uraufführung eingefügt. Die detaillierten Angaben heben wie der ironische Unterton dieser Passagen den epischen Charakter des Dramas hervor.

Auch in den Zwischenszenen gibt der Autor präzise Hinweise, wie sich seine Figuren auf der Bühne bewegen sollen. Anders verhält es sich bei den Dialogen, die nur knappe Angaben für die Sprechweise und das Verhalten der Figuren enthalten.

Aufgabe 125 Erschließen Sie die Bedeutung der Regieanmerkungen in diesem Szenenausschnitt.

5 Untersuchung der Figurensprache

Die folgende Sprachanalyse bezieht sich auf den **Haupttext.** Sie werden erkennen, dass Dürrenmatt in dieser Szene mit sehr unterschiedlichen Mitteln arbeitet, um die Naturwissenschaftler auf der einen, die Ärztin auf der anderen Seite auch sprachlich zu charakterisieren.

Aufgabe 126 Beschreiben Sie zunächst generell, wie dieser Szenenausschnitt sprachlich gestaltet ist.

Sprachliche Mittel und ihre Funktion in „Die Physiker"	
Mittel	**Funktion**
Parallelismus	Betonung der logischen Konsequenz der Redeweise
Ellipse	Verkürzung der Sprechweise
Bibelzitate	sinngemäß angeführte Passagen als Nachweis von Spiritualität und Glaubenskraft
etymologische Figur: verbindet ein Verb mit einem Nomen des gleichen Wortstamms	Wortspiel, mit dem die Bedeutung des Themas unterstrichen wird
Preziosität: gezierte Umschreibung	Hervorhebung des besonderen Ereignisses mithilfe altertümlicher Begriffe

Aufgabe 127 Beschreiben Sie nun, wie die drei Physiker durch ihr sprachliches Handeln charakterisiert werden.

Aufgabe 128 Welche sprachlichen Mittel sind für die Irrenärztin charakteristisch? Wie wird ihr zwiespältiges Wesen deutlich?

Fritz Schediwy als Einstein, Wolf-Dietrich Sprenger als Möbius und Traugott Buhre als Newton. Szene aus der Inszenierung der *Physiker* von David Mouchtar-Samorai am Schauspiel Bochum aus dem Jahre 2003.

6 Untersuchung der Personengestaltung

Die Figuren in diesem Drama werden durch ihr sprachliches Handeln, aber auch durch die Taktik ihres Verhaltens charakterisiert. Drei Positionen werden dabei deutlich: Während Möbius sein Vorgehen legitimiert und die beiden anderen Physiker zur gleichen Haltung zu bewegen versucht, wollen Newton und Einstein ihn für ihre jeweilige Position gewinnen. Die Ärztin – die sich auf die Weisung des Königs Salomo beruft – hat dagegen keine inneren Gründe vorzuweisen, mit denen sie ihre Patienten von der Legitimität ihrer Handlungen überzeugen könnte. Sie teilt ihnen lediglich mit, was geschehen ist und was zukünftig noch geschehen wird.

In diesem Schritt sollen Sie die Persönlichkeit dieser Figuren zusammenfassend charakterisieren.

Aufgabe 129 Wie werden die Physiker in der vorliegenden Szene charakterisiert?

Aufgabe 130 Wie wird die Irrenärztin charakterisiert?

7 Einordnung in die dramatische Gattung

Der siebte Schritt setzt sich mit der Form des Dramas auseinander. Friedrich Dürrenmatt nennt sein Stück im Untertitel eine *Komödie in zwei Akten.* In welcher Weise der Autor den Begriff „Komödie" verstanden sehen will, ist nun zu erläutern.

Aufgabe 131 Was versteht Dürrenmatt – mit Blick auf seine eigenen Stücke – unter einer „Komödie"?

Margit Carstensen als Irrenärztin Fräulein Doktor Mathilde von Zahnd. Szene aus der Inszenierung am Schauspiel Bochum aus dem Jahre 2003.

8 Einordnung in die literarische Epoche

Aufgabe 132 Klären Sie, welche zeitgeschichtlichen Tendenzen der Fünfziger- und frühen Sechzigerjahre in der deutschsprachigen Literatur behandelt und vor allem von Dürrenmatt in seinem Drama *Die Physiker* aufgegriffen wurden.

Aufgabe 133 Zeigen Sie, welche Tendenzen der Zeit in dieser Szene zum Ausdruck kommen.

Aufgabe 134 Fassen Sie zusammen, was Dürrenmatts dramatische Sprache ausmacht.

Das Drama der Neuen Subjektivität
Botho Strauß: Trilogie des Wiedersehens

Die Siebzigerjahre sind für die westdeutsche Gesellschaft vor allem **Nachspiel** und Reaktion auf jenen **Aufbruch**, den in den Jahren 1967 und 1968 zunächst die **studentische Protestbewegung** markiert. Unmittelbar zuvor hat die Bundesrepublik ihre erste ökonomische Krise nach Wiederaufbau und Wirtschaftswunder erlebt. 1969 folgt die Ablösung der christdemokratisch-konservativen Parteien nach über zwanzigjähriger Regierungsverantwortung durch die sozialliberale Koalition. Damit ist die Nachkriegsperiode für die zweite deutsche Demokratie zu Ende.

Die Unruhen einer „neuen Linken" und die Ansätze zu einer innen- und außenpolitischen Neuorientierung in der Regierungspolitik tragen allerdings nur kurze Zeit. Schon ab 1972/73 wird die Reformpolitik zurückgefahren, erweist sich der Versuch, die gesellschaftlichen Verhältnisse zu ändern, als illusionär.

Seismografisch haben in den Sechzigerjahren Autoren und Theaterleute die Kritik der studentischen Linken vorweggenommen. Gesellschaftskritik steht im Zentrum ihrer Texte, die als öffentliche Aufrufe Leser wie Zuschauer zu politischem Engagement bewegen sollen. Das Drama der Sechzigerjahre ist zu einem guten Teil der Auseinandersetzung mit der unaufgearbeiteten, fortwirkenden oder wiedererstandenen Vergangenheit verpflichtet.

Empfindlich reagieren die Schriftstellerinnen und Schriftsteller dann auch auf die oben skizzierten Umschwünge der gesellschaftlichen und politischen Bedingungen. Viele der engagierten Theatermacher und Stückeschreiber entwickeln nun eine Skepsis gegenüber den eigenen ehemaligen gesellschaftspolitischen Positionen. Viele Autoren müssen erkennen, dass sie sich lange Jahre lang fruchtlos an den starren gesellschaftlichen Fronten abgearbeitet haben. Eine Gegenbewegung, scheinbar ein **Rückzug aus dem politischen Kampf in den privaten Bereich**, wird im Verlauf der Siebzigerjahre deutlich. Zunehmend werden alltägliche Erfahrungen und subjektive Erlebniswelten ins Zentrum der literarischen Texte gerückt. Der Entpolitisierungsprozess geht einher mit einer stärkeren Betonung individueller Interessen, Motivationen und Defizite. Es lässt sich von verwundeten Subjekten sprechen, von vergessenen und verdrängten Ansprüchen, einer großen Ratlosigkeit, die als „Sinnkrise" umschrieben werden kann.

Mit den **Alltagserfahrungen**, die jetzt auf der Bühne gezeigt werden, ändert sich auch das sprachliche Verhalten der Menschen. Es geht nicht mehr um exemplarische Konflikte, die wie im Theater von Bertolt Brecht mit Mitteln des epischen Theaters vor Augen geführt werden. Gezeigt werden vielmehr Menschen, die sich aus allen Veränderungszumutungen in ihr privates Dasein zurückgezogen haben. Die Theaterstücke stellen ein öffentliches Leben vor, das stagniert, Figuren, deren Kommunikation völlig sinnentleert scheint, deren einzige Aktivität darin besteht, eigene Stärken und Defizite zu spiegeln. „**Bewusstseinstheater**" nennt Botho Strauß diese Art von Stücken, in denen das Innere nach außen gekehrt wird, die Figuren nicht mehr handelnd eingreifen, sondern beharrlich aneinander vorbeireden – Personen, die zwar viel sprechen, sich aber nichts zu sagen haben.

Unter dem Stichwort „**Neue Subjektivität**" lassen sich diese Veränderungen des deutschen Literaturverständnisses um die Mitte der Siebzigerjahre zusammenfassen. Der 1944 geborene Botho Strauß bringt mit seinen ersten Dramen die Ausdrucksformen des modernen Bewusstseins auf die Bühne. Die *Trilogie des Wiedersehens* (Uraufführung 1977) ist ein solches Konversationsstück, in dem kaum etwas geschieht: Es geht um die Eröffnung einer Kunstausstellung und die Schickeria, die sich zu diesem Anlass trifft. Menschen werden vorgestellt, die mit vielen Worten über ihre innere Befindlichkeit reden und Beziehungskonflikte diskutieren, Veränderungen ihrer Situation aber nach Möglichkeit zu vermeiden suchen. Botho Strauß verwendet dabei eine Art von Kunstsprache, die deutlich macht, dass die Gefühlsäußerungen gerade nicht unwillkürlich nach außen drängen, sondern bewusst auf Wirkung hin angelegt sind. So entsteht eine Reihe von kaum verbundenen Dialogen, deren kommunikative Intention erst vom Zuschauer erschlossen werden muss. Das Stück lässt einen Mikrokosmos von Menschen entstehen, die nicht kommunikationsfähig sind, sondern sich in ihrer Kultur des Smalltalks lediglich selbst darstellen.

Mit der *Trilogie des Wiedersehens* gelingt Botho Strauß der Durchbruch. Innerhalb von vier Spielzeiten erlebt das Stück über 230 Vorstellungen mit mehr als 100 000 Zuschauern auf den deutschsprachigen Bühnen.

Die Tendenz einer Verschiebung der Gewichte zwischen Sozialkritik und subjektiven Rückzügen findet sich nicht nur in der westdeutschen Literatur. In Österreich entwirft Thomas Bernhard in seinen schnell aufeinander folgenden

Stücken eine extrem subjektive, eingegrenzte Welt: Beispiele für Endzustände, die durch einen unweigerlichen krankhaften Zerfall geprägt sind. Eine Handlung im Sinne einer Entwicklung findet nicht mehr statt. Als einzigen Einschnitt lassen die Stücke noch den Tod erkennen. Bernhards Drama *Der Präsident* (1975) zeigt eine solche Welt der Leere, des körperlichen und seelischen Zerfalls.

In der DDR arbeitet Heiner Müller mit antiken Stoffen und Shakespearetexten, um der offiziellen Forderung nach realistischer Schreibweise aus dem Weg zu gehen. Sein Drama *Hamletmaschine* (1977) darf daher auch bis zum Ende der Achtzigerjahre in der DDR weder veröffentlicht noch inszeniert werden. Im Titel und in den Figuren seines Stücks zitiert der Autor *Hamlet,* dazwischen werden Textblöcke aus anderen Stücken Shakespeares eingeschoben, ebenso Versatzstücke aus früheren Stücken Heiner Müllers. Es ist ein zutiefst verstörendes Drama, das eine umfassende Bewegung der Verneinung, der Zerstörung, des Widerspruchs in sich trägt.

Drama der Neuen Subjektivität	
Autoren	Heiner Müller (1929–1995) Thomas Bernhard (1931–1989) Botho Strauß (* 1944)
Grundverständnis	„Das Private ist politisch."
Themen	• eine Literatur der Privatheit • Aufgreifen von literarischen Mustern • Krisenbewusstsein • Kommunikationsverlust
Merkmale des Dramas	• Konversationstheater • Konstruktionscharakter der Stücke • Orientierung an Film- und TV-Techniken • ironische Verfremdung von Sprachmustern
Werke	• Bernhard: *Der Präsident* (1975) • Strauß: *Trilogie des Wiedersehens* (1976) • Müller: *Hamletmaschine* (1977)

Botho Strauß
Trilogie des Wiedersehens (Szenen 1, 5 und 1, 6)

Einführende Hinweise

Die „Trilogie des Wiedersehens" ist ein Stück über die Besucher einer Ausstellung. An einem Sommernachmittag des Jahres 1975 treffen sich einige Personen in den Räumen eines nicht näher bestimmten Kunstvereins. Die Vorbesichtigung einer Kunstausstellung zur Malerei des „Kapitalistischen Realismus", die sich von Mittag bis Spätnachmittag hinzieht, bringt sie zusammen. Ihre Meinungen und Gefühle sind so wechselhaft wie die Gruppen, in denen sie sich zusammenfinden. Ihr Mitteilungsdrang führt zu Geschwätzigkeit.

Der Direktor des Kunstvereins, Moritz, hat Probleme in jeder Hinsicht. In einem Brief, den er seinen Gästen vorliest, macht der Vorsitzende und Geldgeber des Kunstvereins, Kiepert, die Unzufriedenheit des Vorstandes mit der Ausstellung deutlich. Die ganze Tendenz gefällt ihm nicht. Weder der Titel, der nach dem Abflauen der kapitalismuskritischen Studentenbewegung auch in den Kreisen der Kunstliebhaber als unpassend gilt, noch die Hängung der Bilder entspricht seinen Vorstellungen. Der eigentliche Stein des Anstoßes ist jedoch ein Bild, das den Titel „Karneval der Direktoren" trägt und deutlich erkennbar „Kiepert und seinen Chef" zeigt, „die sind haargenau porträtiert, gewissermaßen in einer sehr verfänglichen Lage" (II, 3). Mit diesem Affront ist die Grenze des Erträglichen offensichtlich überschritten. Der Vorstand spricht dem Direktor sein Misstrauen aus; es droht ein Verbot der Ausstellung.

In dieser Situation solidarisieren sich einige Besucher mit Moritz, andere schlagen sich auf die Seite des Vorstands, wieder andere versuchen zu vermitteln. Es wird vorgeschlagen, die Exponate anders, gefälliger zu hängen und vor allem das inkriminierte Bild zu entfernen. Der Streitfall wird schließlich gelöst, indem die Ausstellung „Kapitalistischer Realismus" umarrangiert wird zu „Einbildungen der Realität". Der bis dahin nur durch seinen Brief mittelbar in Erscheinung getretene Vorsitzende des Kunstvereins „Kiepert erscheint mit seinem Sohn an der Hand" (III, 7). Mit dieser Regieanweisung endet das Stück.

Diese Diskussionen und Aktivitäten machen bereits die gesamte Handlung des Dramas aus. Mehr geschieht nicht. Die eigentlichen Ereignisse des Stücks entstehen durch das Kommen und Gehen der Besucher, die sich in den Räumen der Ausstellung immer wieder treffen. In unterschiedlichen Konstellationen begegnen sie sich, tauschen Smalltalk, intrigante Spitzen und Gemeinheiten aus, versuchen neue Liebesbeziehungen zu knüpfen oder denken darüber nach, sich zu trennen. Auf diese Weise entstehen unterschiedliche Gruppierungen von Personen, die aufeinander treffen, sich unterhalten und wieder auseinander gehen, um sich in neuen Konstellationen wieder zu begegnen.

15 Erwachsene und ein Kind treten auf, die sich mit Ausnahme des Museumswärters alle mehr oder weniger gut kennen. Gekommen sind der Kunsthallendirektor Moritz und seine Freundin Susanne; der Schauspieler Answald, der gerade von seiner Freundin Elfi verlassen worden ist, und sein Vater Franz, der ebenfalls Schauspieler ist; der Schriftsteller Peter; der Arzt Lothar und Ruth, seine Frau, von der er getrennt lebt; der Drogist Martin mit seiner Frau Viviane; der Drucker Richard; Elfriede, die Frau des Vorsitzenden des Kunstvereins Kiepert und ihr elfjähriger Sohn Kläuschen; Johanna, die Freundin eines Galeristen, ihre Freundin, die Malerin Marlies und deren Freund, der Verkaufsleiter Felix.

*Botho Strauß führt jeweils bestimmte Personen zusammen und zeigt deren Dialoge sozu-
sagen in Großaufnahme. Durch Zwischenblenden und „Kameraschwenks" verbindet der
Autor diese Gespräche, sodass er sie in rascher Folge abbrechen und aneinander reihen
kann.*

Szene 1, 5

1 MARLIES. Du bist bei Gott eine große Seele, Felix, und darin findet jede Meinung ihren
Ehrenplatz. So stehst du glänzend da in dieser Pracht und Fülle reifer Urteilsfrüchte
und drehst dich doch am Ende ohne jede eigene Ansicht täglich einmal mit der Erde
5 um dich selbst. Und was du zu sagen hast, geplappert und verkündet, wenn nur der
liebe Tag lang wird, das ist so überflüssig und schnellvergänglich wie die Sonderangebote in deinem Kaufhof, die spendablen Ausschüttungen nicht ganz fehlerfreier
Ware, Woche für Woche, hundert unsinnige Gelegenheiten, deine beliebten Füllhörner mit dem gelben Alarmpfeil, jawohl – fünftausend Pappteller zum Nikolaustag,
10 das Stück im Einkauf für Nullkommaacht-Pfennig, weil die Falzmaschine zwei Rillen
ungleichmäßig prägte ... oh wie ich mich freue, wenn die berauschte Meute, Frauen
und Rentner, über deine Stände herfallen, mit einer Lüsternheit, die so enthemmt in
ihrer Welt sonst nicht gestattet ist ... wie ich jubeln möchte, im Mitgefühl für deinen
Stolz, über die Preise, die du gemacht hast, das Warenmeer, das du auf- und abwogen
15 läßt. Ja, du veränderst über Nacht das Wertempfinden für ein Ding, machst übersehene, nicht benötigte, nicht zu gebrauchende und nie verlangte Güter zum Bedarf
und populär ... Der Käufer kauft die Preise, nicht die Waren ... Du errichtest Tempel
für den Überschuß und schaffst Symbole der Verschwendung und alles dies, mein
Heißgeliebter, geschieht durch dich, indem du nichts schaffst, nichts bist, nichts sagst,
20 ein Nichts und Abernichts in meinen Armen ...

Dunkel

FELIX *während der Dunkelphase.* Eine schöne Auffassung, zeigt sich, hast du von meiner
Tätigkeit. Eine mehr als verschwommene Vorstellung. Sonderangebote sind durchaus
nicht mein Stolz ... Laß mich! ... Preisschleuderei ist ein Kunststück, das ein Kauf-
25 mann schnell verachten lernt ... Du sollst mich bitte nicht anfassen! ... Zwischen
Kopf und Beinen braucht es einen fairen menschlichen Zwischenbereich, in dem man
sich verständigen kann ... Ich möchte gehn. Bitte! ... So. Jetzt schlage ich zu –
MARLIES. Felix!

Szene 1, 6

30 *Felix geht gerade im linken Durchgang ab. Marlies kniet am Boden, ihr Slip hängt an
ihren Waden. Johanna sitzt auf der Rundbank, hält sich eine Hand vor die Augen und
schielt unter der Hand manchmal zu Marlies hin.*
MARLIES. Pfui! Pfui! ... Großraumseele! ... Tortenschieber! ... Manichäer! ... Kamillenbeutel!
35 *Sie steht auf und zieht ihr Höschen hoch.*
JOHANNA *leise.* Schrumpfhode.
MARLIES. Sandalenarsch! ... Hering!

JOHANNA *lauter.* Fußpilz! Lockenwickler! Indonesier! Ladenschwengel!

MARLIES *setzt sich neben Johanna auf die Bank.* Ach, weißt du, so was, puh ...! Idiot!

40 JOHANNA. Pittsbourgh ist wieder sauber. Triumph für Pittsbourgh!

MARLIES. Vom Giftgaskessel zum Luftkurort.

JOHANNA. Los! Schönes ausdenken!

MARLIES. Bibel lesen.

JOHANNA. Seepferdchen trockenpressen zwischen zwei Seiten der Schöpfungs-
45 geschichte.

MARLIES. Ich habe alle Bücher wieder zugeschlagen –

JOHANNA. Nach kürzester Zeit die Bücher zugeschlagen –

MARLIES. Unter dem Schock des Nachsinnens alle Bücher wieder zugeschlagen.

JOHANNA. Nach kürzester Zeit geschlossen und so feste zugeschlagen, daß die Blätter
50 aufstieben und durch die Luft segeln. Wie ein Mensch zerflattert in eines anderen
Auge.

MARLIES. Denn alles dies können wir nicht wissen.

JOHANNA. Nein, dies alles können wir beim besten Willen nicht wissen.

MARLIES. Ich glaube, ich kann mir das Ausmaß meiner Verzweiflung noch gar nicht
55 vorstellen.

JOHANNA. Gut so.

MARLIES. Mein Gott, Frauen sind wir –! Frauen –, mein Gott!

JOHANNA. Wie – dein Gott? Haben wir etwa Sorgen, sorgen wir uns? Nein. Nicht?

MARLIES. Nein. Gott bewahre.

60 JOHANNA. Schön sind wir nicht, klug sind wir nicht, aber gute Freundinnen, das sind
wir.

MARLIES. Klug sind wir nicht, letztlich nicht klug. Wenn auch wiederum nicht allzu
weit entfernt von jener Intelligenz, die so glücklich macht –

JOHANNA. Sagt das Köpfchen zu dem Bauch / Tu was du willst, ich will es auch.

65 *Franz geht im Hintergrund vorbei.*

MARLIES *ruft.* He! Hallo! He, Sie! ... Haben Sie eine Frau?

FRANZ. Ja. Ich –

JOHANNA. Na, die möcht' ich sehn!

Die beiden Mädchen lachen.

70 FRANZ. Ich kam gerade hier vorbei und dachte daran, was ich meiner Frau erzählen soll,
wegen des Sohnes, wegen Answald – nun, das wird Sie nicht interessieren.

Er geht ab, wo er hergekommen ist.

MARLIES. Übertreiben wir nicht?

JOHANNA. Nein.

75 MARLIES. Leiden wir denn wenigstens ein bißchen?

JOHANNA. Und ob. Glücksraurig sind wir, glücksraurig.

MARLIES. Denn wenn wir nicht litten, so erführen wir nicht, was die Sehnsucht will –

JOHANNA. Und wenn wir die Sehnsucht nicht litten –

MARLIES. So würden wir überhaupt gar nichts mehr tun.

80 JOHANNA. Den ganzen Sommer nichts als sitzen, gemütlich und lustlos, wie vorm selig
bollernden Ölofen.

MARLIES. Aber in früheren Zeiten, als die Mittagsruhe noch geachtet wurde –

JOHANNA. Ja. Auf der Veranda, angesichts von Pfirsichbäumen –

MARLIES. In der Mittagshitze

85 JOHANNA. Dampfende Müdigkeit

MARLIES. Hitze, in der wir quellen

JOHANNA. So daß die Magd von ihrem Stühlchen glitschte –

MARLIES. Neben dem Vertiko, worauf eine Schale mit goldenen Früchten

JOHANNA. Woran glitzernde Wasserperlen

90 MARLIES. Worüber zarte Fliegen säuseln

JOHANNA. Neben alle diesem eine kleine dicke alte Magd,

MARLIES. Die knorrigen Hände gottergeben geöffnet im Schoß

JOHANNA. Sitzt da und –

MARLIES. Sitzt da und –?

95 *Der Wärter steht auf und geht nach links ab.*

JOHANNA. Sitzt da und –

MARLIES. Übertreiben wir nicht?

JOHANNA. Nein.

MARLIES. Sitzt da und murmelt ihr tausendjähriges Murmeln.

100 JOHANNA. Später kommt Helmut vorbei.

MARLIES. Hm. Aber der geht bald wieder.

JOHANNA. Ja. Leider.

Blende

Aus: Botho Strauß: Trilogie des Wiedersehens. München und Wien: Carl Hanser Verlag 1977

**Aufgaben-
stellung** Analysieren Sie den vorliegenden Dramenauszug. Arbeiten Sie anhand des Gesprächsverlaufs heraus, welche Bedeutung Sprache in der Auseinandersetzung der Figuren mit Konflikten erhält.

Die *Triologie des Wiedersehens,* 1978 inszeniert von Peter Stein an der Schaubühne Berlin. Sabine Andreas als Johanna und Tina Engel als Marlies.

1 Reflexion des Szeneninhalts, Klärung der Situation

In der fünften und sechsten Szene des ersten Aktes beleuchtet Botho Strauß die Beziehungen zwischen Marlies, Felix und Johanna. Direkt nach einem heftigen Streit zwischen dem Paar versuchen die beiden Frauen, die Situation zu bewältigen.

Aufgabe 135   Fassen Sie das Gespräch knapp zusammen. Wie ist das Verhältnis der drei Figuren gestaltet?

Die Szene zwischen Felix, Marlies und Johanna bietet ein für dieses Stück typisches Geschehen. Darauf sollten Sie in der folgenden Aufgabe eingehen.

Aufgabe 136   Erarbeiten Sie charakteristische Merkmale dieses Dramenausschnitts.
- Welche Bedeutung hat sprachliches Handeln in der Auseinandersetzung zwischen Felix und Marlies?
- Welchen Stellenwert hat der Dialog in der Beziehung zwischen Marlies und Johanna?

In ähnlicher Weise wie in Friedrich Dürrenmatts *Physikern* stellt Botho Strauß in seinem Stück ein modellhaftes Arrangement vor. Auch bei ihm wird eine forcierte Einheitlichkeit von Raum, Zeit und Handlung deutlich.

Aufgabe 137   Beschreiben Sie den Schauplatz und den Zeitpunkt der Handlung. In welcher Weise beeinflusst beides die Kommunikation zwischen den Personen? (Sofern Sie das Stück kennen, sollten Sie Ihren Überblick über die gesamte Anlage des Stücks bei der Beantwortung dieser – sowie der folgenden – Aufgabe nutzen.)

Die **Beziehungsthematik** steht im Vordergrund dieses Theaterstücks. Botho Strauß zeigt Figuren, die unfähig sind, sich anderen Menschen zu öffnen, und ebenso wenig fähig, einen Schlussstrich unter eine Beziehung zu setzen. Die ausgewählten Textpassagen machen diesen Mangel an Verständnisbereitschaft deutlich.

Aufgabe 138   In welcher Weise sind die Dialoge hier symptomatisch für das Geschehen im Drama überhaupt?

2 Analyse des Szenenaufbaus

Anders als die Theaterstücke, die Sie bislang kennen gelernt haben, sind die Szenen bei Botho Strauß **gleichsam in Filmsequenzen aufgeteilt**. „Kameraschwenks" bringen in rascher Folge unterschiedliche Gruppen in die Nahaufnahme. Der Autor arbeitet mit diesen filmtechnischen Verfahren, um sich in die Gespräche einzuschalten und den Zuschauer Anteil an der Kommunikation des Dramenpersonals nehmen zu lassen. In den Regieanweisungen sind sie als *„Blende", „Hell/Dunkel"* oder *„Dunkel"* notiert. Damit werden die insgesamt 19 Szenen der drei Teile des Theaterstücks weiter in 47 Gruppierungen von Personen aufgespalten, die miteinander ins Gespräch kommen.

Aufgabe 139 Beschreiben Sie den Aufbau des vorliegenden Dramenausschnitts. Gliedern Sie ihn in Handlungsschritte und erläutern Sie die Funktion der einzelnen Schritte.

Roland Schäfer als Felix und Tina Engel als Marlies in Peter Steins Inszenierung der *Trilogie des Wiedersehens* an der Schaubühne am Halleschen Ufer Berlin (1978).

3 Analyse der Argumentation

Die Gespräche zwischen Marlies und Felix und später zwischen Marlies und Johanna führen **ganz unterschiedliche Dialogfähigkeiten und -strategien** vor. Während der Mann im Kontakt mit seiner Freundin kaum verbales Talent besitzt – obwohl er als „Verkaufsleiter" doch über Marketing und Public Relations Bescheid wissen müsste –, sind die beiden Frauen in der Lage, Sprache als kreatives Mittel einzusetzen. Gemeinsam ist allen drei Personen aber, dass sie Worte nicht in erster Linie verwenden, um sich mit ihren erheblichen Beziehungsproblemen auseinander zu setzen oder neue Haltungen zu erproben, sondern dass **Sprache** zum **Selbstzweck** wird.

Aufgabe 140 Wie stellt sich Marlies dar? Was will sie mit ihrem Wortschwall bei Felix erreichen? Wie geht sie mit der Demütigung um, die ihr der Freund zufügt?

Aufgabe 141 Wie tritt Felix auf? Welche Möglichkeiten kennt er, auf die Beschimpfung durch seine Freundin zu reagieren?

Aufgabe 142 Mit welcher Haltung geht Johanna auf Marlies zu? Was will sie erreichen? Wie erfolgreich ist sie mit ihren Absichten?

4 Untersuchung der Regieanweisungen

Charakteristisch für dieses Drama ist seine **Blendentechnik**. Damit löst der Autor den Gesamtablauf der dramatischen Handlung in eine Vielzahl zusammenhangloser Einzelszenen auf, die ruckartig montiert werden. Die Verdunkelung zwischen den Szenen(teilen) bewirkt, dass man die Figuren in vielen Fällen nicht auf- oder abtreten sieht. So reihen sich oft ohne erkennbaren Übergang immer neue, nicht oder nur lose miteinander verknüpfte Figurenkonstellationen aneinander. Für den Zuschauer ergibt sich aus den unzusammenhängenden Dialogen erst allmählich das Bild der Beziehungskonstellationen und Charaktere der Personen.

Aufgabe 143 Erschließen Sie die Bedeutung der Regieanmerkungen in diesem Dramenausschnitt. Wie ist die Blendentechnik hier eingesetzt?

5 Betrachtung der Sprache

Deutlich wurde bereits, dass die Dialogpassagen in diesem Stück nicht dazu beitragen, die Handlung voranzutreiben. Durch die Blendeneinschnitte fehlt eine kausale Verknüpfung der Szenen. Das gilt in gleicher Weise für die Gespräche selbst. Was die Personen sagen, bleibt im Wesentlichen folgenlos. Der **Dialog** besitzt somit **keine dramaturgische Funktion**. Das Interesse gilt daher weniger dem, was die Personen sagen, als wie sie sprachlich miteinander umgehen. Botho Strauss setzt dabei auf eine **„kontrollierte Künstlichkeit"** (zitiert nach: Monika Sandhack: *Jenseits des Rätsels. Versuch der Spurensicherung im dramatischen Werk von Botho Strauß.* Frankfurt/M., Bern, New York 1986, S. 148), eine Verbindung von hoher stilisierter Dramensprache und dem Umgangston des Alltags. Wie das konkret geschieht, sollen Sie nun an dem vorliegenden Dramenausschnitt nachweisen.

Aufgabe 144 Beschreiben Sie zunächst generell, welche stilistischen Mittel in diesem Dramenausschnitt verwendet werden.
Sie können sich dabei an der nachstehenden Übersicht orientieren.

Sprachliche Mittel und ihre Funktion in „Trilogie des Wiedersehens"	
Mittel	**Funktion**
Ironie	Lächerlichmachen des Gesprächspartners oder einer dritten Person durch scheinbares Lob, das in Wirklichkeit jedoch das Gegenteil des Gesagten meint (was für den Zuschauer oder Leser sofort erkennbar ist)
Zitatanklänge	sinngemäß angeführte Passagen aus literarischen Werken als Nachweis von Intellektualität; Kennzeichen indirekter Sprechweise
Oxymoron: pointierte Verbindung scheinbar sich widersprechender Begriffe zu einer Einheit	verkünstelte Sprechweise, die darauf deutet, dass sich der Sprecher viel auf seine Sprachgewandtheit zugute hält
Chiasmus: Überkreuzstellung von Leitbegriffen	verknüpft und pointiert die Äußerung
Kyklos: Wiederholung des Eingangswortes eines Satzes am Satzende	emphatische Betonung eines Sachverhalts
Parallelismus	betont die Ritualisierung eines Sprechvorgangs

Nun wird zunächst den Streit zwischen Marlies und Felix betrachtet. In einem zweiten Schritt kann dann das Sprachspiel zwischen den beiden Frauen untersucht werden, das ganz anderen Regeln folgt.

Aufgabe 145 Bestimmen Sie also zunächst die sprachlichen Mittel und rhetorischen Figuren, mit denen Marlies in ihrem Monolog agiert. Was verrät die Analyse dieser sprachlichen Mittel über die innere Einstellung von Marlies gegenüber Felix?

Ein ganz anderer Sprachgestus bestimmt das Gespräch zwischen den Freundinnen Marlies und Johanna. Offensichtlich kennen sich die beiden Frauen schon geraume Zeit und haben einen eigenen Sprachcode entwickelt.

Aufgabe 146 Untersuchen Sie den Dialog zwischen Marlies und Johanna. Bestimmen Sie seine stilistischen Mittel. Welchen Spielregeln folgen die beiden Frauen?

Marlies (Donata Höffer) und Johanna (Anne Marie Kuster). Szene aus der Uraufführung der *Trilogie* am Deutschen Schauspielhaus Hamburg im Jahre 1977 (Regie: Dieter Giesing).

Gegenüber dieser intellektuellen Sprachfertigkeit der Frauen steht Felix von vornherein auf verlorenem Posten. Er ist verbal unterlegen und sieht sich daher genötigt, zu anderen Mitteln zu greifen, um sich zu behaupten.

Aufgabe 147 Wie reagiert Felix auf den Affront durch seine Freundin Marlies?

6 Untersuchung der Personengestaltung

Im folgenden Arbeitsschritt soll die Charakterzeichnung der Figuren auf den Punkt gebracht werden. Ein besonderes Kennzeichen der *Trilogie des Wiedersehens* ist, dass Botho Strauß seine **Personen nicht individualisiert**. Es reicht, sie in wenigen Zügen zu skizzieren – als Künstlerin, als Verkaufsleiter, als Freundin; denn es geht nicht darum, ihr individuelles Schicksal zu entwickeln. Strauß lenkt den Blick auf Kommunikationsstörungen und Beziehungsschwierigkeiten.

Aufgabe 148 Wie wird in der vorliegenden Szene Marlies charakterisiert? Wie geht sie mit Konflikten um?

Aufgabe 149 Welche Rolle spielt Felix in dieser Beziehung?

Aufgabe 150 Wie wird Johanna charakterisiert?

7 Einordnung in die dramatische Gattung

Der siebte Untersuchungsschritt setzt sich mit der Form des Dramas auseinander. Botho Strauß bezeichnet seine *Trilogie des Wiedersehens* im Untertitel schlicht als „Theaterstück". Wie Titel und Genrebezeichnung gemeint sind, sollen Sie nun überlegen. Dabei erweist es sich von Vorteil, wenn man das ganze Stück kennt. Ist das nicht der Fall, müssen Sie sich auf plausible Vermutungen beschränken.

Aufgabe 151 Wie ist der Dramentitel zu verstehen? Was sagt der Untertitel über das besondere dramatische Genre des Stücks aus?

8 Einordnung in die literarische Epoche

In einer abschließenden Erörterung könnten Sie darauf eingehen, inwiefern sich in dem Stück die kulturpolitische Situation und Diskussion seiner Entstehungszeit spiegelt.

Aufgabe 152 Klären Sie, welche Züge der so genannten Neuen Subjektivität sich in der *Trilogie des Wiedersehens* finden. Gehen Sie dabei auf die kulturellen Zusammenhänge der Siebzigerjahre in der Bundesrepublik ein.

Aufgabe 153 Bestimmen Sie, welche Tendenzen der Siebzigerjahre in der von Ihnen analysierten Szene zum Ausdruck kommen.

Aufgabe 154 Fassen Sie zusammen, welche Kennzeichen für die Sprache des Dramas der „Neuen Subjektivität" charakteristisch sind.

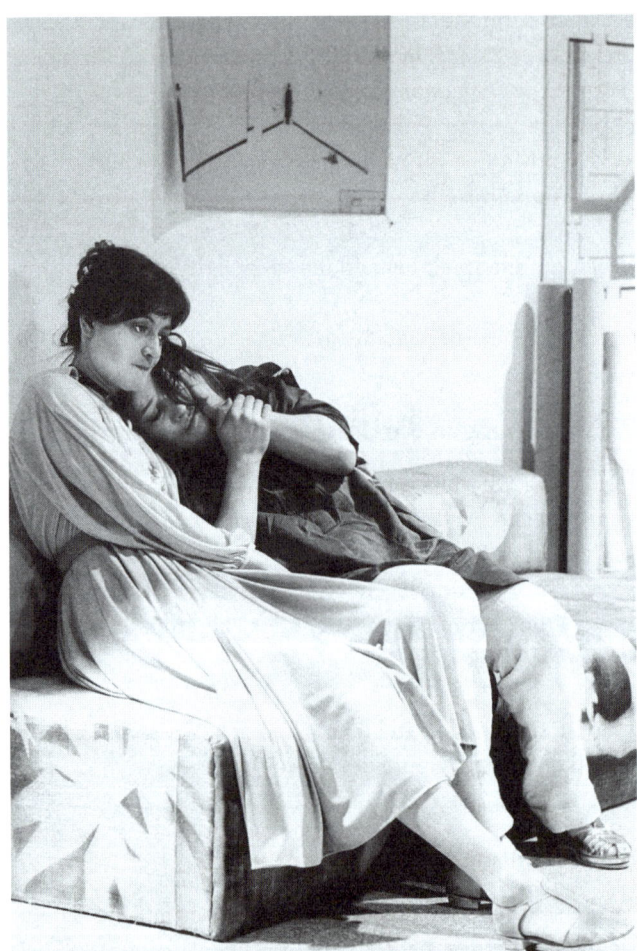

Sabine Andreas als Johanna und Tina Engel als Marlies in Peter Steins Inszenierung der *Trilogie des Wiedersehens* an der Schaubühne Berlin.

Lösungen

Gotthold Ephraim Lessing: Nathan der Weise

Aufgabe 26 Nathan will sich bei dem Tempelherrn bedanken, der seine Tochter Recha aus seinem brennenden Haus gerettet hat. Der aber ist verbittert. Er will nichts von einem Juden annehmen und verweigert sich jeder Dankbarkeit. Nathan gelingt es dennoch, ihn in ein Gespräch zu ziehen. *die Begegnung Nathans mit dem Tempelherrn*

Er versucht in dieser Szene einen ersten Kontakt zu dem Tempelherrn herzustellen und vorsichtig dessen schroffe Art zu durchbrechen. Es gelingt ihm tatsächlich, an das Gefühl des jungen Mannes zu rühren und ihn so von klischeehaften Vorurteilen zu lösen. *Verlauf des Gesprächs*

Damit wird es auch möglich, dass der Tempelherr sich anderen Menschen gegenüber öffnet – auch gegenüber Nathans Tochter Recha, von der er anfangs mit beleidigender Gleichgültigkeit spricht und um die er sich am Ende des Gesprächs spontan äußerst besorgt zeigt. Die Szene endet mit dem gemeinsamen Bekenntnis zu einem Menschenbild, in dem für religiösen Zwist kein Platz ist. *die innere Wandlung des Tempelherrn*

Aufgabe 27 Der reiche Jude Nathan ist von einer Geschäftsreise nach Jerusalem zurückgekehrt. Er erfährt, dass es in seinem Haus gebrannt hat und seine (Adoptiv-)Tochter Recha fast verbrannt wäre. Gerettet wurde sie von einem jungen Mann, einem christlichen Tempelherrn. Er ist als Gefangener des Sultans Saladdin nach Jerusalem gekommen, wurde zum Tode verurteilt, aber vom Sultan begnadigt, weil er dessen verstorbenem Bruder ähnlich sieht. *die Vorgeschichte*

Nathan empfindet aber nicht nur das Bedürfnis, dem Tempelherrn für die Rettung der Tochter zu danken.

Recha ist durch das Geschehen traumatisiert und von der fixen Idee besessen, ein wirklicher Engel habe sie aus dem brennenden Haus getragen. Nathan will nun ein Zusam- *Rechas Traumatisierung* mentreffen zwischen den beiden arrangieren, um Recha von ihrem Wunderglauben zu befreien. Er kann es sich daher nicht leisten, einem (verständlichen) ersten Impuls nachzugeben und den unwirschen Tempelherrn stehen zu lassen.

Dieser ist in seiner judenfeindlichen Haltung durch Daja, Rechas Erzieherin, bestätigt worden. Sie, eine Christin, erhofft sich, dass der Tempelherr ihren Einfluss auf das Mädchen stärkt. Sie beschwört ihn daher, Nathan aufzusuchen, berichtet ihm von dessen unermesslichen Schätzen und fordert ihn damit indirekt auf, die ihm gebührende Belohnung einzufordern. Auf diese Weise fördert sie das antisemitische Klischee vom „reichen Juden".

der Antisemitismus des Tempelherrn, gefördert durch Daja

Aufgabe 28 Das Gespräch spielt sich auf einem offenen Platz ab (vgl. V. 1 ff.). Die Protagonisten können sich also wie zufällige Passanten begegnen und auch wieder trennen. Die äußere Situation bietet damit einen offenen Rahmen für das Gespräch. Es gibt keine sozialen Bedingungen oder Rücksichten, die etwa bei einem Gespräch in einem geschlossenen Raum im Beisein anderer zu bedenken wären. Folglich können Meinungen und Anliegen im Gespräch offen ausgesprochen werden. Der Tempelherr kann sich geben, wie er will (V. 26 ff.). Schwieriger ist die Situation dagegen für Nathan, der seinen Kontrahenten an sich binden muss, um seine Ziele zu erreichen.

Ort der Handlung: ein offener Platz

Aufgabe 29 Nathan erreicht in dieser Szene durch sein vorsichtiges und kluges Eingehen auf die verletzten Gefühle und die Vorurteile seines Gesprächspartners, dass sich die Einstellung des Tempelherrn wandelt, er zum vorurteilsfreien Freund wird.

Zwar nimmt der Tempelherr diese offene Haltung im weiteren Verlauf der Handlung immer wieder teilweise zurück, was mit den Machenschaften des christlichen Patriarchen und den Interventionen von Daja, Rechas Erzieherin, zu tun hat, aber auch an der aufbrausenden, wenig überlegten Art des Tempelherrn liegt, der sich lange Zeit

Die Freundschaft zwischen Nathan und dem Tempelherrn wird begründet.

nicht wirklich zu zügeln vermag. Vom dritten Aufzug an erhält der Tempelherr dann schließlich das gleiche Gewicht wie die Titelfigur. Sein schwieriger Wandlungsprozess behauptet sich gegen alle Widerstände. Zuletzt findet er zu einer Position, die auf einem diesseitsorientierten, vernunftbegründeten Glauben basiert.

Die vorliegende Szene macht deutlich, dass durch sachlich-rationale Argumentation ein grundlegender Einstellungswandel erreicht werden kann. Der einmal gefundene Weg zu einer vernunftbetonten Haltung erweist sich am Ende als unumkehrbar.

Aufgabe 30

Struktur	Inhalt	Funktion
Exposition V. 1–12	Monolog Nathans (V. 1–9): Beschreibung des Tempelherrn aus der Perspektive Nathans	Es wird deutlich, wie Nathan den Tempelherrn charakterlich einschätzt. Diese Einschätzung wird zur Grundlage seiner Gesprächsführung: Er versucht zum „weichen Kern" des Tempelherrn durchzudringen.
	Gesprächsauftakt (V. 10–12): Nathan geht auf den Tempelherrn zu, um sich zu bedanken, stößt jedoch auf schroffe Ablehnung.	Zwei scheinbar unvereinbare Welten treffen aufeinander. Nathans Toleranz wird auf eine harte Probe gestellt.
Gesprächsverlauf V. 13–57	Nathan verwickelt den Tempelherrn in ein Gespräch, bietet ihm finanzielle Hilfe an. Der Tempelherr will sie nicht annehmen.	Ausformulierung einer Position: der Antisemitismus des Tempelherrn kommt unverblümt zum Ausdruck; er will provozieren.
Wendepunkt V. 57–80	Der Tempelherr wird durch die unerwarteten Emotionen Nathans und die Erwähnung Rechas irritiert.	Die vorgefasste Sicht über eine angeblich rein materialistische Haltung des Juden erweist sich als falsch. Vorurteile werden durchbrochen.
Verlagerung des Konflikts ins Allgemeine V. 81–115	Debatte über die Gleichheit der Menschen vor Gott	Die Grundsatzdebatte über ethisches Verhalten lässt erkennen, dass die Sichtweisen nicht diametral entgegengesetzt sind. Im Gegenteil: Das

		gemeinsame Menschenbild lässt die Religionsunterschiede zweitrangig werden.
Auflösung des Konflikts V. 116–137	Nathan und der Tempelherr versichern sich ihrer Freundschaft. Sie soll durch die Begegnung des Tempelherrn mit Recha noch wachsen.	Nachdem eine gemeinsame Basis gefunden ist, ergeben sich auch konkrete Konsequenzen; die persönliche Verbindung festigt die abstrakt-theoretische Einigung.

Aufgabe 31

Nathan weiß, dass er vor einer fast unlösbaren Aufgabe steht. Das doppelt verwendete „fast" in seinem Eingangsmonolog (V. 2) verweist auf die Brisanz des Vorhabens. Er ist aber bereit, einen guten „Kern" hinter der „bitter[en] Schale" des Tempelherrn zu konzedieren (V. 8 f.). Irritiert wird Nathan durch einen Erinnerungsfetzen – „Wo sah ich doch dergleichen?" (V. 9) –, der auch den Zuschauer verwirren muss. Er ist ein Vorverweis auf Zusammenhänge, die sich erst später klären werden: Die wahre Identität des Tempelherrn erweist sich kurz vor Schluss des Dramas; er ist der Bruder Rechas und ein Neffe des Sultans Saladin.

Vorsichtiger Redebeginn Nathans

Auch die unfreundliche Reaktion des Tempelherrn, der sich mit einem Wort („Was?", V. 10) beziehungsweise der abschätzig gemeinten Bezeichnung „Jude" (V. 11) begnügt, stößt Nathan nicht zurück. Er besitzt genügend Lebenserfahrung, um für diese verletzende Bemerkung eine psychologische Erklärung zu finden: „Die bescheidne Größe flüchtet / Sich hinter das Abscheuliche, um der / Bewundrung auszuweichen." (V. 33–35)

Nathan lässt sich nicht provozieren

Aber Nathan sucht nicht nur nach einsichtigen Begründungen für die Zurückhaltung des Tempelherrn. Er zeigt auch persönliche Betroffenheit, lässt seine Gefühle spüren. Das bringt auch den Tempelherrn dazu, seine verschlossene Haltung aufzugeben. (Er erweist sich als feinfühlig genug, um beschämt zu sein.) Er widerspricht nicht mehr, sondern fühlt sich von Nathan verstanden – verharrt aber immer noch in seiner Rolle als Tempelherr. Nathan geht daraufhin noch weiter und verallgemeinert

Emotionale Betroffenheit …

seine Position, wenn er von seinem humanen Grundver-
ständnis spricht: „Ich weiß, wie gute Menschen denken;
weiß, dass alle Länder gute Menschen tragen" (V. 84 f.).
„Unterschiede", auf die der Tempelherr verweist (V. 86),
gebe es sicher, sie seien aber für die Entfaltungsfreiheit
von Ausnahmemenschen – „Der große Mann" (V. 90) – notwendig. Das „Mittelgut" (V. 92), alltägliche Menschen
also, sollten auf solche Ansprüche nicht viel geben.

Damit ist ein Punkt gegenseitiger Verständigung erreicht,
der durch einen Freundschaftsbund beschlossen wird.
„Wir müssen Freunde sein" wiederholen beide am Ende
der Szene wörtlich (V. 117 / 130), verstärkt durch ein dop-
peltes „müssen". Sentenzenhaft wird damit die gemeinsame Position hervorgehoben: „Sind / Wir unser Volk?
Was heißt denn Volk? / Sind Christ und Jude eher Christ
und Jude, / Als Mensch?" (V. 119–122) Was zählt, ist
einzig das Verhalten des Einzelnen, nicht seine religiöse
oder nationale Zugehörigkeit. Damit ist eine Vertrautheit
erreicht, die das Ende vorwegnimmt. Zwar müssen einige
Prüfungen noch durchstanden werden, um den Bund zu
festigen, das Fundament aber ist gelegt und erweist sich
als haltbar.

… wird zur Grundlage der Verständigung

Aufgabe 32 Der Tempelherr versucht zunächst, seine Rettungsaktion
kleinzureden. Auslöser sei eine allgemeine Verpflichtung
seines Ordens (V. 24–26) und der eigene Lebensüberdruss
gewesen (V. 26–30). Um Nathan vor den Kopf zu stoßen,
betont er noch seine Überheblichkeit. Die Tat sei nichts
Besonderes, schließlich sei es nur um „[d]as Leben einer
Jüdin" gegangen (V. 30 f.).

Der Tempelherr lehnt daher auch eine finanzielle Unterstützung durch Nathan ab – er versteht die Großzügigkeit
Nathans als Geste des „reich[en] Jude[n]" (V. 42) und verdeutlicht damit erneut, dass er von Klischees beherrscht
ist. Als Nathan weiter insistiert, zeigt er sich immerhin
bereit, einen neuen Mantel zu akzeptieren, sein jetziger sei
durch einen Brandfleck beschädigt. Implizit lässt er durch
den Hinweis „Und das bekam er, als ich Eure Tochter /

Kompromisslose Ablehnung des Juden Nathan …

Durchs Feuer trug" (V. 56 f.) erkennen, dass er eigentlich auf seine Heldentat doch sehr stolz ist. Er kann damit auch aus einer stärkeren Ausgangsposition mit Nathan diskutieren – selbst wenn seine Argumente inhaltlich schwach sind.

Betreten, „verwirrt" reagiert er erst auf die Gefühlsäußerungen Nathans. Dessen Tränen und vor allem die Erwähnung von Rechas Wunsch, sich persönlich zu bedanken, lassen den Tempelherrn erstmals seine brüske Haltung aufgeben. Nun zeigt sich, dass er durchaus nicht so roh ist, wie er sich gegeben hat. Er spricht Nathan nicht mehr nur als Juden an, sondern mit seinem Namen, das heißt er sieht ihn als Person, als unverwechselbares Individuum. Lessing verdeutlicht diese Wendung des Geschehens durch acht Gedankenstriche innerhalb und drei Punkte am Ende einer kurzen Replik (V. 69–72).

... wird aufgebrochen ...

Ganz rückt der Tempelherr von seiner Haltung allerdings noch nicht ab. Auf Nathans Wendung über allgemein menschliche Eigenschaften – „Ich weiß, wie gute Menschen denken" (V. 84) – reagiert er mit grundsätzlichen Vorbehalten gegen das Judentum. In einem längeren Monolog versucht er sein Bild von den Juden zu formulieren. Ohne es direkt anzusprechen, zeigt er seine Verachtung, die er aus dem angeblichen Hochmut und der Unduldsamkeit der Juden gegenüber anderen Religionen ableitet. Dass er damit auch das Selbstverständnis von Christen und Muslimen infrage stellt, weiß er. Deutlich wird damit auch, dass er nicht als blinder Parteigänger seiner Religion argumentiert. „Den bessern Gott zu haben" (V. 109) und damit das eigene Verhalten legitimieren zu wollen, erscheint ihm als lebensfeindliche Vorstellung. Damit hat er von seiner Seite das Fundament zu einer Verständigung mit Nathan gelegt.

... und abgelegt.

Aufgabe 33 Auffällig ist in diesem Drama generell und auch in der vorliegenden Szene, dass der Autor auf Regieangaben fast vollständig verzichtet. Hier sind es lediglich zwei eher beiläufige Bemerkungen – „*(der nach dem Zipfel greift und*

Regieanweisungen sind zweitrangig.

ihn betrachtet)" (V. 57); „*(Will gehen)*" (V. 115) –, in denen Verhaltensweisen der Protagonisten erwähnt werden. Kann man die erste noch als wichtigen Moment der Szene beschreiben, gibt doch Nathan durch seine emotionale Geste dem Geschehen auf der Bühne eine entscheidende Wendung, ist die zweite Angabe ein Hinweis auf eine dann doch nicht ausgeführte Handlung: Kurz vor der entscheidenden Verbrüderung wird hier eine alternative Entwicklung knapp angedeutet.

Offensichtlich geht es Lessing, der in seinen vorhergehenden Dramen ausführlich mit dem Nebentext gearbeitet hat, darum, in diesem Drama das gesprochene Wort zu betonen. Er schreibt hier eine philosophische Auseinandersetzung, die dem Thema der Toleranz gewidmet ist. Das theatralische Spiel erscheint ihm daher nebensächlich. Fast könnte man meinen, alles, was von dem Diskurs ablenken könnte, wird bewusst ausgegrenzt. Damit kommt Lessing an die Grenzen dessen, was der Bühne zuzumuten ist.

Im Vordergrund steht das gesprochene Wort.

Aufgabe 34

Auffällig ist zunächst der Blankvers, ein fünfhebiger, ungereimter Vers. Lessing betritt damit poetisches Neuland in der Dramenliteratur. Schon der Untertitel des Dramas „Ein dramatisches Gedicht" verweist auf den innovativen Charakter der Dramensprache. Lessing setzt sich mit diesem Metrum vom Alexandriner (sechshebiger Jambus mit Mittelzäsur), der in den Dramen des Barock und der französischen Klassik vorherrscht, ebenso ab wie von der natürlichen Prosasprache, die erst seit dem Durchbruch des bürgerlichen Schauspiels gegen Ende der Siebzigerjahre auf den Bühnen der Zeit Einzug hält.

Blankvers

Lessing verwendet den Blankvers, weil ihm damit ein flexibel handhabbares Medium zur Verfügung steht. Er ist frei von den Zwängen des Reims und lässt sich als gehobene Sprache doch deutlich vom Umgangston der Alltagssprache abgrenzen. Individuelle Besonderheiten werden so ausgeblendet, die Sprache der Personen wird vereinheitlicht und ihr Kunstcharakter betont.

Der Blankvers unterstützt die didaktische Absicht des Dramatikers. Es geht Lessing weniger darum, die Zuschauer mit dem Schicksal der Figuren mitleiden zu lassen. Sie sollen sich vielmehr auf den grundsätzlichen Charakter der Auseinandersetzungen einlassen und die Wandlungen der Figuren als vorbildhaft verstehen.

Mit der Verwendung des Blankverses entgeht Lessing aber auch der Gefahr, als trockene, besserwisserische Lehrbuchautorität aufzutreten. Die geschmeidige Verssprache kann lebhaft und natürlich eingesetzt werden. Häufig geschieht das, wenn die Redepartner einander ins Wort fallen. Ein Vers wird dann aufgeteilt, wie das gleich zu Beginn der Unterredung zwischen Nathan und dem Tempelherrn der Fall ist (V. 10 f.). Durch dieses rhetorische Mittel der Antilaben lässt sich die Ungeduld der Redner bei einem Streit oder bei wechselseitiger Unterstützung zum Ausdruck bringen.

Antilabe

Auch die häufigen Enjambements lassen die Spannung in den Dialogen erkennen. Wenn Satz- und Versende nicht übereinstimmen, was hier eher die Regel als die Ausnahme ist, kann ein Spannungsbogen aufgebaut werden, der das Argument umschließt und Zusammenhänge verdeutlicht (etwa V. 75–77). Wortwiederholungen verankern die Schlüsselbegriffe in den Köpfen der Zuschauer. Diese Redundanzen erscheinen notwendig, um die Haltung Nathans – der schließlich auch der Tempelherr zustimmt – verständlich werden zu lassen. Begriffe wie „Mensch", „Jude/Jüdin", „Christ", „Volk" tragen zu dieser erzieherischen Funktion der Rede bei. Als besonders prägnant erscheinen die Wiederholungen, wenn sie in kurzen Abständen von den Gesprächspartnern aufgegriffen werden: „Wir müssen, müssen Freunde sein! [werden.]" (V. 117 und 130)

Enjambement

Wortwiederholungen

Der didaktische Charakter der Szene tritt vor allem in den sprichwortartigen Sentenzen hervor. In ihnen kommt Nathans Funktion als Erzieher besonders eindringlich zum Ausdruck: Er formuliert Erkenntnisse, die allgemein verständlich und einprägsam das humanistische Credo des Autors vorstellen. Deutlich wird das in Sätzen wie dem

Sentenzen

folgenden: „Sind Christ und Jude eher Christ und Jude, / Als Mensch?" (V. 121 f.) Noch auffälliger wirkt das sentenzenhafte Sprechen, wenn Nathan und Tempelherr sich in ihrer Auffassung ergänzen: „Nur das Gemeine / Verkennt man selten. Und das Seltene / vergisst man schwerlich." (V. 127–129) Mit dieser Entgegnung beweist der Tempelherr, dass er die innere Haltung, mit der der Ältere ihm begegnet, selbst verinnerlicht hat.

Aufgabe 35 Nathan ist mit seiner Lebenserfahrung auch ein sehr bewusster Redner, der seine Gedanken klar strukturiert, seine Worte überlegt einsetzt und seine Gedanken mit alltagssprachlichen Metaphern verdeutlicht. Das wird schon zu Beginn der Szene deutlich, als er noch im Selbstgespräch seine ersten Eindrücke über den Tempelherrn formuliert.

Nathan als kluger Rhetoriker

Eine erste Wortwiederholung („fast", V. 2) lässt seine Scheu erkennen, den Fremden anzusprechen, mit einer zweiten versucht er seine Unsicherheit zu überwinden, indem er die Gemeinsamkeit hervorhebt: „Dass / Ein Mensch doch einen Menschen so verlegen / Soll machen können!" (V. 3–5). In einer parallelen Satzkonstruktion beschreibt er das energische, nach außen verschlossen wirkende Auftreten des Tempelherrn, im Bemühen, es positiv zu bewerten: „Ich mag ihn wohl / Den guten, trotz'gen Blick! den prallen Gang!" (V. 6 f.) Eine populäre Alltagsmetapher unterstreicht plastisch seine zusammenfassende Bewertung: „Die Schale kann nur bitter sein: der Kern / Ist's sicher nicht." (V. 8 f.) Offen bleibt dabei, ob die Häufung der wohlwollenden Voten einen Versuch Nathans darstellt, sich selbst Mut zuzusprechen oder ob sie seine wirkliche Meinung wiedergibt. In jedem Falle demonstriert sie den guten Willen, mit dem Nathan in das Gespräch geht.

Wortwiederholungen

Alltagsmetapher

Was sich in diesem ersten Monolog zeigt, wird im folgenden Gespräch noch differenziert. Das gilt für kurze Einschübe, wenn Nathan sich im selben Atemzug durch eine parallele Satzkonstruktion selbst korrigiert – „Ver-

Parallele Satzkonstruktionen

zieht, und eilet nicht so stolz, / Nicht so verächtlich einem
Mann vorüber" (V. 13 f.) –, aber auch für längere Äußerungen, in denen Nathan seine Gedanken entfaltet. Auf
die provozierende Bemerkung des Tempelherrn, er habe
lediglich das „Leben einer Jüdin" gerettet, reagiert Nathan
mit einer zwiespältigen Einschätzung, die den Einsatz des
Lebensretters hervorhebt und seine nachträgliche Bewertung psychologisch zu bestimmen versucht: „Groß! /
Groß und abscheulich!" (V. 31 f.)

Nathans Argumentationsmuster sind aber nicht auf diese   *komplexe Bildfelder*
relativ einfachen Strukturen beschränkt. Er ist auch in der
Lage, komplexere Bildfelder zu konstruieren (V. 90–97).
Seine Sprachmuster sind vielfältig. Er setzt rhetorische
Fragen ein, um zu überzeugen (V. 37 f., 43–45, 82 f., 119
bis 122). Die Syntax reicht von hypotaktischem Satzbau   *Syntax*
über anaphorische, parallele Strukturen (V. 94–96) bis zu
knappen Satzbruchstücken. Nathan wirkt daher absolut
nicht schulmeisterlich, auch wenn (oder gerade weil) seine Aufgabe darin liegt, den Tempelherrn von seinen Ideen
(und damit denen des Autors) zu überzeugen.

Aufgabe 36 Der Tempelherr tritt zunächst unbeherrscht und feind-   *Ellipsen*
selig auf; er wirft Nathan lediglich einige Satzbrocken zu.
Der Kasernenhofton seiner elliptischen Redeweise ist Ausdruck einer Arroganz, die weder zu seiner sozialen Situation noch – wie sich bald zeigen wird – zu seiner Persönlichkeit passt.

Er versucht, sich als kühl-unnahbarer Mensch zu geben,
der bei der Rettung Rechas lediglich „der Tempelherren
Pflicht" (V. 24) gefolgt sei. Auch in seinen ausführlicheren
Gesprächsbeiträgen versucht er, sein Gegenüber zu provozieren und zu demütigen.

Die gesamte erste Hälfte der Szene zeigt ihn in dieser
Haltung. Der Umbruch findet genau in der Mitte statt. Ab
Vers 69 kommt der Tempelherr ins Stottern, er unter-
bricht sich, kann seine Sätze nicht mehr abschließen –
kurz: Er ist irritiert. Dass Nathan offen Gefühle zeigt, passt
nicht in sein Bild des berechnenden Juden. Er versucht

daraufhin, sich wieder in seiner ursprünglichen Haltung zu befestigen, indem er, nachdem die persönlichen Beleidigungen an Nathan abgeprallt sind, diesen als Mitglied der religiösen Gemeinschaft der Juden ins Unrecht zu setzen versucht (V. 98 ff.).

Dass es ihm – im Gegensatz zu seiner abweisenden Haltung zu Beginn – nun auch seinerseits darum geht, Nathan von seiner Position zu überzeugen (auch wenn die Verteidigung seiner Vorurteile zu diesem Zeitpunkt nicht viel mehr als ein Rückzugsgefecht ist), zeigt sich an dem vielfältigen Gebrauch sprachlicher Mittel: Rhetorische Fragen, Ausrufe, Wortwiederholungen, Metaphern werden aufgeboten, um seine Verachtung der Juden zu rechtfertigen. Dass seine Argumentation den Redner selbst kaum überzeugen kann, wird jedoch bereits durch das abrupte Ende deutlich, das durch unvollständige Sätze, drei Auslassungspunkte, Ausrufezeichen und Gedankenstrich gekennzeichnet ist. Dass er sich einem weiteren Fortgang des Gesprächs entziehen will, wie die Regieanweisung zeigt, beweist zudem, dass er sich nach wie vor in der Defensive befindet. Es hat aber auch damit zu tun, dass ihn seine Rede irritierenderweise nicht dorthin getragen hat, wo er ursprünglich hinwollte. Mit einer überraschenden Wendung gerät sie ihm letztlich zum Aufruf zur Toleranz.

So hat der Tempelherr – gegen seinen Vorsatz, aber wohl in Übereinstimmung mit seinen unterbewussten Wünschen – am Schluss seines Beitrags zu einer Erkenntnis gefunden, die ihn mit dem weisen Juden Nathan verbindet. Die gemeinsame Überzeugung wird nun auch durch das Verb verdeutlicht, das beide Redner im folgenden Abschnitt benützen („verkennen", V. 126 und 128): Der Tempelherr, um sich für seine Haltung zu entschuldigen, Nathan, um ihn dafür zu würdigen.

rhetorische Mittel: Fragen, Ausrufe, Wiederholungen, Metaphern

der Tempelherr in der Defensive

Des Tempelherrn unbewusste, menschlichere Tendenz setzt sich gegen seine auf Kränkung des Gesprächspartners bedachten Vorsätze durch.

Aufgabe 37   Nathan ist der ältere, lebenserfahrene Geschäftsmann. Durch seine Kleidung kann er vom Tempelherrn sofort als Jude identifiziert werden („Was, Jude, was?", V. 11). Seine Reisen, seine Unabhängigkeit und seine persönlichen

Nathan als lebenserfahrener Geschäftsmann …

Erfahrungen haben ihn eine weltoffene, sorgfältig analysierende Haltung einnehmen lassen.

Als liebender Vater muss er versuchen, die Traumatisierung seiner Tochter zu überwinden. Dafür ist der direkte Kontakt zum Tempelherrn wichtig. Sein Reichtum bietet ihm die Möglichkeit, gelassen zu reagieren und seine finanziellen Mittel zur Unterstützung anderer (hier des Tempelherrn, später des Sultans) einzusetzen.

... und liebevoller Vater

Er lässt sich durch die provozierende Haltung des Tempelherrn nicht irritieren. Seine Menschenkenntnis und seine Fähigkeit zu einer differenzierten Gesprächsführung zeigen sich in der vorliegenden Szene. Indem er seine Gefühle offenbart, kann er den Gesprächspartner aus seiner Abwehrhaltung herausholen. In diesem offenen Gespräch erweist sich, dass seine anfängliche Einschätzung des Tempelherrn berechtigt ist: „Die bescheidne Größe flüchtet / Sich hinter das Abscheuliche" (V. 33 f.).

Menschenkenntnis

Nathan bekennt sich zwar zum Judentum, vertritt aber einen undogmatischen, weltoffenen Glauben, der jeden Versuch, andere zu missionieren, unterlässt. Im Gegenteil: er tritt für ein tolerantes, humanes Religionsverständnis ein, das auf die Gemeinsamkeit aller Konfessionen baut, anstatt das Trennende zu betonen (V. 116 ff.). Diese Toleranz sieht er auch als Basis eines vernunftorientierten gesellschaftlichen Zusammenlebens.

Weltoffenheit

Aufgabe 38 Der Tempelherr ist in seinem Selbstbewusstsein spürbar verletzt. Er muss sich damit abfinden, als armer Ausländer in einer feindlichen Umgebung zu leben. Er reagiert darauf, indem er seine Aggressionen gegen sich selbst lenkt – das zeigt die Lebensmüdigkeit, die er gegenüber Nathan deutlich zum Ausdruck bringt (V. 26 ff.) –, darüber hinaus aber auch diejenigen brüskiert, die ihm Hilfe anbieten.

Aggression als Selbstschutz

Als Kreuzritter ist er ein bewusster Vertreter des Christentums, der Juden wie Moslems als Gegner sieht. Vor allem mit dem Judentum verbindet er Orthodoxie und Fundamentalismus. Für Differenzierungen ist er zunächst nicht zugänglich. Die Frustration über sein persönliches

religiöse Intoleranz

Schicksal verbindet sich hier also mit religiöser Intoleranz, was sich als gefährliche Verbindung erweisen könnte.

Tatsächlich versuchen die Vertreter orthodoxen Christentums – Daja auf der einen Seite, der Patriarch von Jerusalem auf der anderen – diese inneren Tendenzen des Tempelherrn auch für ihre Zwecke zu instrumentalisieren.

Aufgabe 39 Dass der Tempelherr sich letztlich nicht von Daja und dem Patriarchen manipulieren lässt, ist Nathan zu verdanken, dem es gelingt, seine starre Haltung aufzubrechen. So kann der Tempelritter zunächst seinen Gesprächspartner als Mensch zur Kenntnis nehmen – „Aber Jude – / Ihr heißet Nathan?" (V. 69 f.) –, bevor er auch seine Vorurteile überwinden kann.

Vorurteile werden überwunden.

Der Tempelherr lässt sich auch deshalb von Nathans Persönlichkeit und seiner toleranten Einstellung überzeugen, weil sie der Haltung entspricht, die im Tempelherrn eigentlich von Beginn an angelegt ist. Nathan weckt die Menschlichkeit, die im Tempelherrn schlummert.

des Tempelherrn Menschlichkeit

Hinzu kommt noch, was sich am Ende der Szene andeutet: Der Tempelherr liebt Recha, auch wenn ihm das noch nicht voll bewusst ist. Insgeheim ist er auch wohl deshalb erleichtert, dass er Nathan nicht mehr als Feind gegenüberzustehen braucht.

Recha als verbindendes Element

Aufgabe 40 Lessing hat nicht begründet, warum er diesen Untertitel gewählt hat. Man ist daher auf Vermutungen angewiesen. Möglich wäre, dass er damit auf die Wahl des Blankverses als Dramensprache hinweisen wollte. Denkbar wäre auch, dass er damit den philosophischen – und nicht so sehr bühnengemäßen – Charakter des Werkes betonen wollte.

Verweis auf die Sprache des Dramas …

Die Bezeichnung „Dramatisches Gedicht" könnte aber auch darauf hindeuten, dass Lessing der Festlegung auf die eingespielten Kategorien „Tragödie" oder „Komödie" ausweichen wollte. Sein Drama enthält ja auch Elemente aus beiden Genres: Es spielt vor dem Hintergrund der Kreuzzüge und beleuchtet die Gefahr neuer militanter Religionskämpfe. Es bezieht jedoch auch komödientypische

… oder auf das Genre jenseits von Tragödie und Komödie

Faktoren ein: Intrigenverwicklungen, charakteristische Lust-
spielfiguren – etwa den Klosterbruder Bonafides –, überraschende Wendungen wie die spät entdeckten Verwandt-
schaftsverhältnisse und ein versöhnliches Ende.

Beide Seiten des Stückes sind auch in der vorliegenden
Szene enthalten. Zunächst äußert der Tempelherr scharf
und respektlos Vorurteile gegenüber Juden. Das Ende des
Dialogs zeigt aber, dass eine Annäherung der Standpunkte
möglich, Humanität und Toleranz erreichbar sind.

Aufgabe 41

1783 definiert Immanuel Kant als Ziel der Aufklärung den
„Ausgang des Menschen aus seiner selbstverschuldeten
Unmündigkeit". Da er unter Unmündigkeit „das Unvermö-
gen" versteht, „sich seines Verstandes ohne Leitung anderer zu bedienen", ist Aufklärung ein Programm, über alles
nachzudenken und sich dabei gegen Bevormundung und
Fremdbestimmung zu wehren. Die politischen Möglichkeiten, dieses Programm umzusetzen, bleiben den Bürgern
im 18. Jahrhundert jedoch weitgehend vorenthalten. *Rationalität als Mittel der Selbstbestimmung*

Das Theater stellt daher einen öffentlichen Raum dar, in
dem Ideen artikuliert werden können, die in den realen
gesellschaftlichen und politischen Verhältnissen keinen
Platz finden. Diese Kluft zwischen Idee und Umsetzung zu
überbrücken, ist Aufgabe des Menschen. Der Schriftsteller
nimmt bei der Bewältigung dieser Aufgabe eine wichtige
Funktion ein. Die dramatische Literatur soll also didak-
tisch wirken, da sie auf der Bühne exemplarisch Prozesse
vorstellen kann, die auf die Lebensrealität des Publikums
ausstrahlen und dadurch praktische Bedeutung erhalten
sollen. *das Theater als öffentlicher Raum*

Überzeugungsarbeit mithilfe eines rationalen aufkläre-
rischen Diskurses erscheint Lessing notwendig, um die
Menschen zu einem vorurteilslosen Umgang miteinander
zu bewegen. Sein Konzept wird dabei durch einen abstrakten, theoretischen Grundzug bestimmt. Das birgt die
Gefahr, mit einem Übergewicht an reflexiven Elementen
die Bühnenwirkung des Stückes zu beeinträchtigen. Den
Reiz dieses Dramas aber machen auch heute noch seine *pädagogische Zielsetzung*

aufklärerische Substanz und die Unbeirrbarkeit der Vorstellung aus, die von ihm vermittelten Werte auch jenseits der Literatur einlösen zu können.

Aufgabe 42 *Nathan der Weise* betont eine überkonfessionelle Menschlichkeit. Lessing wählt als Zentralgestalt seines Dramas gerade einen Vertreter der Religion, die im Deutschland des 18. Jahrhunderts allgemein geächtet und gehasst wird. Er stellt sich damit gegen den Zeitgeist und macht deutlich, dass die Gleichheit aller Menschen selbstverständlich werden müsse. Der Wert eines Menschen hängt nach seiner Überzeugung nicht von der äußerlichen, historisch erstarrten Form des Glaubensbekenntnisses ab, dem er mehr oder weniger zufällig angehört, sondern von der Qualität seines vernunftbestimmten und von zwischenmenschlicher Sympathie getragenen Handelns.

Einstehen für überkonfessionelle Toleranz

Nathan der Weise demonstriert den Bildungsoptimismus, der Lessings Denken bestimmt – ungeachtet aller negativer Erfahrungen mit der Gesellschaft seiner Zeit.

Bildungsoptimismus

Aufgabe 43 Sprache im Drama der Aufklärung:
Der Blankvers als Verssprache distanziert das Publikum vom Schicksal der Personen und vom Alltagsgeschehen; er unterstützt damit die pädagogische Intention des Autors.
Sentenzenhafte Äußerungen unterstreichen die Lehrhaftigkeit des Gesagten.
Die äußerst sparsam eingesetzten Regieanweisungen lassen die Handlungsarmut der Szenen erkennen. Im Mittelpunkt steht die rationale Verständigung der Gesprächspartner.

Friedrich Schiller: Die Räuber

Aufgabe 44 Karl wartet mit Spannung auf einen Brief, von dem er sich sein Glück erhofft (Z. 4 ff.). Schwarz bringt den Brief (Z. 11 ff.). Mit Betroffenheit nimmt Moor wahr, dass der Brief von seinem Bruder geschrieben ist (Z. 15). Beim Lesen verliert er die Fassung. Er lässt den Brief fallen und stürzt hinaus (Z. 23 f.). *enttäuschte Erwartungen*

Roller nimmt den Brief auf und liest ihn vor (Z. 28 ff.). Karl wird darin von seinem Bruder Franz in drastischen Worten mitgeteilt, dass der Vater Karl aufgrund seiner Schandtaten verstoße.

Karls Kameraden scheinen wie er in Konflikt mit dem Gesetz geraten zu sein. Sie überlegen, was sie in ihrer „vermaledeiten Lage" (Z. 45) tun können. Spiegelberg macht ihnen den Vorschlag, eine Räuberbande zu gründen. Er hofft, dass sie ihn zu ihrem Anführer machen werden. Allerdings stellt sich heraus, dass die anderen sich nur Karl als ihren Hauptmann vorstellen können (Z. 75 ff.). *auf dem Weg in die Illegalität*

Karl kehrt zurück. Er hat sich in eine maßlose Erbitterung über die vermeintliche Härte seines Vaters hineingesteigert (Z. 92 ff.). Er möchte sich an der ganzen Welt für das Unrecht rächen, das ihm seiner Meinung nach angetan worden ist. Mit Begeisterung nimmt er daher die Idee auf, seine Kameraden als Chef einer Räuberbande anzuführen (Z. 128 ff.). Er formuliert einen Treueschwur, den alle nachsprechen (Z. 144 ff.). Nur Spiegelberg hält sich abseits. Er sinnt, wie seine letzte Äußerung zeigt – die anderen sind bereits abgegangen –, auf Rache für die demütigende Erfahrung, als Anführer der Bande durchgefallen zu sein. *Karls Kurzschlussreaktion* · *Spiegelbergs Hass auf Karl*

Aufgabe 45 Karl von Moor studiert in Leipzig, ohne dass er mit seinem trockenen, theoretischen Studium irgendetwas verbinden könnte. Alles scheint ihm leblos und wie darauf angelegt, seinen Drang, zu handeln und etwas in der Welt zu bewegen, zu hemmen. Seine Zeitgenossen gelten ihm als Nichtskönner, Nieten, Spießer, die Heldentaten nur noch aus der Literatur kennen. *Karls hochmütige Verachtung für seine Umwelt*

Spiegelberg möchte ihn dazu bewegen, sich gemeinsam mit ihm gegen die Gesellschaft aufzulehnen. Dazu passt das wilde Studentenleben, das Karl in den letzten Monaten geführt hat. Er hat bereits einige „Schandsäulen bestiegen" und sich damit einen berüchtigten Namen gemacht. Jetzt aber möchte er wieder nach Hause zurückkehren. Reuevoll wendet er sich an seinen Vater. Er entschuldigt sich und ist ganz sicher, mit offenen Armen empfangen zu werden. Doch er hat nicht mit der Verschlagenheit seines Bruders gerechnet. Der unterschlägt den Bittbrief, liest dem Vater eine Fälschung vor und erzählt Schauergeschichten über Karl. Von dem erschütterten und beeinflussbaren Vater erlangt er die Erlaubnis, für ihn zu antworten, um – wie er zum alten Grafen sagt – Karl, dem Lieblingssohn des Vaters, deutlich zu machen, dass dieser ihm ernstlich böse ist. Franz nutzt die Gelegenheit, Sohn und Vater auf immer zu entzweien. Er teilt Karl mit, dass er verstoßen sei.

Spiegelberg als Verführer

Karls Reue

Die Intrige des neidischen jüngeren Bruders Franz

Aufgabe 46 Schillers Stück heißt *Die Räuber* und schildert entsprechend – zumindest auf einer Ebene der Handlung – das Treiben und die Entwicklung der Bande. Der Grundstein für diesen wesentlichen Handlungsstrang wird in der vorliegenden Szene mit der Gründung der Räuberbande gelegt. Mit dem von ihm selbst formulierten Treueschwur nimmt Karl sein eigenes Ende vorweg: Er kann sich von seiner Verpflichtung gegenüber der Bande nicht mehr lösen, auch nachdem er erkannt hat, dass er in die Irre gegangen und schwere, nicht zu tilgende Schuld auf sich geladen hat. In der Szene werden ferner die Gründe für das Ressentiment Spiegelbergs gegenüber Karls deutlich, das zur inneren Dramatik der Räuberhandlung beiträgt. Zwar gewinnt Spiegelberg zu keinem Zeitpunkt einen entscheidenden Einfluss auf die Mehrheit der Bande, aber er hetzt beharrlich gegen den Hauptmann (vgl. besonders Szene II, 3). Der Konflikt zwischen Spiegelberg und Karl von Moor kulminiert schließlich in dem Mordversuch, zu dem Spiegelberg Razmann überredet. Der Plan fliegt auf und Spiegelberg wird von Schweizer erstochen (IV, 5).

die Gründung der Bande als Voraussetzung für die Räuberhandlung

Karl ist durch den eigenen Schwur an die Bande gebunden.

Spiegelberg als Gegenspieler Karls

	Struktur	Inhalt	Funktion
Aufgabe 47	**Exposition** Z. 1–10	Die Kumpane sind unsicher über ihre Zukunft. Karl fühlt sich ihnen nicht mehr zugehörig, er hofft auf sein Glück.	ein selbstsicher auftretender Karl kurz vor der bitteren Enttäuschung
	parallel geführte Handlungen / steigende Handlung: Z. 11–24	Moor erhält den erwarteten Brief und liest ihn still; Spiegelberg beschäftigt sich währenddessen mit Pantomimen; aus der Perspektive der Kumpane: Irritation über das Verhalten Moors und Spiegelbergs	Die spätere Gegenüberstellung von Karl und Spiegelberg wird hier bereits angedeutet; Spannungssteigerung, indem Karls und Spiegelbergs Motivationen noch im Unklaren bleiben.
	Höhepunkt der Informationsvergabe: Z. 25–37	Der Brief an Karl wird von den Kumpanen verlesen.	Es wird ersichtlich, dass Karls Zukunftsentwurf vernichtet ist. Spiegelberg dagegen sieht sich bereits als Räuber (vgl. Z. 22: „La bourse ou la vie" / „Geld oder Leben!").
	Dialog zwischen Spiegelberg und den anderen Kumpanen Z. 38 – 91	Intervention Spiegelbergs: Er umwirbt die Kumpane.	Deutlich werden: Spiegelbergs Talent als Agitator und die Bereitschaft der anderen zum Verbrechen
		Spiegelberg sieht sich selbst als Räuberhauptmann. Doch seine Ambitionen scheitern.	Spiegelbergs Ansprüche und seine tatsächliche Geltung liegen weit auseinander. Karl ist für die anderen der geborene Anführer.
	Monolog Karls / Scheitern von Versuchen der Kumpane, Karl ins Gespräch zu ziehen Z. 92–122	Karls wütende Reaktion auf den Brief. Roller, Grimm und Schwarz versuchen, Karls Redefluss zu unterbrechen und ihn von dem Plan, eine Räuberbande zu gründen, in Kenntnis zu setzen.	Karl ist so mit sich beschäftigt, dass er die anderen kaum zur Kenntnis nimmt.
	Wendepunkt Z. 123–134	Erst durch die direkte Aufforderung, die Funktion des Hauptmanns zu übernehmen, erhält Schweizer Karls Aufmerksamkeit; Karl geht nun begeistert auf den Vorschlag ein; Spiegelberg wird übergangen.	Wiederherstellung der Kommunikation zwischen Karl und den Kumpanen; Kurzschlusshandlung Karls; ohne darauf zu achten, macht er sich Spiegelberg zum Feind.

Zusammenführung der Motivationsebenen Z. 135–160	Karl schließt von dem vermeintlichen Unrecht, das ihm geschehen ist, auf den verderbten Zustand der Welt und kündigt an, blutige Rache an der „Menschheit" zu nehmen. (Z. 135–144)	Verbindung von Karls persönlichem Konflikt und dem Plan der künftigen Räuber; Verlagerung von Karls Konflikt ins Allgemeine
	Gegenseitiger Treueschwur; Spiegelberg deutet an, dass er Karl beseitigen wird. (Z. 144–160)	Festlegung Karls auf die Räuberlaufbahn: der Gründungsakt der Bande

Aufgabe 48

Bereits in den ersten Zeilen des Textauszugs wird deutlich, wie selbstbezogen Karl ist. Die Sorgen der anderen um ihre Sicherheit rühren ihn wenig: „Mich wundert's nicht. Es gehe, wie es will!" (Z. 4) Er vertraut darauf, dass sein Vater ihm aus der misslichen Lage helfen wird, in die er sich gebracht hat. Er fordert die „Kameraden" sogar auf, sich mit ihm zu freuen, dass es ihm als Einzigem so gut geht. Fast provozierend weist er mehrere Male darauf hin, dass er für sich keinerlei Anlass sehe, wegen seiner Zukunft zu zittern (V. 9 f.). *Karls Empfindungslosigkeit gegenüber seinen Kameraden*

die Taktlosigkeit, mit der er ihnen seine privilegierte Stellung vor Augen führt

Es bedarf dann aber nur einer einzigen narzisstischen Kränkung – der vermeintlichen Verdammung durch seinen Vater –, um Karl in Raserei zu versetzen und ihm den Wunsch einzugeben, Rache an der in seinen Augen zerrütteten Weltordnung zu nehmen. *eine narzisstische Kränkung als Auslöser*

In selbstgerechter Weise bezeichnet er sich als den besten Sohn – „so liebte kein Sohn" (Z. 117) –, dem ein im Kreise der Natur und selbst unter den Raubtieren beispielloses Unrecht widerfahren ist. Er spricht zu sich selbst (Z. 92 f.), aber so laut, dass die anderen seiner erregten Rede ausgesetzt sind. Er argumentiert nicht, sondern häuft Behauptung auf Behauptung. Letztlich geht es ihm nur darum, seiner Empörung lautstark Ausdruck zu verleihen. *Karls Selbstgerechtigkeit*

Anklagen statt Argumente

Auf die Einwürfe der Kameraden geht er dreimal gar nicht ein (Z. 100 ff., 107 f. und 114 f.). Sie versuchen, ihn in das Gespräch einzubinden, das sie geführt haben, bis er her- *Karls Monologisieren* eingestürzt kam. Sein Thema ist jedoch ausschließlich er selbst: seine unverdiente Kränkung, sein Hass und seine Gewaltfantasien. Erst die Stichworte „Räuberbande" und „Hauptmann" (Z. 123 und 126) dringen zu ihm durch, weil er spürt, dass in ihnen eine mögliche Konkretisierung seiner bis dahin allgemeinen Phrasen über die Ungerechtigkeit des Vaters liegt.

Aber auch nachdem er den Wunsch der anderen verstanden und seinen Entschluss verkündet hat, ihm zu entsprechen (weil er mit seiner augenblicklichen Stimmung übereinstimmt), verfällt er fast augenblicklich wieder ins Monologisieren (Z. 135 ff.). Der allgemeine Überschwang verdeckt an dieser Stelle für die künftigen Räuber noch, was der Zuschauer anhand von Karls Reden bereits merkt: Karl ist ein narzisstischer, monologischer Mensch, dem seine unbedingte Selbstbezogenheit zwar zu einer Autorität unter seinen Kameraden verhilft (stark und faszinierend erscheint, wer den Anschein vermittelt, dass er an niemandem interessiert ist), der aber auf Dauer nicht in der Lage sein wird, die Räuberbande zu führen.

Karls Narzissmus

Am Ende des Textauszugs formuliert Karl den Treueschwur und hält zuletzt noch eine pathetische Ansprache, die keine konkreten Pläne enthält, sondern auf eine Überhöhung des Schicksals der Räuber abzielt („über uns waltet ein unbeugsames Fatum", Z. 154 f.).

Karls Hang zum Pathos und zur Überhöhung des eigenen Schicksals

Aufgabe 49 Auch Spiegelberg erweist sich – zwar aus anderen Gründen – schon allein durch sein Redeverhalten nicht als der geborene Anführer. Er hält sich für einen überlegenen Kopf, was ihn aber nicht davon abhält, sich krampfhaft um die Anerkennung seiner intellektuellen Überlegenheit durch die anderen zu bemühen. Immer wieder versucht er ihnen zu suggerieren, dass sie auf ihn angewiesen sind: „Da hab ich anders für euch gesorgt! Sagt ich's nicht, ich müsst am Ende für euch alle denken?" (Z. 39 f., vgl. auch Z. 80 ff.)

Spiegelbergs Wunsch, als überlegener Kopf anerkannt zu werden

Ein – letztlich etwas unbeholfenes – Mittel, den anderen seine Überlegenheit vor Augen zu führen, liegt darin, sie als Dummköpfe zu bezeichnen. Dabei ist er in der Wahl

die Unbeholfenheit der dabei angewandten Mittel

seiner Worte nicht zimperlich und legt zugleich großen Wert darauf, seine Bosheiten geistreich und gewählt zu formulieren: „Armer Tropf! […] und auf mehr raffiniert dein Fingerhut voll Gehirn nicht?" (Z. 47 f.) Ein anderes – kaum weniger plumpes – Mittel ist, seinen eigenen außergewöhnlichen Scharfsinn dreist herauszustreichen: „Es will nichts als Mut, denn was den Witz betrifft, den nehm ich ganz über m i c h." (Z. 53 f.) Ein drittes Mittel ist die Aufschneiderei: „Zu Helden, sag ich dir, zu Freiherrn, zu Fürsten, zu Göttern wird's euch machen." (Z. 49 f.)

Auffällig ist ferner, wie oft Spiegelberg an den Mut der anderen appelliert beziehungsweise ihren Mut infrage stellt. Er tut das in einer Weise, die deutlich machen soll, dass es jedenfalls ihm selbst an Mut nie fehle (Z. 42 f., 54 f., 60, 68 f. und 71). Ganz offensichtlich kompensiert er mit solchen Reden – wiederum auf recht durchsichtige Weise – den Umstand, dass er bei den anderen als Schwätzer gilt, der jedoch in der handfesten Auseinandersetzung versagt. Das wird bereits früh im Szenenauszug deutlich, als Spiegelberg Schweizer in seiner exaltierten Stimmung *„an der Gurgel"* packt, woraufhin dieser *„ihn gelassen an die Wand wirft"* (Z. 22 f.).

Spiegelbergs kompensatorisches Insistieren auf der Frage, wie viel Mut einer hat

Derselbe Schweizer bringt kurz darauf in derber Weise zum Ausdruck, dass Spiegelbergs Anspruch, „für […] alle" zu „denken", keineswegs akzeptiert wird (Z. 41).

die Zurückweisung von Spiegelbergs Ansprüchen durch seine Kumpane

Aufgabe 50 Typisch für Karl sind unvollständige, abgebrochene Sätze oder Ausrufe (vgl. bereits Z. 9 f.). Seiner Erregtheit entspricht seine emphatische Sprache. Zu ihr gehören elliptische Wortwiederholungen („Menschen – Menschen!"), eine plastische Bildsprache („Krokodilbrut"), gefühlsintensive Adjektive („falsch", „heuchlerisch", alle Bsp. in Z. 93), Alliterationen („Löwen und Leoparden", Z. 95) und parallel gebaute Satzteile, die als Klimax angelegt sind und in einer Aposiopese (dem bewussten Abbruch eines begonnenen Gedankens vor der entscheidenden Aussage) enden: „Löwen und Leoparden füttern ihre Jungen, Raben tischen ihren Kleinen auf dem Aas, und Er, Er –" (Z. 95 f.).

Satzstrukturen

stilistische Mittel: Emphase, Ellipse, Metaphorik, Alliteration, Aposiopese

Auf eine für die Dramatik des Sturm und Drang insgesamt charakteristische Art und Weise (sieht man einmal von den Dramen von J. M. R. Lenz ab) ist die Sprache Karls als Ausdruck seiner Erregung sowohl abgerissen wie auch wortgewaltig. Karl malt seine Enttäuschung über den (vermeintlichen) Bannfluch des Vaters in kräftigen Farben aus. Er kann es nicht fassen („Es ist unglaublich, es ist ein Traum, eine Täuschung", Z. 108), er übertreibt seine eigene Bereitschaft, sich vor dem Vater zu demütigen, und versäumt es dabei nicht, die Schönheit seines Schreibens herauszustreichen („rührende Bitte", „lebendige Schilderung des Elends und der zerfließenden Reue", Z. 108 f.); er betont die Widernatürlichkeit des väterlichen Verhaltens („die wilde Bestie wär in Mitleid zerschmolzen! Steine hätten Tränen vergossen", Z. 109 f.) und deutet mit einem dreifachen „doch" (Z. 110 und 112) seine Ratlosigkeit angesichts der Grausamkeit des Vaters an.

Dramensprache des Sturm und Drang: wortgewaltiges Stammeln

Karl steigert sich immer weiter in seine beredsame Fassungslosigkeit hinein: Wortwiederholungen (Z. 115), weitere rhetorische Fragen (Z. 115, vgl. bereits Z. 103), neuerliche Ausrufe (Z. 116 und 118 f., vgl. bereits Z. 93 f. oder 105 f.) und erneute Tiermetaphern (Z. 118 f.) zeigen aber auch an, wie sich seine Anklagen im Kreise drehen. Inhaltlich wie stilistisch entsteht der Eindruck von Steigerung und Überbietung durch Wiederholung und Häufung und nicht so sehr durch eine Weiterentwicklung der Gedanken, durch neue Aspekte oder sprachliche Mittel.

Überbietung durch Wiederholung

Karls Monolog dreht sich im Kreise.

Aufgabe 51 Die vier Abschnitte der erregten Rede Karls weisen im Grunde immer wieder die gleiche einfache Struktur auf: Auf Anklagen (teils gegen den Vater, teils gegen die Menschheit im Allgemeinen), teilweise auch auf die Beteuerung der eigenen Gutartigkeit hin folgen Vernichtungsfantasien. Damit scheint ein gewisser Endpunkt erreicht zu sein, denn jeweils nach den Vernichtungsfantasien gelingt es zuerst Roller, dann Grimm, sich zumindest einmal zu Wort zu melden, auch wenn ihre Einwürfe bei Karl zunächst kein Gehör finden. Im vierten Abschnitt der Rede

Wiederholungsstruktur von Karls Monolog

folgt auf die Vernichtungsfantasie dann eine letzte Steigerung in Form einer zweifachen Klimax – „erzielen, zermalmen, zernichten [...] mein Freund, mein Engel, mein Gott" (Z. 120) –, die in einen exaltierten und blasphemischen Ausruf mündet: „ich will ihn anbeten!" (Z. 121) Damit ist ein rhetorischer Endpunkt erreicht, der nicht mehr überboten werden kann. Völlig verausgabt „stiert" Karl Schwarz an. Erst langsam findet er wieder zurück und nimmt wahr, was die anderen vorschlagen.

zweifache Klimax als rhetorischer Endpunkt

Kaum hat er begriffen, was die anderen von ihm wollen, steigert er sich in eine neue Erregung hinein. Aus dem Monolog wird nun eine Ansprache, die inhaltlich jedoch weiter an die vorangegangene erregte Rede anschließt. Denn auch als er sich an die anderen wendet, spricht Karl nach wie vor fast ausschließlich von sich. Das zeigt sich sprachlich schon an der auffälligen Häufung des Personalpronomens und des Possessivpronomens in der ersten Person Singular (vgl. Z. 135 ff.). Stilistisch besteht die Ansprache fast durchgehend aus Beteuerungen; und allein der Vorschlag der Räuber gibt den Anschuldigungen und Vernichtungsfantasien Karls eine konkrete Richtung. Der recht simple Kerngedanke – „Räuber und Mörder" – ist durch Sperrung hervorgehoben (Z. 131 und 137), wodurch der besondere Nachdruck signalisiert ist, der auf ihm liegt. Insgesamt zeugt Karls Sprache von seinem Hang zum Pathos und seiner inneren Haltlosigkeit, die jedes Gefühl ins Maßlose steigert und der eine entschiedene Richtung fehlt. Karl hängt der Idee nach, ein großer Mensch zu werden, wie am Anfang der Szene I, 2 deutlich zum Ausdruck kommt. Dieser Wunsch prägt auch seine Sprache. Er ist ihm, wie im Textausschnitt erkennbar wird, in Fleisch und Blut übergegangen. Seine Sprache zeigt aber auch, dass er zu impulsiv, zu wenig kontrolliert und zu wenig zielstrebig ist, um seinem Ideal gerecht werden zu können.

neuerliche Erregung

gehäufte Verwendung des Personal- und des Possessivpronomens in der ersten Person Singular als Anzeichen für die Selbstbezogenheit Karls

Schlichtheit des von Karl begeistert aufgegriffenen Gedankens

Karls Hang zum Pathos und das Fehlen einer eigenen Richtung

Karls Sehnsucht, ein großer Mensch (von antiker Größe) zu sein

Aufgabe 52 Auch wenn die Freunde in Karls Abwesenheit kaum über ihn sprechen, ist deutlich, dass er von ihnen bewundert wird. Vor allem für Roller steht er unbestritten im Mittel-

Karl als der bewunderte Mittelpunkt

punkt. Vorsichtig formuliert er in einem Selbstgespräch den Wunsch, der Freund könnte die geplante Bande anführen (Z. 85), um schließlich die Rollenverteilung klar zu machen: „Ohne den Moor sind wir Leib ohne Seele." (Z. 89 f.) Es scheint zunächst, als sei Karl von der Natur verwöhnt. Aber sein Selbstbewusstsein ist äußerst verletzlich, seine Leichtgläubigkeit groß. Karl ist ein extrem impulsiver junger Mensch. So groß sein Vertrauen in die väterliche Güte ist, so absolut auch seine Verzweiflung über ihren scheinbaren Verlust. Er gerät in eine Orientierungskrise, aus der er keinen anderen Ausweg weiß, als vollständig mit der Gesellschaft zu brechen. Aus der Überzeugung, der Vater habe ihn fallen gelassen, leitet Karl die Berechtigung ab, nun seinerseits mit einem maßlosen Hass alles zu vernichten, was ihm in die Quere kommt – wenn er unglücklich sein muss, soll niemand mehr glücklich sein dürfen. Was ihm angetan wurde, soll allen angetan werden.

verletztes Selbstbewusstsein

ein Narzisst

So erwächst aus einer privaten Enttäuschung der Universalhass gegen die ganze Menschheit. Seine Aggression wendet sich nach außen. Aus einer narzisstischen Kränkung entsteht die Philosophie eines Selbsthelfers, der sich anschickt, der Gerechtigkeit mit Gewalt den Weg zu bahnen, und der bereit ist, zu diesem Zweck die gesamte gesellschaftliche und staatliche Ordnung umzustürzen.

universaler Hass aufgrund einer persönlichen Enttäuschung

persönlich motivierter Rachefeldzug wird als Dienst an der Menschheit ausgegeben

Aufgabe 53

Spiegelberg ist innerhalb der sich formierenden Räuberbande der Gegenspieler Karls. Er wird in dem vorliegenden Szenenausschnitt ausführlich direkt wie indirekt charakterisiert. Seine Selbsteinschätzung ist dabei eindeutig höher als die Bewertung seiner Person durch die anderen Figuren. Dass er Außenseiter ist, lässt bereits die erste Bemerkung durch Schwarz erkennen: „Was treibt denn der Spiegelberg?" (Z. 16) Die Verwendung des bestimmten Artikels ist hier Ausdruck von Distanz und Geringschätzung. Der weitere Verlauf des Gesprächs bestätigt diese Einschätzung; die Charakterisierungen Spiegelbergs durch die Kumpane sind eindeutig: „Der Kerl ist unsinnig" (Z. 17); „Sein Verstand geht im Ring herum" (Z. 18);

Spiegelberg: Intellektueller und Außenseiter

„Die Bestie hört nicht" (Z. 19). Die Diskrepanz zwischen
Selbst- und Fremdeinschätzung tritt offen zutage, als Spiegelberg wie selbstverständlich davon ausgeht, er könne an
die Spitze der Bande treten, weil er der intellektuelle Kopf
der Gruppe sei (Z. 39 f.). Dieser Anspruch wird prompt
mit derben Worten zurückgewiesen (Z. 41).

Wenig überzeugend wirkt daher Spiegelbergs *„stolze[s]
Gelächter"* (Z. 46) – er versucht, eine Überlegenheit zu vermitteln, die ihm die anderen nicht zugestehen wollen. Er
ist zwar derjenige, der den Plan zur Gründung der Räuberbande schmiedet, aber er erreicht sein eigentliches Ziel
nicht. Er geht planmäßig politisch vor und muss doch
erkennen, dass ihn gerade sein intellektuell-taktisches
Verhalten die Sympathie der Kameraden kostet.

*erfolgreicher Agitator,
aber erfolglos in eigener
Sache*

Hinter Spiegelbergs Vorhaben stehen Außenseitererfah-
rungen. Sein Auftreten ist durch die Vorsicht des under-
dog geprägt: *„[S]achte herbeischleichend"* (Z. 38) will er
den Kumpanen seine Absichten vermitteln.

Spiegelbergs Verhalten erinnert an das einer Schlange. Zu
diesem Eindruck tragen auch die Regieanweisungen bei,
in denen er als „giftig" (Z. 76) und „geschmeidig" (Z. 80)
bezeichnet wird. Damit steht er zu dem „wilde[n]" (Z. 92)
Auftreten Karls in Opposition, das sich – auch im Hinblick auf die seine Rede prägende Raubtiermetaphorik –
mit dem Verhalten eines „Tiger[s]" (Z. 102) oder „Bär[en]"
(Z. 104) assoziieren lässt. Mut und Tatendrang, die als
Charakteristika dieser Tiere gelten, scheinen in den Augen
der Kameraden für einen Räuberhauptmann von größerer
Bedeutung zu sein als Schläue und Taktik einer Schlange.

Spiegelberg als Schlange

Aufgabe 54   *im vorgelegten Textauszug I,2:* bringt Vorschlag zur Gründung einer Bande ein; will Anführer der Bande werden.
im Kontext des gesamten Dramas: Anwerben von Banden-
mitgliedern, Überfall auf Kloster, Vergewaltigung, schwe-
rer Raub, öffentliche Aufforderung zu Straftaten, Mord.
Spiegelbergs desolate Situation; Außenseiterrolle; ist nicht
Anführer der Bande; eigener Anteil an den zur Last geleg-
ten Taten fraglich (Versucht er im Gespräch mit Razmann

*Moritz Spiegelberg:
belastende Aspekte*

entlastende Aspekte

die eigene Rolle zu überhöhen, um seine Position innerhalb der Bande wichtiger erscheinen zu lassen?).

Aufgabe 55 *Einleitung:* Sie bezieht sich auf den Anklagevorwurf der Staatsanwaltschaft und liefert Angaben zur Person des Angeklagten nach, die diesem zur Entlastung dienen können.
Hauptteil: Der Tatbestand wird entlastend dargelegt. Die Beweisführung nutzt den Tatbestand zum Nachweis der geringen Schuldhaftigkeit bzw. zum Nachweis der Unschuld des Angeklagten (stärkstes Argument am Schluss!).
Schluss: Ausführungen zum Strafmaß auf Grund der entsprechenden Passagen des Strafgesetzbuches.

Aufbau eines Plädoyers

direkte Ansprache des Richters und des Staatsanwalts sowie der Zuhörer; Fachbegriffe und übliche Floskeln der Gerichtssprache („Hohes Gericht"); rhetorische Stilmittel.

formale und situative Merkmale eines Verteidigungsplädoyers

Aufgabe 56 Der Prozess findet im ausgehenden 18. Jh. in Süddeutschland statt. Daher sollten die soziale und politische Situation des Absolutismus und die besondere Bedeutung des Feudaladels mit seiner totalen Verfügungsgewalt über seine Untertanen berücksichtigt werden. Auch die Existenz der in dieser Zeit zahlreichen Räuber- u. Vagantenbanden, die sich auf der Folie von sozialer Ungerechtigkeit und politischer Rechtlosigkeit bilden, gehört in diesen Kontext.

historisch-politische Verortung der Gerichtsverhandlung

Aufgabe 57 Spezifika des Bühnenmonologs: siehe S. 67
In der vorgegebenen Situation jagen kontroverse Gedanken durch Karl Moors Kopf: Stolz über die Wirkung, die er auf seine Kameraden ausübt; Angst vor den Folgen, die diese Position für ihn und andere bedeuten kann, Unsicherheit gegenüber Amalia, die er liebt; Wut auf den Vater, der ihn (scheinbar) verstoßen hat … In diesem Wirrwarr von Gefühlen entscheidet er sich jedoch bewusst dafür, die neue Rolle anzunehmen und eine Gesellschaft zu bekämpfen, die ihn so ungerecht behandelt hat.
Regieanweisungen sind erforderlich, um die szenische Darstellung des Monologs zu verdeutlichen.

Merkmale Monolog
Gedanken Karls in dieser Situation

Szenische Einbettung des Monologs

Aufgabe 58   Hohes Gericht,

meinem Mandanten Moritz Spiegelberg werden von der Staatsanwaltschaft zahlreiche Vergehen zur Last gelegt, die – träfen sie denn zu – tatsächlich das geforderte Strafmaß einer lebenslänglichen Zuchthausstrafe verdienten. Wir werden allerdings im Folgenden die einzelnen Straftatbestände genauer untersuchen und belegen, dass die vorgelegte Beweisführung der Staatsanwaltschaft lückenhaft ist. Darüber hinaus werden wir die besonderen Bedingungen, unter denen mein Mandant sich strafbar gemacht hat, benennen. Die Staatsanwaltschaft hat seine tristen persönlichen Verhältnisse, die ihn von Kindheit an belastet haben, in keiner Weise berücksichtigt. *Bezug zum Plädoyer des Staatsanwalts*

Unstrittig ist, dass Moritz Spiegelberg bei der Bildung einer bewaffneten Bande eine tragende Rolle gespielt hat. Allerdings gilt es zu berücksichtigen, dass mein Mandant zu diesem Zeitpunkt bereits stark alkoholisiert war und die Folgen seines Handelns daher nicht mehr zutreffend einschätzen konnte. Außerdem war nicht er der Anführer der Gruppe, vielmehr hat er diese Rolle dem Angeklagten Karl Moor überlassen. *entlastende Aspekte und Bezug auf die Gründung der Räuberbande*

Strafmildernd sollte bei diesem Anklagepunkt erkannt werden, dass Moritz Spiegelberg bereits in frühester Kindheit als gesellschaftlicher Außenseiter gebrandmarkt wurde – selbst in dieser Räuberbande wurde er von seinen Kameraden diskriminiert und lächerlich gemacht. Kann man es einem solchen, in seiner Psyche tief verletzten Menschen verdenken, wenn er zum Aufschneider wird, wenn er versucht, seine eigene Rolle wichtiger darzustellen, als sie realiter gewesen ist? *Spiegelberg als gesellschaftlicher Außenseiter*

Das gilt in besonderer Weise, wenn er von dem Überfall auf das Cäcilienkloster berichtet. Zwar ist zu konzedieren, dass der Angeklagte sich einer frevlerischen und zynischen Sprache bediente. Er war tatsächlich am Tatort, das ist richtig. Aber ist denn die Vergewaltigung der Nonnen durch ihn bewiesen? Hat er sich der Taten schuldig gemacht, derer er hier angeklagt ist? Nein. Moritz Spiegelberg hat aus der Distanz des Beobachters den Überfall lediglich registriert. Auch dass er diesen Überfall mit all seinen tragischen *Spiegelbergs Rolle als distanzierter Beobachter*

Folgen nicht verhindert hat, ist nicht ihm zuzuschreiben. Denn wie hätte er, der ja gerade nicht Hauptmann dieser Bande gewesen ist, überhaupt dafür sorgen können, dass diese Untaten nicht geschehen?

Auch die Mordanklage beruht einzig und allein auf den Angaben des Angeklagten Razmann – eine dürftige Quelle! Er versucht doch offensichtlich nur, sich rein zu waschen und als Kronzeuge zu einem milderen Urteil zu kommen, als er es tatsächlich verdient hat.

Razmann als unzuverlässiger Zeuge

Nicht geleugnet werden kann dagegen die Anwerbung neuer Mitglieder unter den Bürgern der Stadt. Hier kamen nun die Sprachfertigkeit meines Mandanten und seine Fähigkeit, Menschen zu überreden, trefflich zur Geltung. Aber, hohes Gericht, die Verhältnisse, unter denen die Bürger leiden, hat doch nicht Moritz Spiegelberg zu verantworten! Dass die Menschen seiner Argumentation so leicht gefolgt sind, liegt an ihren als ungerecht erfahrenen Lebensumständen. Sie haben offenbar keine andere Möglichkeit gesehen, ihre Lage zu verbessern, als sich einer Räuberbande anzuschließen – wie verderblich das auch für sie und für uns alle ist.

Die Verhältnisse sind schuld!

Auch die diversen bewaffneten Überfälle der Bande, in der mein Mandant ein – wenn auch, wie gesagt, – kein besonders herausragendes Mitglied gewesen ist, dürfen nicht unter den Tisch gekehrt werden. Wiederum gilt es zu berücksichtigen, dass nicht Moritz Spiegelberg, sondern Karl Moor die Taten befohlen und ihre Durchführung angeleitet hat. Außerdem sollte doch angemerkt werden dürfen, dass die Überfallenen selbst schwere Übergriffe auf unschuldige Menschen zu verantworten haben. Dass sie nicht schon längst durch ein Gericht für ihre Untaten gegenüber rechtschaffenen Bürgern abgeurteilt worden sind, hat zu erheblicher Unruhe in der Öffentlichkeit geführt und letztlich die Räuberbande dazu veranlasst, selbst für Gerechtigkeit zu sorgen. Auch wenn das keinesfalls gut geheißen werden darf, sollte man doch ein gewisses Verständnis für die Motive meines Mandanten aufbringen.

Überfälle als Selbstjustiz gegenüber ungerechtfertigter Repression

Mit meinen Ausführungen will ich selbstverständlich nicht an der Vormachtstellung unseres hoch verehrten Herrn

Grafen rütteln, auch die Justiz unserer Grafschaft kann nicht für die Verhältnisse kritisiert werden, die schließlich das Heilige Römische Reich Deutscher Nation insgesamt prägen. Auch soll nicht versucht werden, die Verbrechen zu leugnen oder zu beschönigen, die hier zur Anklage stehen. Aber sie sollen verständlich werden, und dabei gilt es vor allem, die Verantwortung meines Mandanten Moritz Spiegelberg zutreffend darzulegen.

Kritik der Verteidigung ausschließlich gegen die oberste Instanz gerichtet

So komme ich nun also zu dem folgenden Antrag:

Antrag der Verteidigung: milde Gefängnisstrafe

- Der Angeklagte ist von der Anklage auf Mord ebenso wie von der Anklage auf Vergewaltigung von Nonnen freizusprechen.
- Für den Straftatbestand der Bildung einer räuberischen Bande erscheint eine Strafe von 2 Jahren und 3 Monaten angemessen,
- für den Straftatbestand der Beteiligung an diversen Überfällen, darunter das Cäcilienkloster, eine Strafe von 5 Jahren,
- für den Straftatbestand der Anwerbung neuer Bandenmitglieder eine Strafe von 8 Monaten,
- für den Straftatbestand der öffentlichen Aufforderung zu Straftaten tateinheitlich mit der Fälschung von Personalien eine Geldstrafe von 200 Talern.

Die verschiedenen Anklagepunkte können m. E. zusammengezogen werden zu einer Gesamtfreiheitsstrafe von 6 Jahren, die aufgrund der besonderen Persönlichkeitsmerkmale meines Mandanten in einem offenen Strafvollzug abgeleistet werden sollten.

Hohes Gericht, ich bitte Sie noch einmal um Gnade für meinen Mandanten und danke für Ihre Aufmerksamkeit.

Aufgabe 59 KARL MOOR *(kommt aus der Schankstube in den Biergarten, einen Stuhl hinter sich herschleifend, auf den er sich erschöpft fallen lässt):* Gott, was für ein Elend! Spiegelberg geht mir derart auf die Nerven. Kann dieser falsche Hund nicht endlich einfach die Klappe halten? Eins mit der Peitsche übergezogen, und er hätte für Monate genug. Warum sich über-

Karl gegen Spiegelberg

haupt mit ihm abgeben? Hauptmann will er werden. Gerade er, der Schleicher! Man wird ihn beobachten müssen. *(Wischt sich den Schweiß aus der Stirn)* Jetzt geht's los, richtig los. Wir zeigen's den fetten Säcken! Niemand wird es mehr wagen, sich mit uns anzulegen. In dieser Gesellschaft bleibt kein Stein mehr auf dem anderen, mit Dynamit und Pistolen jagen wir ihr Fundament in die Luft. Wie Kaninchen werden sie aus ihren Löchern kriechen und um Gnade winseln. Ha! Kein Mitleid, keine falsche Rücksichtnahme! Mein weiches Gemüt hat mir viel zu viel eingebrockt. Hab ich's nicht immer gut gemeint? Diese lächerlichen Schulden, Frauengeschichten. Damit haben die feisten Bürger nur versucht, uns in Misskredit zu bringen. Vergiss es doch. Auslöschen, die ganze Brut! Sie predigen öffentlich Wasser und trinken heimlich Wein, ich hab's doch gesehen. Allein, wie sie ihre Frauen behandeln!

Karl gegen das Bürgertum

(Macht eine Pause, sieht nach, ob nicht doch irgendwo jemand zu sehen, noch etwas zu trinken aufzutreiben ist) Niemand mehr da. Alle haben sich verkrochen. Bleibe ich dann auch allein zurück, wenn die Gefahr groß wird? Auf wen ist Verlass? Spiegelberg, Razmann, Roller, Schweizer – ja, der vielleicht. Der vor allem. Die anderen …? Vertrau auf dich, Karl! Jetzt keine Kompromisse! In Gefahr und größter Not bringt der Mittelweg den Tod!

Karl allein gegen alle

(Geht durch den Biergarten, kommt ins Grübeln) Aber Amalia. Wie wird sie's ertragen, wenn sie von der Moor'schen Bande hört? Ist ihr Herz noch frei für mich? Hat sie nicht längst einen anderen? Ist sie nicht wie alle Frauen? Ach, Amalia, du in meinen Armen, mit dir zusammen heute Morgen hier, den Sonnenaufgang erleben, dann erst ins Bett … Ich vergesse mich. Nein, sie ist auch nicht anders als mein Vater. *(Gerät immer mehr in Erregung, muss sich an der Theke festhalten)* Nach außen hin freundlich und liebreizend. Aber wenn's hart auf hart geht: unverständig, gnadenlos, hinterhältig. Wie konnte ich mich so täuschen lassen? Ich, der ich geliebt habe wie kein Zweiter, der alles für den Alten gegeben hätte – ganz anders als dieser schleimige Franz. Der Teufel hol auch ihn. Ob er was mit dem Schreiben zu tun hat? Wir sehen uns wieder!

Karl gegen Amalia, gegen den Vater, gegen Franz

(Dreht sich um, geht prüfend zurück zur Theke, setzt sich)   *Die Alternative*
Noch immer kein Mensch zu sehen. So ein Durst! Eigentlich eine günstige Gelegenheit, sich in Luft aufzulösen und das ganze Pack hinter sich zu lassen. Wenn ich mich jetzt gleich auf mein Pferd schwinge und nach Franken reite, bin ich heute Abend im Schloss. Nehme Amalia in meine Arme, kann Daniel, meinem treuen alten Diener, auf den Puls fühlen, vielleicht sogar Franz …
(Die ersten Sonnenstrahlen. Karl hält inne, rauft sich die   *Karls bewusste Entschei-*
Haare, schleudert dann seinen Stuhl durch den ganzen   *dung für die Auseinander-*
Biergarten, brüllt auf) Nein! Kein Weg zurück! Ich bin Karl   *setzung*
Moor! Keine Memme, mein Name wird groß sein bei Alt und Jung, Arm und Reich. Mit Schwert und Pistole will ich ihn für alle buchstabieren, die sich sicher wähnen, die Hofschranzen, die ihre Untertanen um den letzten Groschen erpressen, Ämter verkaufen, um den Thron winseln, … Wer ist der wahre Räuber? Nein, es gibt keine Zukunft ohne große Taten. Ich will alles oder nichts.
(Geht raschen Schritts aus dem Biergarten)

Aufgabe 60   Das Konzept dieses Verteidigungsplädoyers verdeutlicht eine Gratwanderung. Die Verteidigung versucht naturgemäß, die Argumente einzubringen, die der Entlastung Spiegelbergs dienen. Sie geht dabei v. a. auf seine gesellschaftliche Außenseiterposition ein. Seine Schuldhaftigkeit soll auf der Grundlage persönlicher Defizite bewertet werden. Es gilt darum, den Angeklagten als Individuum zu würdigen und ihn dem Gericht menschlich nahe zu bringen. Ebenso wichtig ist es jedoch, die politische Argumentation Spiegelbergs aufzugreifen, ihn nicht lediglich als gestörte Persönlichkeit vorzuführen. Die Verteidigung geht auf die ungerechten gesellschaftlichen Verhältnisse ein, um zu belegen, dass der Angeklagte nicht ein krimineller Einzeltäter ist, sondern seine Handlungsmotive aus den Defiziten der Zeit zu verstehen sind. Dabei muss die Verteidigung äußerst vorsichtig vorgehen, um sich nicht selbst zu gefährden. Sie skizziert daher die Situation der absolutistischen Gesellschaft, nimmt aber explizit die Autorität der Herrschaft von ihrer Kritik aus, die direkt Verantwortung trägt und verschiebt sie auf eine anonyme oberste Instanz.
Der Aufbau des Plädoyers ist darauf ausgerichtet, in klarer Folgerichtigkeit jedes Argument der Anklage zu erschüttern oder hinfällig erscheinen zu lassen, sodass letztlich nur übrig bleibt, was absolut nicht in Frage gestellt werden kann.

Aufgabe 61 Der Monolog Karls geht von der Idee aus, dass er allein in der kühlen Nachtluft des Biergartens wieder in der Lage ist, klare Gedanken zu fassen. Die Regieangaben machen jeweils eine neue Wendung seiner Vorstellungen deutlich.

Zunächst ist er noch von der Auseinandersetzung mit Spiegelberg irritiert, lässt seiner Wut ihm und den Bürgern der Universitätsstadt gegenüber freien Lauf. Dann werden allerdings rationalere Überlegungen erkennbar. Sie führen ihm die Gefahren vor Augen führen, die ihm bei der Realisierung der großen Pläne drohen.

Auch Alternativen werden deutlich: die Liebe zu Amalia und zum Vater könnte ihn dazu bringen, sein privates Glück zu suchen und die Kameraden im Stich zu lassen.

Die ersten Sonnenstrahlen führen ihn an den Anfang des Monologs zurück: Er will sich nicht feige vom Acker machen, sondern von der Bevölkerung als Rächer der Armen und Unterdrückten, als ein Robin Hood aus Franken verehrt werden.

Johann Wolfgang von Goethe: Faust I

Aufgabe 62 Faust hat sich Zugang zu Gretchens Gefängniszelle verschafft. Er hat Angst vor dem Wiedersehen, weil er weiß, dass er an ihrem Schicksal mitschuldig ist. Dieses Wissen macht ihn befangen (vgl. V. 3–9). Er kommt, um Gretchen zu retten – aber nicht mehr als ein Liebender, sondern als einer, der von seinem schlechten Gewissen getrieben ist.

Die Ausgangssituation: Faust ist befangen.

Gretchen ist wahnsinnig geworden und hält Faust zunächst für den Henker. Erst als er ihren Namen ruft, erkennt sie ihn. Gretchen glaubt für einen Augenblick an ihre Rettung. Als sie aber seine Kälte bemerkt, wendet sie sich von Faust ab.

Gretchen ist wahnsinnig.

Mephisto drängt, vor der Kerkertür stehend, zur Eile. Gretchen sieht in ihm ihren eigentlichen Erzfeind. Sie wehrt sich mit allen Kräften gegen seine Anwesenheit und verteidigt ihre Zelle als „heiligen Ort" (V. 213), einen Platz zwischen Himmel und Hölle. Sie kehrt sich von Faust ab und erbittet Hilfe von Gott und den Engeln. Ihre Rettung wird durch „eine Stimme von oben" (V. 223) verkündet, während Faust sich wieder Mephisto zuwendet.

Mephisto drängt zur Eile.

Aufgabe 63

Faust ist auch als Liebender im Bunde mit dem Teufel. Gretchen wird ihm von Mephisto zugeführt. Daher steht die Beziehung von Anfang an unter einem unguten Vorzeichen. Faust nähert sich Gretchen, die noch ein halbes Kind ist, ungeduldig-plump; er begehrt sie und will sie sofort besitzen. Über diese Einstellung wird er im weiteren Verlauf der Beziehung nicht wesentlich hinauskommen. Gretchen ist mit ihren vierzehn Jahren ein unschuldig-naives Mädchen, das nicht weiß, was es von dem seltsamen Besucher Faust halten soll. Erst langsam verliebt sie sich in ihn, auch wenn der geistige und soziale Unterschied, wie sie weiß, nicht zu überwinden ist. Sie gesteht ihm ihre Liebe, verlässt sich vollkommen auf ihn und ist daher auch bereit, seinen Vorschlägen zu folgen.

Damit beginnt für sie die Katastrophe. Ein Schlafmittel, das Faust ihr für die Mutter mitgibt, damit sie ungestört miteinander schlafen können, wirkt tödlich. Gretchen wird schwanger und gerät damit unter kirchlichen und gesellschaftlichen Druck – eine uneheliche Geburt widerspricht allen Normen, die in dieser Zeit gelten. Dennoch wendet sie sich nicht an ihren Geliebten; sie will offensichtlich keinen Druck auf ihn ausüben.

Valentin, Gretchens Bruder, ist empört über ihr Verhalten. Er fordert Faust zum Duell, muss aber tatsächlich gegen Mephisto kämpfen und wird von ihm getötet. Sterbend verflucht er Gretchen. Diese bleibt – gesellschaftlich geächtet – ohne allen Schutz zurück.

Faust und Mephisto verschwinden aus der Stadt, weil auf ihnen der „Blutbann" liegt – Gretchen ist völlig auf sich allein gestellt. Während der Walpurgisnachtreise erfährt Faust, was ihr geschehen ist: Überfordert durch ihre ausweglose Situation hat sie ihr Kind umgebracht; sie ist daraufhin in den Kerker geworfen und zum Tode verurteilt worden. Faust will am liebsten alles rückgängig machen, wenigstens jedoch mit Mephistos Hilfe ihr Leben retten. Er muss sich aber auch eingestehen, dass er sie nie so geliebt hat wie sie ihn.

Die Liebe zwischen Gretchen und Faust

Fausts ungestümes Begehren

Gretchens Kindhaftigkeit und Unschuld

Gretchen gerät immer tiefer ins Unglück.

Faust flieht zunächst vor der Verantwortung.

Aufgabe 64 Die enge Gefängniszelle ist nicht nur der äußere Ort von Gretchens Bedrängnis. Sie ist auch Ausdruck ihrer inneren Not. Gretchen weiß, dass sie dieser Not, die ihrer Schuld am Tod ihres Kindes entspringt, nicht entrinnen kann. Der Wahnsinn eröffnet ihr offensichtlich eine Möglichkeit, sich zeitweise von Selbstvorwürfen zu befreien. Der Wahnsinn ist aber auch eine Reaktion auf die Kerkerhaft und die bevorstehende Hinrichtung. Weil sie nicht aus dem Kerker fliehen kann, flieht Gretchen in den Wahnsinn. Sie kommt ihrer Auslöschung durch eine unbarmherzige Rechtsprechung zuvor, indem sie selbst ihren Geist auslöscht. Ihr Lied zeigt, dass sie schon nicht mehr in dieser Welt lebt.

Die Gefängniszelle …

Faust kommt am Ende der Nacht zu ihr (vgl. V. 28 und 210), am Tag ihrer Hinrichtung (vgl. etwa V. 31 ff.). Er trifft damit im letzten Augenblick ein, was die Eile erklärt, mit der er sie zu überreden versucht, mit ihm zu fliehen. Die Nacht als Moment der Handlung unterstreicht die Dramatik der versuchten Rettung, zugleich aber auch die geistige Umnachtung Gretchens. Für sie gibt es keinen Morgen mehr. In dieser Beziehung steht die Nacht auch für den Tod, dem Gretchen verfallen ist. So ist es nicht nur hinsichtlich der äußeren Handlung, sondern auch hinsichtlich der inneren Handlung folgerichtig, dass sich die Szene zuspitzt, als der Morgen graut. Solange die Nacht andauert, kann Gretchen noch an die Liebe von Faust, kann Faust noch an Gretchens Rettung glauben. Als dann aber der Tag anbricht, werden diese Illusionen zerstört. Gretchen bemerkt Mephisto und weicht entsetzt zurück.

… in der Nacht vor der Hinrichtung

Aufgabe 65 In der Schlussszene des ersten Teils der Tragödie weitet sich das Geschehen – wie schon im *Prolog im Himmel* – zum Welttheater aus. Himmel – „Gericht Gottes! Dir hab ich mich übergeben!" (V. 215) –, Welt – „Bist du ein Mensch, so fühle meine Not." (V. 27) – und Hölle – „Was steigt aus dem Boden herauf?" (V. 211) – sind in der Wahrnehmung Gretchens in ihrer engen Gefängniszelle konzentriert.

die private Tragödie als Welttheater

Gretchen hat dabei für die Transzendenz ein feineres Gespür, weil sie sich von dieser Welt innerlich bereits verabschiedet hat. Faust dagegen ist auf das Diesseits ausgerichtet. Er lässt sich von Mephisto aus dem Gefängnis entführen, weil er sein Ziel auf dieser Welt noch nicht erreicht sieht.

Er wird im zweiten Teil der Tragödie Mephistos Reiseprogramm fortführen und seinen Weg durch die Welt beginnen. Erst in der Schlussszene von *Faust II* erfährt er, dass er seine Erlösung Gretchen verdankt.

Faust vor dem Weg durch die Geschichte

Aufgabe 66 Der Dialog kann in **fünf Passagen** untergliedert werden. Der **erste Teil** (V 1–65) zeigt Gretchen, die ihr klares Bewusstsein verloren hat. Sie glaubt, der Henker komme bereits, um sie zur Hinrichtung zu holen. Sie fordert Faust auf, mit ihr zu beten, um der drohenden Verdammnis zu entgehen.

Abschnitt 1: Verse 1–65

Eine Wende tritt ein, als Faust ihren Namen ruft. In diesem **zweiten Teil** (V. 66–91) zeigt sich für einen kurzen Augenblick die Möglichkeit, gerettet zu werden. Sie erkennt ihren Geliebten und erinnert sich an Szenen ihrer Liebesbeziehung.

Abschnitt 2: Verse 66–91

Der **dritte Teil** (V. 92–182) macht die Diskrepanz zwischen der Liebe Gretchens und der Haltung Fausts deutlich, die lediglich einem schlechten Gewissen geschuldet ist. Sie erkennt seine Lieblosigkeit. Indem sie eindringlich ihre Schuld bekennt, fordert sie auch den Geliebten auf, seinen Anteil an dem begangenen Unrecht anzuerkennen. Faust geht darauf nicht ein, sondern schiebt ihre Verzweiflung im Gegenteil mit einer ablehnenden Bemerkung – „Lass das Vergangne vergangen sein" (V. 127) – beiseite.

Abschnitt 3: Verse 92–182

Im **vierten Teil** der Szene (V. 183–205) versucht Faust einen Moment lang, Gretchen mit Gewalt aus der Kerkerzelle herauszubringen. Er erkennt, dass er mit gutem Zureden ihren Geist nicht mehr erreichen kann und will die Rettung erzwingen. Er kann sich aber gegen sie nicht durchsetzen – Gretchen hat sich von seinem Einfluss gelöst. Ihre Todesangst wird deutlich, wenn sie in einer

Abschnitt 4: Verse 183–205

Vision die eigene Hinrichtung vorwegnimmt. Faust hat dem nichts mehr entgegenzusetzen.

Das Auftreten Mephistos im **fünften Teil** (V. 206–226) führt eine letzte Steigerung und die Entscheidung herbei. Er mahnt zur Eile, weil der Morgen heranbricht. Für Gretchen wird nun offensichtlich, dass Faust noch immer von Mephisto abhängig ist. Sie sagt sich von ihm los und übergibt sich dem Gericht Gottes. Während Gretchen für Mephisto verloren ist und durch die Stimme von oben ihre Rettung verkündet wird, erscheint Faust am Ende des Ersten Teils der Tragödie umso fester an Mephisto gebunden.

Abschnitt 5: Verse 206–226

Aufgabe 67

Als Faust im Kerker erscheint, hat er nur das Ziel, Gretchen zu befreien und vor der Hinrichtung zu bewahren. Wie sie mit ihrer Schuld weiterleben könnte, spielt in seinen Überlegungen keine Rolle – er plant keine gemeinsame Zukunft. Gretchen soll möglichst schnell mit ihm fliehen und leise sein, um die Wachen nicht zu wecken. Darüber hinaus äußert er sich kaum; zumeist begnügt er sich mit knappen Aufforderungen. Die häufigste Vokabel ist „Komm" (V. 87, 106, 111, 145).

Faust will Gretchen befreien.

In dem Dialog – der die einzige ausführliche Szene zwischen Faust und Gretchen im gesamten Drama ist – sind die Gesprächsanteile sehr ungleich verteilt. Er, der wortgewandte Wissenschaftler, verhält sich hier recht wortkarg. Es geht ihm nur um die Aktion, nicht darum, Gefühle zum Ausdruck zu bringen oder sich mit Gretchen zu verständigen. Deutlich wird in seinen kurzen Äußerungen, wie sehr Faust auf sich bezogen ist. Auch in dieser Ausnahmesituation, in der es um Gretchens Rettung geht, gelten Fausts Gedanken doch oft genug sich selbst: „Werd ich den Jammer überstehen?" (V. 45); „Du bringst mich um." (V. 128); „O wär ich nie geboren!" (V. 205)

Sein schlechtes Gewissen zeigt sich in seiner Wortkargheit.

Fausts Selbstbezogenheit

Aufgabe 68

Gretchen ist in sich gefangen. Schuldgefühle und die Angst vor dem nahen Tod haben sie wahnsinnig werden lassen.

Gretchen erkennt die Distanz ihres Geliebten.

Ihr Märchenlied zu Beginn der Szene zeigt, dass sie die Wirklichkeit nur noch in verwandelter Form wahrnimmt. Daher erkennt sie Faust zunächst nicht. Erst im zweiten Teil der Szene kann ein echter Dialog entstehen. Sie will mit ihrem Geliebten an die Beziehung anknüpfen und seine Liebe spüren. Als sie bemerkt, dass er darauf nicht reagieren kann, wendet sie sich von ihm ab – ohne seine Liebe ist für sie ohnehin keine Rettung. Sie sieht aber auch klarer als Faust (es sehen möchte), dass eine Beziehung für sie beide in dieser Gesellschaft nicht möglich ist (V. 153 ff.). Gretchen entschließt sich daher, ihr Schicksal auf sich zu nehmen und verpflichtet Faust, für die Gräber zu sorgen (V. 129 ff.). In ihrem Appell an Faust, sein und damit ihr gemeinsames „armes Kind" (V. 161) zu retten (V. 160 ff.), macht sich ein Wunschdenken bemerkbar, das nicht mit der Realität zu vereinbaren ist und Gretchen deshalb wieder in den Wahnsinn zurücksinken lässt. Nach dem Kind gedenkt sie in einer grausigen Vision der toten Mutter (V. 174 ff.). Sie wünscht sich, im Gespräch mit Faust das Vergangene durchzugehen, weil es sie quält und weil sie vielleicht hofft, dadurch Entlastung zu finden (V. 180 ff.). Faust zeigt dafür kein Verständnis. Gretchen hat zwar Angst vor dem Tod, aber auch keine Erwartung mehr ans Leben. Alles, was noch kommt (V. 189), ist für sie unwillkürlich auf Vergangenes bezogen (V. 190). Fausts Besuch deutet sie letztlich als Versuch, sie noch einmal zu verführen, ihr noch einmal die Unschuld zu rauben, sie ein zweites Mal zu entjungfern (V. 191 ff.). Zweimal ist von dem zerrissenen „Kranz" die Rede, der hier offensichtlich ihre Jungfernschaft symbolisiert (V. 40 und 192 f.). Beide Male kommt sie auf den „Kranz" zu sprechen, als sie sich von Faust „gewaltsam" angefasst empfindet (V. 40 f. und 185 ff.). Damit wird deutlich, dass sie den Liebesakt mit Faust im Grunde als Vergewaltigung erlebt hat. Nun widersteht sie ihm instinktiv, um sich zumindest im Angesicht ihres Todes rein zu bewahren (V. 218 ff.). Unmissverständlich spricht sie schließlich aus, dass ihr vor ihrem ehemaligen Liebhaber graut (V. 221). Ihre Angst, erneut befleckt zu werden und neue Schuld auf sich zu laden, ist noch größer

Sie löst sich von Faust ...

... wie auch vom Leben an sich.

Faust als gewaltsamer Liebhaber

als ihre Angst vor dem Tod. Deshalb scheitert Faust mit seinem Versuch, sie zu befreien.

Aufgabe 69

Es gibt in dieser Szene nur wenige Regieangaben, die aber für die Beziehung zwischen Faust und Gretchen bedeutsam sind. Gretchen wartet in einer Gefängniszelle auf ihre Hinrichtung. Faust steht zunächst „vor einem eisernen Türchen" (V. 2) mit Schlüsseln, die ihm Mephisto besorgt hat. Man kann das so deuten, dass sich das gewaltsame Muster seiner Beziehung zu ihr ein letztes Mal wiederholt. Noch einmal dringt Faust mit Mephistos Hilfe bei Gretchen ein.

Distanz

Die räumliche Trennung ist zudem ein Zeichen für die Beziehungslosigkeit der beiden. In ihrem verwirrten Geist erkennt Gretchen Faust nicht, sondern hält ihn für einen der Wächter, der sie aufs Schafott bringen soll.

Eine gegenläufige Bewegung macht deutlich, dass sich die Dominanzverhältnisse ändern. Liegt Gretchen zunächst vor Faust „auf den Knieen" (V. 30), heißt es wenig später: „Sie steht auf" (V. 35); und dann: Faust „wirft sich nieder" (V. 55). Er fällt vor seiner Geliebten auf die Knie, auch weil er sich seiner Schuld bewusst ist, für die sie im Gefängnis büßen muss. Gretchen versteht den Fußfall allerdings in einem religiösen Sinn und will mit Faust beten. Erst als dieser „laut" ihren Namen nennt (V. 66), wird sie „aufmerksam" (V. 67). Sie erkennt den Geliebten schließlich an seinen Worten.

Dominanzverhältnisse

Gretchens Glück darüber, mit dem Freund wieder vereint zu sein, lässt sie aufspringen (V. 69), woraufhin die Ketten abfallen (V. 69), die Faust schon vorher aufgeschlossen hat (V. 29). So kommt zum Ausdruck, wie sehr für sie das Gefühl der Rettung und Befreiung auf dem Glauben beruht, dass Faust sie noch liebt (vgl. auch V. 70 f.). Faust hat für Gefühle allerdings keine Zeit; vor den ersten Sonnenstrahlen muss er mit Gretchen das Gefängnis verlassen haben: „FAUST (fortstrebend)." (V. 87) Die Regieanweisung beleuchtet die Unruhe und Nervosität Fausts.

Gretchens selige Hoffnung, unvermindert geliebt zu werden

Fausts Nervosität

Gretchen, die ihn zunächst „liebkosend" (V. 88, vgl. auch 79) umarmt, erkennt, dass Fausts Gefühle ihr gegenüber sich verändert haben.

Ihr Kuss ist eine Art Liebesprobe (V. 100 ff.). Er macht deutlich, dass ihr Empfinden klar geblieben ist. „Sie wendet sich von ihm" (V. 105), weil sie erkennt, dass Faust sie nicht mehr liebt, sondern nur noch durch Mitleid und Schuldbewusstsein an sie gefesselt ist.

der Kuss als Liebesprobe

Das Auftreten Mephistos „draußen" (V. 206) führt schließlich zur Entscheidung. Gretchen erscheint nun die Gefängniszelle geradezu als Zufluchtsort. Sie lehnt jede Fluchthilfe ab, übergibt sich dem Gericht Gottes und schiebt den Teufel – und damit auch Faust – von sich.

das Erscheinen Mephistos

Mephisto „verschwindet mit Faust" (V. 223); er reißt ihn mit einem Befehl an sich: „Her zu mir!" (V. 222). Gegen seinen Einfluss steht jedoch Gretchens Stimme. Sie beschließt die Szene und damit den ersten Teil des Dramas. Der Autor gibt so einen Hinweis darauf, dass die Geschichte mit Faust und Gretchen weitergehen wird.

Mephisto zieht Faust mit sich.

Aufgabe 70

Goethe verwendet im Faust eine Vielzahl an stilistischen und rhythmischen Formen, die je nach Situation und Umgebung wechseln. Er unterscheidet dabei zwischen dem wortgewandten Wissenschaftler Faust und Gretchen, dem naiven, frommen Mädchen aus dem Volk, dem listig argumentierenden Mephisto oder dem trockenen Wagner.

Die in der Übersicht über die Sprachformen vorgestellten Ausdrucksweisen sollten in die Lösung einfließen. An dieser Stelle werden sie aus Platzgründen nicht noch einmal erwähnt.

In dieser Szene sind die Sprechanteile und die Überzeugungskraft ungewohnt verteilt: Fausts Rede ist auf wenige knappe Sätze reduziert: Er hat tatsächlich ‚nichts zu melden', das heißt er kann Gretchen nicht das mitteilen, was sie von ihm hören will.

ungleiche Verteilung der Sprechanteile

Gretchens metaphernreiche Sprache, die Himmel und Hölle anvisiert, macht deutlich, dass sie mit ihrem Leben bereits abgeschlossen hat und auf ein gnädigeres Jenseits hofft. Faust hingegen bleibt der Welt verhaftet.

Aufgabe 71 Faust möchte Gretchen aus dem Kerker befreien. Aber er ist unsicher, wie sie ihm begegnen wird. Ein Metrenwechsel von Jambus zu Daktylus und die Alliteration der Synonyme „zaudern", „Zagen" und „zögern" (V. 7 und 9) verdeutlichen seine Unsicherheit. Tatsächlich reagiert Gretchen verängstigt, erwartet sie doch bereits ihren Henker. Faust will ihrer Panik mit gespielter Zuversicht begegnen, indem er ihren entsetzten Ausruf fast wörtlich aufnimmt und ins Positive wendet (V. 24 und 25). Aber er kommt nicht an den inneren Kerker Gretchens heran.

Metrenwechsel

Wortwiederholung

Der zweite Teil der Szene bringt eine Wendung. Faust, der bislang geflüstert hat, um die Wachen nicht zu wecken, versucht nun, Gretchen *„laut"* aus ihrer Verstörung herauszuholen (V. 66), indem er sie erstmals in dieser Szene mit dem Namen – und zwar mit ihrem Kosenamen – anspricht.

Versuche, Gretchens Wahn zu durchdringen

Seine durch eine Geminatio (Wiederholung von Worten und Wortgruppen in direkter Abfolge) in ihrer Eindringlichkeit betonte Aufforderung „Komm mit! Komm mit!" (V. 87) – beantwortet Gretchen mit dem Wunsch, diesen Augenblick zu verlängern, ausgedrückt in einer wortspielerischen Alliteration weicher Konsonanten: „O weile! / Weil' ich doch so gern, wo du weilest." (V. 78 f.)

Geminatio, Wortspiel und Alliteration

Faust versucht nun hektisch, den Eindruck zu zerstreuen, seine leidenschaftliche Liebe zu Gretchen sei erloschen. Fünf Aufforderungen stehen dabei allerdings in Widerspruch zu einem Versprechen, das in seiner Übertreibung – „Ich herze dich mit tausendfacher Glut" (V. 107) – nicht sehr überzeugend wirkt.

Wiederholung und Übertreibung

Schließlich sieht Faust ein, dass er Gretchen durch seine Appelle nicht erreicht. Er verzichtet auf weitere Worte und versucht nun, wie er ihr ankündigt, sie „hinweg zu tragen" (V. 184). Auch dieser Versuch scheitert jedoch an ihrem Widerstand.

So verlegt sich Faust neuerlich aufs Bitten. Der wiederholte Diminutiv „Liebchen! Liebchen!" (V. 188) ist vermutlich ein letzter (schwacher) Versuch, Gretchen von seiner Liebe zu überzeugen.

Diminutiv

Das Auftreten Mephistos führt eine letzte Steigerung und die Entscheidung herbei. Er drängt zum Aufbruch, indem er Fausts Worte vom Anfang der Szene aufgreift: „Unnützes Zagen! Zaudern und Plaudern!" (V. 208). Der Binnenreim verstärkt die Aufforderung, der Begriff „Plaudern" dient dem boshaften Zweck, Gretchens Gefühle abzuwerten und als Nichtigkeiten erscheinen zu lassen.

Aufgabe 72

Wie weit sich Gretchen schon von dieser Welt entfernt hat, zeigt ihr Lied aus dem Märchen vom Machandelbeerbaum. Dieses handelt von einem getöteten Kind, dessen Knochen sich in einen scheuen Vogel verwandeln. Der aufgelöste Rhythmus dieser Verse veranschaulicht den verwirrten Geisteszustand Gretchens. *(Das Märchen vom Machandelbeerbaum)*

Das anaphorische „Weh! Weh!" (V. 24) zeigt ihre Angst vor dem Tod. In der Verdoppelung „so jung, so jung" (V. 36) wird das ganze unverdiente Elend ihrer Situation deutlich. Sie hat sich in die Vorstellung geflüchtet, dass ihr Kind noch lebt, dass man es ihr jedoch weggenommen hat (V. 47 ff.). Sie fühlt sich von höllischen Mächten bedroht (V. 60 ff. und 75 f.), was ihr Angst macht, aber auch hilft, sich als Opfer, und nicht als Täterin zu fühlen. *(Anapher)*

Erst als sie ihren Freund erkennt, wird auch Gretchens Bewusstsein wieder wach. In anaphorischen, parallel gebauten Sätzen wird ihre äußere und innere Befreiung deutlich (V. 72 f. und 74). Nicht nur *„die Ketten fallen ab"* (V. 69). Sie fühlt auch: „Ich bin frei!" (V. 71). Die vierfache Bestätigung „Du bist's" und „Er ist's" (V. 78 ff.), die beiden durch „Wohin" eingeleiteten Fragen (V. 79 f.), die Alliteration von „Kerker" und „Ketten" (V. 80), die Doppelung des Verbs „retten" im Infinitiv und im Partizip Passiv (V. 80 f.) lassen die Erleichterung Margaretes deutlich werden. Sie fühlt sich sicher mit Faust; ihre Erinnerungen an die Vergangenheit sind jetzt nicht mehr von Schmerz erfüllt, sondern „heiter" (V. 85). *(sprachliche Mittel, die Gretchens selige Erleichterung über das Kommen des Geliebten anzeigen)*

Diese glückliche Stimmung währt jedoch nur kurz. Die Häufung ihrer Fragen (V. 92 ff.), die insistierende Nennung des Küssens als erforderlicher Beweis, dass Faust sie *(Fragen, insistierende Nennungen, Hyperbel – Gretchen sieht ein, dass Faust sie nicht mehr liebt)*

noch liebt (V. 92, 94, 98–100), die Idealisierung des vergangenen Glücks in Form einer Hyperbel (V. 94 f.), der
Übergang von einer Aufforderung, Emotionen zu zeigen,
zu einer halben Drohung (V. 99 f.), schließlich die ges-
tische Abwendung – all das zeigt, wie die Erkenntnis in
Gretchen zunimmt, dass Faust sie nicht mehr liebt.

Weil sie sich nicht mehr geliebt fühlt, kommt sie sich auch *Fragen*
nicht mehr liebenswert vor, was in ihren zwei Fragen in
den Versen 113 und 114 deutlich wird. Das Bewusstsein
ihrer Taten wird nun wieder in ihr wach (V. 116 f.). In
einer hektischen Fantasie durchlebt sie noch einmal die
Tötung ihres Kindes (V. 160 ff.). Die verkürzten Verse, *verkürzte Verse, Anaphern*
Anaphern und Ausrufe, die diese Fantasie sprachlich prä- *und Ausrufe*
gen, lassen erkennen, dass die Geistesverwirrung wieder
zunimmt.

Immer stärker gerät Gretchen nun in ihre eigenen Fantasien hinein, die alptraumhafte Züge aufweisen. Immer
noch drehen sie sich um die vergangenen Ereignisse, etwa
die Erinnerung an das tödliche Schlafmittel, das sie ihrer
Mutter auf Fausts Anweisung hin verabreicht hat. Sprachlich strukturiert werden diese Fantasien durch parallel gebaute Satzkonstruktionen und Wortwiederholungen, wo- *litaneiartige*
durch sie den Charakter einer Litanei erhalten (V. 175 ff.). *Wortwiederholungen*

Als Faust darauf hinweist, dass der „Tag graut" (V. 188),
nimmt Gretchen das Wort auf, ohne aber auf Fausts
Äußerung einzugehen. Ihre Gedanken sind ganz bei ihren
gescheiterten Hoffnungen („Hochzeitstag") und ihrer drohenden Hinrichtung („letzte[r] Tag").

Die Furcht vor dem, was mit ihr geschehen wird, äußert *Vision der Hinrichtung*
sich in einer Vision ihrer Hinrichtung, die durch Ausrufe
(V. 200), intensive Sinneswahrnehmungen – besonders
Vers 196: Gretchen sieht, wie sie in die Menge der Schau-
lustigen starren wird, aber vor Panik keinerlei Geräusch
mehr wahrnimmt –, Personifikationen und Parallelismen
(V. 199) beklemmend ausgestaltet ist.

Als Mephisto *„draußen"* erscheint, um zum Aufbruch zu *Gretchens Entsetzen über*
drängen, stellt sich Gretchen unter das „Gericht Gottes" *Mephistos Erscheinen*
(V. 215). Mephistos Anwesenheit lässt für sie den Kerker
als „heiligen Ort" erscheinen (V. 213), zu dem der Teufel

keinen Zutritt haben darf. Gretchens Entsetzen kommt im ihrem Ausruf „Der! der! Schick ihn fort!" (V. 212) zum Ausdruck.

Mitleidlos konstatiert Mephisto, dass für Gretchen jede Rettung zu spät komme. Eine „STIMME *(von oben)*" revidiert jedoch dieses Urteil. Die knappe Gegenüberstellung der gegensätzlichen Begriffe „gerichtet" und „gerettet" in einem Vers (222) verdeutlicht, dass Mephisto über sie keine Macht hat. Das Gericht, das sie zum Tode verurteilt hat, stimmt nicht mit dem Urteil eines höheren, nicht mehr weltlichen Gerichts überein.

Gegensätze

Mephisto reißt daher nur Faust mit sich fort. Gretchen erkennt, wie sehr ihr Geliebter von ihm abhängig ist. Wenn sie Faust am Ende der Szene dreimal mit seinem Namen anspricht, klingt daraus auch die Sorge um sein künftiges Schicksal.

beschwörende und klagende Nennung von Heinrich Fausts Namens

Aufgabe 73 Faust erscheint auch in dieser Szene als ein sehr auf sich selbst bezogener Charakter. Er unternimmt zwar einen entschlossenen Versuch, Gretchen zu retten. Dabei scheint aber eine große Rolle zu spielen, dass ihn sein Gewissen drückt. Für das Mädchen, das er liebte, empfindet er nur noch Mitleid – von Liebe spricht er zwar noch, aber Gretchen erkennt, dass er nicht mehr mit dem Herzen bei ihr ist.

Fausts Selbstbezogenheit

Wie Fausts Haltung letztlich zu bewerten ist, muss der Zuschauer selbst entscheiden – Goethe versieht seine Titelfigur in dieser Szene mit wenig Text. So entstehen viele Leerstellen, in denen Fausts Motivation und Gefühlslage nicht eindeutig zu klären ist.

Leerstellen im Text

Aufgabe 74 Gretchen ist die tragende Figur in dieser Szene. Sie distanziert sich nicht von ihrer Liebe zu Faust. Anders als dieser setzt sie sich unentwegt mit ihren Taten auseinander, auch wenn sie damit sichtlich überfordert ist und zu keiner klaren Auffassung ihrer eigenen Verantwortung kommt. Dass sie durch die Fülle ihres Elends wahnsinnig geworden

Gretchens Verantwortungsbereitschaft bei gleichzeitiger Überforderung

ist, betont ihre Überforderung, auch ihre Jugend und Unschuld, und damit die Schuld der Gesellschaft und Fausts. Ungeachtet ihrer Überforderung und ihrer Verstörung erkennt sie klarer als Faust, dass es für sie keinen Weg aus der gesellschaftlichen Ächtung mehr gibt (V. 153 ff.). Auch malt sie sich aus, was es heißt, „mit bösem Gewissen" weiterleben zu müssen (V. 156).

Realitätsbewusstsein, trotz ihres Wahnsinns

Aufgabe 75 Die Szene ist der dramatische Höhepunkt der Gretchen-Tragödie. Gretchen hat sich in Faust verliebt und seinen Wünschen nachgegeben. Dadurch ist sie letzten Endes schuldig geworden. Nun muss sie für ihr Vergehen einstehen. Faust kann sie allenfalls vor dem Arm der Justiz bewahren. Ihrer moralischen Schuld hingegen kann sie nicht entgehen und sie ist sich dessen bewusst, auch wenn sie innerlich daran zerbricht.

Höhepunkt der Gretchen-Handlung

Aufgrund von Gretchens tieferer Einsicht in ihre Lage erfährt das Verhältnis der beiden Hauptfiguren in der Schlussszene eine Umgewichtung. War Gretchen bis zu diesem Zeitpunkt das unbedeutende junge Mädchen, das den Vorgaben des älteren und welterfahrenen Mannes folgte, erweist sie sich nun als willensstark. Diese Willensstärke ist gerade deshalb so beeindruckend, weil sie sich gegen alle Verängstigung und Verstörtheit behauptet. Aufgrund ihrer Verstörtheit enthält ihre Willensstärke allerdings auch Züge eines wahnhaften Eigensinns, wodurch Gretchens Überlegenheit über Faust, nicht aber die Tragik ihres persönlichen Schicksals infrage gestellt wird. So oder so gelingt es Faust nicht mehr, mit seinen Absichten zu ihr durchzudringen. Er erscheint in dieser Szene folgerichtig als schwache Figur. Im Wahn findet Gretchen zu einer bewegenden Sprache für ihre Gefühle. Aus ihren Erinnerungen an die gemeinsame Zeit mit Faust spricht eine so große Wehmut, dass seine Wortgewandtheit – die er in vielen Szenen zuvor unter Beweis gestellt hat – dagegen verblasst.

Umkehrung der Verhältnisse: Gretchens Überlegenheit gegenüber Faust

Aufgabe 76 Der Begriff „Tragödie" bezeichnet ein Schauspiel, das der griechischen Tradition zufolge Menschen schildert, die ohne eigenes Verschulden in eine ausweglose Situation geraten, unter der sie zusammenbrechen. Der Untertitel „Tragödie", den Goethe für sein Drama gewählt hat, lässt sich auf das Schicksal Gretchens beziehen. Sie wird vernichtet, weil sie sich zu sehr auf ihre große Liebe verlassen hat: „Sonst hab ich dir ja alles zulieb getan." (V. 187)

Gretchens Liebe als Tragödie

Gretchen ist aber nicht nur das einfache, verführte Mädchen, sondern hat eine eigene Schuld zu tragen. Sie verliebt sich in Faust und lässt sich auf seine Wünsche ein. Sie vertraut ihm und lässt ihn vollständig über sich bestimmen. Das rächt sich.

fremdes und eigenes Verschulden

Einmal auf der abschüssigen Bahn, gerät sie sehr schnell in die Katastrophe. Der Schlaftrunk für die Mutter, der es ermöglichen soll, dass sie die Nacht mit Faust ungestört verbringt, wirkt tödlich. Sie wird außerehelich schwanger und aus diesem Grund aus der engen Moralvorstellungen verpflichteten bürgerlichen Gesellschaft ausgestoßen. Halb wahnsinnig vor Verzweiflung wird sie erstmals selbst aktiv: Sie ertränkt ihr neugeborenes Kind. Vor Gericht gestellt, wird sie für schuldig befunden und zum Tode verurteilt.

Erst in der „Kerker"-Szene findet sie zu sich selbst. Im Angesicht des Todes kann sie dem Rettungsversuch Fausts und Mephistos widerstehen. Sie bekennt sich zu ihrer Schuld und kann damit erst wirklich „gerettet" werden.

Schuldbekenntnis

Goethe hat in seinem Drama immer auch ein Gegengewicht zur tragischen Entwicklung eingefügt. So wird Gretchen am Ende von *Faust I* nicht „gerichtet", sondern „gerettet" (V. 222). Am Ende des zweiten Teils wird auch Faust dem ewigen Tod entrissen. Und immer wieder bricht der Autor das Geschehen durch humorvolle Szenen auf, die einen ganz unterschiedlichen Charakter annehmen können: das reicht von derben Studentenspäßen wie in „Auerbachs Keller", drastischen Kommentaren in der „Walpurgisnacht" bis hin zu der übermütigen Parodie eines Lehrer-Schüler-Gesprächs in der „Studierzimmer"-Szene.

Rettung Gretchens durch eine höhere Gerechtigkeit sowie komödiantische Szenen als Gegengewicht

Aufgabe 77 *Faust* ist ein Drama, das zwischen den Epochen steht. Bedingt durch die lange Entstehungszeit finden sich in ihm Vorstellungen des Sturm und Drang – die Rebellion einer genialen, alle Konventionen sprengenden Zentralgestalt – ebenso wie die Idee einer beherrschten Verantwortlichkeit als Kennzeichen der Weimarer Klassik. Im Mittelpunkt steht mit dem Wissenschaftler Faust eine Ausnahmeexistenz. Faust wird aber zugleich als idealtypische, repräsentative Figur vorgestellt. Der Drang nach Erkenntnis, der ihn als Individuum auszeichnet, erscheint zugleich als Kurzformel für das Wesen des Menschen überhaupt.

ein Drama zwischen den Epochen

Auch die künstlerische Gestaltung verweist noch auf den Doppelcharakter des Dramas. In einigen Passagen – so in der Szene „Trüber Tag. Feld" – herrscht noch der expressive Ton des Sturm und Drang vor. Sonst dominiert aber das maßvolle Sprechen der gebundenen, regelmäßigen und geschlossenen Verssprache. Wohlklang und Bändigung der Gefühle bleiben selbst in den angespanntesten Szenen von Todesangst und Verzweiflung als Prinzip erkennbar.

Einflüsse durch Sturm und Drang und Klassik

Aufgabe 78 Goethes *Faust* einem heutigen Publikum nahe zu bringen, ist nicht gerade einfach. Zu sehr ist das Drama bereits kurze Zeit nach Goethes Tod als *der* „Klassiker" schlechthin vereinnahmt worden.

Im 19. Jahrhundert wurde Faust zum Ideal eines tätigen Menschen stilisiert, das „faustische Streben" ging in den Alltagswortschatz über. Vermutlich müsste man diese heroisierende Perspektive durchbrechen, um die zentrale Gestalt des Dramas in den Horizont von Jugendlichen heute zu rücken. Man müsste hervorheben, dass und auf welche Weise Goethe den unbedingten Erkenntnisdurst und Tatendrang des Protagonisten als zwiespältig erscheinen lässt. Die Bereitschaft, mit dem Teufel zu paktieren, wäre dann nicht so sehr der Ausdruck der furchtlosen Entschlossenheit eines dämonischen Charakters; vielmehr würde das Gewaltsame, Maß- und Rücksichtslose von Fausts Streben in den Vordergrund rücken; faszinierend wäre die Auseinandersetzung mit einem Menschen, der als Fanal für

faustisches Streben

Faust als Prototyp des Menschen der Moderne

die Moderne aufgefasst werden kann, jene Epoche (ab etwa 1850) des unbedingten Fortschritts und der gewaltsamen Einheitsvorstellungen, die im Laufe des 20. Jahrhunderts mit dem Zusammenbruch der totalitären Systeme in Deutschland, Italien und zuletzt Russland endete.

Gerade im Kontext der „Gretchen"-Tragödie könnte Faust darüber hinaus als Verkörperung männlicher Verhaltensmuster erscheinen. In seiner Beziehung zu Gretchen erweist er sich alles andere als vorbildhaft. Sein „Streben" ist hier darauf ausgerichtet, die Frau zu erobern, für die er entbrannt ist. Es geht ihm in erster Linie darum, sich selbst zu erfahren. Ohne tiefere Gefühle für Gretchen zu entwickeln oder etwa auf ihre Liebe zu ihm zu achten, verliert er schnell sein Interesse an ihr und verlässt sie. Er zerstört ihr Glück und das eigene und erkennt nicht einmal, dass er für die daraus resultierende Katastrophe verantwortlich ist. *männliche Verhaltensmuster*

Dieser kritische Blick auf den Protagonisten eröffnet nur *eine* der Facetten von Goethes Faust-Figur. Sie hat aber vieles mit der alltäglichen Erfahrungswelt heutiger Jugendlicher zu tun und könnte dazu beitragen, über den innerliterarischen Bereich hinaus auch das eigene Leben mit der fiktiven Welt des Theaters in Beziehung zu setzen.

Gerhart Hauptmann: Vor Sonnenaufgang

Aufgabe 79

Hauptmanns Drama beginnt mit der Konfrontation zweier unvereinbarer Welten. Ein Fremder kommt in das Haus einer reich gewordenen Bauernfamilie (vgl. Z. 2 f.). Eine Magd führt ihn herein und verspricht, dem „Herrn Inschinnär" (Ingenieur) Bescheid zu geben, nach dem sich der Gast offenbar erkundigt hat (Z. 11). Zunächst kommt jedoch die Hausherrin hinzu, die sehr grob auftritt und den Fremden, den sie für einen Bittsteller hält, mit derben Worten abweist (Z. 12–23). Deutlich wird auch, dass der Ingenieur ihr Schwiegersohn ist und aus ihrer Sicht nichts zu verteilen hat, weil nichts im Hause ihm gehöre (Z. 22 f.). *Konfrontation zweier Welten*

Nun erscheint auch Hoffmann, der Ingenieur und Schwiegersohn und, wie sich herausstellt, Studienfreund des Besuchers Alfred Loth. Hoffmann gibt sich sehr erfreut über den unverhofften Besuch (Z. 34 ff.). Als die beiden Männer beginnen, Erinnerungen auszutauschen, lässt Frau Krause, die Hausherrin, sie allein (Z. 45). Hoffmann bietet Loth unter anderem Alkohol an, wovon eine reiche Auswahl im Hause existiert (Z. 47 f.). Kurz erscheint Hoffmanns Schwägerin Helene im Zimmer, die sich jedoch, sobald sie den Gast wahrgenommen hat, mit einer Entschuldigung wieder zurückzieht (Z. 49 ff.).

das Wiedersehen zwischen Loth und Hoffmann

Genussmittel

Helene Krause

Loth lehnt sowohl Alkohol wie Tabak ab (Z. 59 ff.) Hoffmann wundert sich darüber und lenkt dann das Gespräch auf das Schicksal der gemeinsamen Freunde, die er aus den Augen verloren hat. Loth erzählt daraufhin von einem, der sich erschossen hat (Z. 68 ff.). Es wird deutlich, dass Hoffmann die Nachricht vom tragischen Ende des Freundes recht ungerührt aufnimmt, auch wenn er das Gegenteil beteuert (Z. 97 ff., besonders Z. 102 f.). Ähnlich reagiert er, als Loth ihm auf sein Drängen hin von sich erzählt. Loth ist aufgrund seines Werbens für die Utopie einer besseren, gerechteren Gesellschaft, die er in einer Kolonie in Nordamerika in die Wirklichkeit hatte umsetzen wollen, zwei Jahre ins Gefängnis gesperrt und anschließend von der Universität entfernt worden (Z. 123 f.). Auch hinterher hat er seine Ideale nicht aufgegeben, wie seine beruflichen Tätigkeiten und sein politisches Engagement zeigen. Über beides zeigt sich Hoffmann überraschend gut informiert (Z. 179 ff.). Er hält Loths gesellschaftsreformerische Bestrebungen für naiv (Z. 135) und nutzlos. Sein Standpunkt ist, dass Reformen nur „von oben herab geschehen" können (Z. 183). Nur wer praktisch verfahre (Z. 159 und 188 f., vgl. auch Z. 161) und auf seinen eigenen Nutzen sehe, könne tatsächlich etwas für seine Ideale zu tun (Z. 187 f.). Loth stehe hingegen mit leeren Händen da (Z. 189 f.).

Versuch, an alte Zeiten anzuknüpfen

Loths Auskünfte über sich selbst

die Entfremdung zwischen Hoffmann und Loth wird sichtbar

Aufgabe 80   Aufgabe der Exposition in einem Drama ist es, dem Publikum einen Zugang zur folgenden Handlung zu vermitteln.

Funktionen der Exposition

Daher werden in den ersten Dialogen bereits wichtige Informationen transportiert, die den Zuschauern Auskunft über den Kontext des Geschehens geben und die Figuren direkt oder indirekt charakterisieren.

Deutlich wird in der Begrüßung Loths durch Frau Krause, dass es in Hauptmanns Drama um Geld geht und um Gier, um Menschen, die unverhofft zu Reichtum gekommen sind und damit aus ihrer gewohnten Bahn geworfen wurden. Der Empfang, der Loth zuteil wird, zeigt auch das Misstrauen der zu Reichtum gekommenen Bauern: Fremde werden als geldgierige Bettler angesehen; selbst der Schwiegersohn ist suspekt, weil er, wie Frau Krause zu verstehen gibt, ein armer Schlucker ist, der von ihren Gnaden lebt. Der alltägliche Luxus ist zur Gewohnheit geworden, dennoch scheint durch den zur Schau getragenen Pomp die Angst hindurch, den Reichtum wieder einzubüßen.

das Misstrauen der neureichen Krauses

Das Motiv für Loths Besuch bleibt zunächst noch offen. Er betont in auffälliger Weise, dass er „ganz zufällig" (Z. 33), „nur so per Zufall" (Z. 39) bei seinem alten Bekannten Hoffmann auftaucht. Im folgenden Gespräch wird jedoch bereits deutlich, dass Hoffmann ihm diese Erklärung nicht abkauft. Die Unterhaltung über Loths Vergangenheit zeigt dem Zuschauer, in welche Richtung der Argwohn Hoffmanns geht: Er fürchtet, dass Loth beabsichtigt, nun auch in dieser Gegend mit seinen sozialreformerischen Ideen aufzutreten und die Bevölkerung aufzuscheuchen.

die Frage nach den Beweggründen Loths für seinen Besuch bei Hoffmann

Da der Gegensatz zwischen Loths Gesinnungen und Hoffmanns Interessen als Mitglied einer neureichen Bauernfamilie das Gespräch so deutlich dominiert, kann man davon ausgehen, dass es sich hierbei um den zentralen Konflikt handelt, auf dem das Stück aufgebaut ist. Dabei bleiben zunächst noch viele Fragen offen: Was will Loth wirklich? Woher stammt der Reichtum der Bauernfamilie? An welchem Punkt werden die Interessen Loths und Hoffmanns miteinander in Konflikt geraten?

Hinweis auf den vermutlich zentralen Konflikt im Stück

Diese Fragen machen deutlich, dass eine Exposition nicht nur Orientierung bieten, sondern auch neugierig auf den weiteren Verlauf der Handlung machen soll. Ein versierter

Erzeugung von Spannung durch Andeutungen, durch offene Fragen

Dramatiker wird sich in der Exposition vielfach auf Andeutungen beschränken, die den Leser oder Zuschauer ver-
anlassen, Hypothesen zu bilden, um dann mit Spannung
zu verfolgen, ob sich diese Hypothesen später als zutreffend erweisen.

Hoffmann fühlt sich der angeheirateten Verwandtschaft *die ambivalente Haltung
durch seine Bildung und städtische Herkunft überlegen *Hoffmanns*
(vgl. Z. 25), andererseits profitiert er augenscheinlich von
ihrem Reichtum (vgl. Z. 28 ff.). Sein Verhältnis zu Loth ist
ambivalent. Freut er sich auf der einen Seite, den alten
Freund wiederzusehen und ihm den Wohlstand zu präsentieren, wird doch auch ein schlechtes Gewissen darüber erkennbar, dass er nicht mehr zu den alten Idealen
steht. Außerdem kennt er auch den schlechten Ruf des
Sozialreformers Loth in den bürgerlichen Kreisen, zu denen er jetzt gehört.

Helene hat hier nur einen kurzen Auftritt. Dabei fällt *Helene als Sexualobjekt*
allerdings auf, dass Hoffmann gleich eine Bemerkung über
die äußere Erscheinung seiner Schwägerin macht (Z. 59).
Sie wird (ganz im Gegensatz zu ihrer Mutter) als eine Frau
eingeführt, auf die die Männer begehrliche Blicke richten.
Der Zuschauer oder Leser kann ahnen, dass sich auch hier
ein Konfliktfeld auftut.

Zuletzt ist noch auffällig, dass Hoffmann ohne Alkohol *Alkoholkonsum und
und Tabak anscheinend nicht leben kann (Z. 67), während *strikte Abstinenz*
Loth Hoffmanns Einladung, mit ihm zu trinken und zu
rauchen, konsequent ausschlägt (Z. 60, 62, 66 sowie 111 ff.).
Auch hier zeichnet sich ein Gegensatz ab, der vermutlich
für die weitere Entwicklung der Handlung noch bedeutsam werden wird.

Aufgabe 81 Schauplatz der Szene ist das ‚Wohnzimmer‘ der Familie *das Wohnzimmer
Krause: *„Das Zimmer ist niedrig; der Fußboden mit guten* *der Krauses*
Teppichen belegt.“ (Z. 2) In dieser einleitenden knappen
Charakterisierung des Raumes ist bereits das Heterogene,
Unstimmige der hier herrschenden Verhältnisse charakte-
risiert. Das niedrige Zimmer verweist auf die ländliche
und wenig vornehme Bauart des Wohnhauses und damit

auf die ursprünglichen Verhältnisse. Die guten Teppiche stehen für den neuen Reichtum. Der Autor bringt den Gesamteindruck selbst auf die prägnante Formel: *„Moderner Luxus auf bäuerische Dürftigkeit gepfropft."* (Z. 2 f.) Insbesondere der Ausdruck „gepfropft" hebt noch einmal eigens hervor, dass es sich um keinen natürlich gewachsenen Wohlstand handelt. Auch hat sich durch den neuen Reichtum offenbar das Bildungsniveau und der Kunstgeschmack der Familie nicht geändert: Frau Krause hat gleich zu Beginn einen recht ordinären Auftritt (Z. 12 ff.) und an der Wand *„hinter dem Eßtisch"* hängt *„ein Gemälde"* mit einem landwirtschaftlichen Motiv (Z. 3 f.).

Die Tageszeit, zu der die Szene spielt, wird nicht näher bezeichnet. Auch ob es sich um einen Arbeitstag oder einen Sonntag handelt, erfährt man nicht; dabei wäre diese Information aufschlussreich, denn immerhin ist es überraschend, dass Loth Hoffmann gleich zu Hause antrifft. Es sieht so aus, als ob Hoffmann relativ frei über seine Zeit verfügen kann, was wiederum ein Licht auf die materielle Lage der Familie und auf die Art seiner beruflichen Tätigkeit wirft.

Zeitpunkt der Handlung: Tag und Tageszeit

Zeitgeschichtlich ist das Stück hingegen recht deutlich verortet. Hoffmanns herablassende Bemerkung, dass Loth sich zu seiner großen Verwunderung als „Reichstagskandidat des süßen Pöbels" habe aufstellen lassen (Z. 180 f.), weist darauf hin, dass die Handlung in der unmittelbaren zeitgenössischen Gegenwart der Entstehung des Stückes (1889) spielt. Seit den Siebzigerjahren des 19. Jahrhunderts waren die Sozialdemokraten – die Partei des „süßen Pöbels", wie Hoffmann die Arbeiterschicht nennt –, wenn auch zunächst nur mit ganz wenigen Mandaten, im Reichstag vertreten. Auch nach dem Inkrafttreten der Sozialistengesetze, mit denen Bismarck als Reichskanzler zwischen 1878 und 1890 das Aufkommen der Sozialdemokraten zu unterbinden versuchte, konnten Einzelpersonen weiterhin für die Sozialdemokratie kandidieren, während Organisationen, Versammlungen und Druckschriften verboten werden konnten. Trotz der Unterdrückungsmaßnahmen der Regierung konnten die Sozialdemokraten bei den

zeitgeschichtlicher Moment

Reichstagswahlen in den Achtzigerjahren ihren Stimmenanteil kontinuierlich ausbauen.

Die Unverschämtheiten der Bauerngutsbesitzerin geben den Ton vor, der im ganzen Drama vorherrschen wird: eine Mischung aus primitivem Stolz über neuen Reichtum und erbitterter Furcht, ihn wieder hergeben beziehungsweise teilen zu müssen. Alle Fremden werden daher als potenzielle Räuber gesehen.

primitiver Stolz und Verlustängste

Hoffmanns Verdacht gegen Loth, der schon in der Exposition zu spüren ist, erweist sich als zutreffend: Loth ist gekommen, um sich ein Bild von der sozialen Lage der Bergarbeiter zu machen, die die Kohle abbauen, welche die Bauern reich gemacht hat. Er hat vor, über das Elend der Arbeiter zu schreiben. Hoffmann versucht, ihn von diesem Plan abzubringen.

der Konflikt zwischen Alfred Loth und Hoffmann

Eine wesentliche Rolle spielt der Alkoholgenuss. Bereits in der Begrüßungsszene werden Loth alkoholische Erfrischungen angeboten. Hoffmanns Bemerkung, es sei „alles im Hause" (Z. 47 f.), ist ein prahlerischer Hinweis auf den Überfluss, in dem die Familie lebt, weist aber auch schon auf den regelmäßigen und beträchtlichen Alkoholkonsum hin, der hier praktiziert wird. Der Familienvater ist, wie sich später herausstellt, ein krankhafter Säufer und auch die anderen Mitglieder der Familie trinken – mit Ausnahme Helenes – gewohnheitsmäßig. Das erste Kind von Hoffmanns Frau (Helenes älterer Schwester) ist durch einen Unfall ums Leben gekommen, der auf den Alkoholismus in der Familie zurückzuführen ist. Das zweite Kind wird im fünften Akt des Stückes tot geboren. Alfred Loth merkt erst am Ende des Dramas, wie sehr der Alkoholismus in der Familie Krause herrscht. Daraufhin verlässt er Helene, die ihn als ihre einzige Hoffnung betrachtet und der er bereits ewige Treue geschworen hat. Sein fester Entschluss, keine Art von Degeneration in seiner eigenen Familie zu dulden – er lebt, wie viele Menschen seiner Zeit, ganz im Bann der damals neuen Vererbungslehre –, hat zur Folge, dass er Helene im Stich lässt, die sich daraufhin umbringt.

Alkohol

Degeneration einer Familie

Alfred Loths Prinzipientreue, die unmenschliche Züge annimmt

Aufgabe 83   Der Szenenausschnitt lässt sich in fünf Sequenzen glie-   *fünf Sequenzen*
dern, wobei man sich sowohl am inhaltlichen Verlauf von
Rede und Gegenrede als auch an den ‚Auftritten‘ orientieren kann, die Hauptmann nicht eigens durch Zwischen-
überschriften markiert.

Am Anfang steht der unfreundliche Empfang Loths durch   *erster Teil*
Frau Krause. Sie kann in dem Unbekannten nur einen ar-
beitsscheuen Bettler sehen, der es auf ihr Geld abgesehen
hat. Eifersüchtig wacht sie über ihren Geldschatz, getrieben von der Furcht, dass ihr jemand etwas davon entrei-
ßen könnte (Z. 1 bis 23).

Der zweite Teil setzt mit Hoffmanns Begrüßung ein. Er   *zweiter Teil*
erkennt den alten Freund und freut sich sichtlich über die
Abwechslung, die er in seinem schlesischen Provinzdorf
offensichtlich dringend nötig hat (Z. 24–48).

Unterbrochen wird der Dialog durch den kurzen Auftritt   *dritter Teil*
Helenes im dritten Teil. Sie will nicht stören, macht aber
entschieden Eindruck auf die beiden Männer (Z. 49–59).

Im vierten Teil der Szene geht es darum, die vergangenen   *vierter Teil*
zehn Jahre zu überbrücken und sich über das Schicksal
gemeinsamer Bekannten auszutauschen. Das Gespräch
dreht sich um einen Künstler, der, um seine Ideale nicht
aufgeben zu müssen, als Handwerker gearbeitet und
schließlich Selbstmord begangen hat, als er endlich einen
lukrativen Auftrag erhielt. Einen Wettbewerb für das
Denkmal „irgendein[es] Duodezfürstchen[s]“ (Z. 94) – also
eines unbedeutenden kleinen Herrschers, der nicht einsehen will, dass seine Zeit geschichtlich abgelaufen ist –
gewonnen zu haben, kann er mit seinem Gewissen nicht
vereinbaren – wofür Loth Verständnis hat, was Hoffmann
jedoch lediglich als einen „Spleen“ (Z. 98) betrachtet
(Z. 59–103).

Im fünften, weitaus längsten und gewichtigsten Teil führt   *fünfter*
der Dialog auf ein delikates Thema. Loth hat zwei Jahre im   *und wichtigster Teil*
Gefängnis gesessen, weil er einen Verein gegründet hat,
der eine Mustersiedlung auf Vancouver-Island in Kanada
einrichten wollte. Dem Verein hat, wenn auch nur am
Rande, Hoffmann ebenfalls angehört. Offensichtlich ist
Loth vor Gericht gestellt worden, weil die Justiz in diesem

Verein lediglich einen der damals zahlreichen Gründungen gesehen hat, die formal unverdächtige Ziele ansteuerten, in Wirklichkeit aber nur der verbotenen Sozialdemokratischen Partei als Feigenblatt beziehungsweise als Finanzierungsquelle dienten (vgl. Z. 169 ff.). Für Hoffmann, der froh ist, nicht mit zur Verantwortung gezogen worden zu sein, erscheinen diese gesellschaftspolitischen Aktivitäten im Nachhinein lediglich als pubertäre „Kindereien" (Z. 129), von denen er sich nun deutlich distanziert (Z. 103–190).

Aufgabe 84

Hoffmann fühlt sich Loth gegenüber deutlich überlegen. *Überlegenheitsgefühl …*
Er tritt nicht nur als Gastgeber auf, zu dem Loth unvermutet zu Besuch kommt. Er ist wohlhabend, hat sich in der Familie seiner Schwiegereltern gut etabliert und verfügt über die finanziellen Mittel, die er bei seinem Freund zu Recht nicht vermutet. Aus ihm spricht also der Stolz eines Mannes, der es zu etwas gebracht hat. Loth sieht er dagegen als eine gescheiterte Existenz. Verantwortlich für Loths Scheitern in der bürgerlichen Gesellschaft macht er dessen Kompromisslosigkeit.

Aber auch die eigene Existenz erscheint bei näherer Be- *… und Abhängigkeit*
trachtung nicht so gesichert, wie er hier vorgibt. Deutlich wird aus den Worten seiner Schwiegermutter, dass er mehr geduldet wird und nicht wirklich willkommen ist. Er hat in Berlin studiert und ist jetzt in der tiefen Provinz gelandet.

Die Begeisterung, mit der er Loth zunächst empfängt, deu- *ohne eigenes*
tet darauf hin, dass Hoffmann im gesellschaftlichen Um- *gesellschaftliches Umfeld*
feld, in das er eingeheiratet hat, recht isoliert ist.

Hoffmanns Redeweise tendiert zu einem „flotten" Jargon *Hoffmanns Jargon*
– beispielsweise: „'n ekliger Fetzen Zeit" (Z. 69), „die ganze heitere Blase von damals" (Z. 70), „doch sonst keine Heldennatur" (Z. 80), „'n Dutzend Gelbschnäbel wie wir" (Z. 130) – und zu Allgemeinplätzen: „ach Gott ja, das bißchen Leben" (Z. 67), oder: „Nun, dann werde ich ein Gläschen … Nichts besser für den Magen." (Z. 116) Beides charakterisiert ihn als einen letztlich oberflächlichen Men- *seine Oberflächlichkeit*
schen: Er redet so, wie es in manchen Kreisen gerade als

schick gilt, und er hat nicht viel Eigenes zu sagen. Seine
Borniertheit und die Begrenztheit seiner Bildung und seines Intellekts kommen auch in seiner Einstellung zur Kunst
sprachlich charakteristisch zum Ausdruck: „Abstoßendes
Zeug. Ich will von der Kunst erheitert sein … Nee! diese
Sorte Kunst war durchaus nicht mein Geschmack!"
(Z. 91 f.) Ebenso wird in der Beurteilung des Selbstmords
des gemeinsamen Jugendfreundes deutlich, dass Hoffmann
dazu neigt, sich dem „allgemeine[n] Urteil" anzuschließen
(vgl. Z. 97–100).

Seine komfortable materielle Lage verhilft ihm zu dem *selbstgefällige Urteile*
Selbstbewusstsein, mit dem er schnellfertig Urteile for-
muliert. Dass er seine Urteile so schnell parat hat, liegt an
dem bereits angesprochenen Umstand, dass er sich immer
nach dem allgemeinen Urteil richtet: Er muss folglich
nicht lange darüber nachdenken, wie er selbst zu einer
Sache steht. Diese Haltung kommt auf harmlose Weise in
der folgenden selbstgefälligen Bemerkung zum Ausdruck:
„Grand Champagne, feinste Nummer; ich kann ihn empfehlen." (Z. 117 f.)

Weniger harmlos ist diese Neigung, schnelle Urteile aus- *Gedankenlosigkeit*
zusprechen, sobald es um Alfred Loths politisches En-
gagement geht. Zunächst ist es einfach sehr taktlos von *Taktlosigkeit*
Hoffmann, Loths Überzeugungen und Unternehmungen,
für die dieser zwei Jahre lang im Gefängnis gesessen hat,
herzlos und leichthin als „Kindereien" und „einzig naiv"
(Z. 129 und 137) zu verunglimpfen. Taktlos ist auch die
überhebliche Ironie, mit der Hoffmann glaubt, sich über *aufgesetzte Ironie*
ihren gemeinsamen jugendlichen Idealismus (von dem er
sich mittlerweile distanziert hat, Loth jedoch nicht) lustig
machen zu dürfen: „Köstliche Vorstellung!" (Z. 131); *„laut
auflachend.* Kaltwasserkur, köstliche Resultate, wenn du
es so meinst …" (Z. 139 f.) Untergründig bedrohlich wird *weltanschauliche*
seine Haltung, wenn er Loth zu verstehen gibt, dass er nun *Gegnerschaft zu Loth*
auf der anderen Seite steht, auf der Seite der Obrigkeit und
der öffentlichen Ordnung (vgl. Z. 155 ff. und 178 ff.). Es
wird deutlich, dass er im Zweifelsfall wohl auch für die
Verurteilung des Freundes gestimmt hätte.

Trotz seines Gefühls der Überlegenheit möchte er es sich aber auch nicht mit Loth verderben. Er genießt es, ihn zu belehren und ein wenig zu provozieren, aber er möchte ihn nicht unwiderruflich vor den Kopf stoßen. Es ist schwer zu beurteilen, ob das mit seiner möglichen Empfindung zusammen hängt, durch seinen Lebensweg als Verräter an der gemeinsamen ‚edleren' Sache dazustehen, oder ob er einfach zu opportunistisch und berechnend ist, um das Risiko einzugehen, sich Loth zum Feind zu machen (gewissermaßen aus der Überlegung heraus, dass man ja nie weiß, über welchen Einfluss ein solcher politischer Agitator wirklich verfügt oder in der Zukunft verfügen wird). Jedenfalls ist deutlich erkennbar, dass er immer bemüht ist, den Bogen nicht zu überspannen und Loth gegenüber einzulenken: „Das kann ich dir ja ohne weiteres zugeben" (Z. 152); „Ich bin überhaupt in keiner Beziehung Unmensch" (Z. 155); „Übrigens glaube ich dir selbstredend." (Z. 176 f.) Ebenso bezeichnend ist sein Bestreben, sich in heiklen Punkten – bei aller Lust am schnellfertigen Urteil – nicht festlegen zu lassen: „Kann ich ja nicht beurteilen, weißt du" (Z. 168); „Na – Mitglied war ich doch wohl eigentlich nicht so recht." (Z. 176)

Gleichsam gebündelt kommt Hoffmanns Sprechweise und Argumentation in seinem Ausruf „na, Hand aufs Herz!" (Z. 165 f.) zum Ausdruck. Auch hier bedient er sich einer abgenutzten Redensart, die ihm zudem eigentlich nicht zusteht (denn er ist nicht aufrichtig und folgt nicht seinem Herzen, sondern kalkuliert seinen Vorteil) und die folglich in seinem Munde nichts sagend und beinahe zynisch wirkt. Das vorangestellte „na" nimmt dem Ausdruck von vornherein seine ursprüngliche Ernsthaftigkeit. Hoffmann gibt sich herzlich, doch in Wahrheit ist ihm nicht zu trauen.

Aufgabe 85 Loth tritt selbstbewusst und keineswegs betreten auf, auch wenn ihn das mundartliche Geschrei, mit dem ihn Frau Krause begrüßt, anfangs einigermaßen einschüchtert und aus dem Konzept bringt (vgl. Z. 19 f.). Er steht unverän-

Neigung zu versöhnlichen Bemerkungen …

… aus schlechtem Gewissen oder aus Berechnung?

Lavieren, Ausweichen

Phrasenhaftigkeit

Selbstbewusstsein

dert zu den Idealen, die er als Student vertreten hat. Auch
wenn sie in der Zeit der Sozialistenverfolgung im Kaiser-
reich als staatsgefährdend gelten und zu einer Haftstrafe
führen können, sieht er keinen Grund, davon abzuwei-
chen. Er konzediert allenfalls, naiv gewesen zu sein – „In
gewisser Weise sind es auch wirklich Kindereien gewesen" (Z. 132 f.)– und gibt zu verstehen, dass er zwischen-
zeitlich abgeklärter geworden sei: „Kann sein, ich bin
etwas abgekühlt worden. […] Jeder Mensch macht seinen
Abkühlungsprozeß durch." (Z. 141 f.)

Gegenüber Hoffmann verhält er sich zwiespältig. Einerseits gibt er bereitwillig darüber Auskunft, was ihm zwi-
schenzeitlich zugestoßen ist (Z. 121 ff.), andererseits aber
verschleiert er die wirklichen Gründe für sein plötzliches
Auftauchen (vgl. Z. 33 und 39). Er gibt zu verstehen, dass
er Hoffmann dessen angebliche Ahnungslosigkeit hinsichtlich des Schicksals der alten Weggefährten nicht recht
abnimmt: „Sach mal, solltest du das nicht wissen?" (Z. 72);
„Hast du gar nichts von mir gehört? – durch die Zeitungen,
mein' ich" (Z. 105 f.); „Nichts von der Leipziger Geschichte?" (Z. 108) Tatsächlich erweist sich dann ja auch sein
Verdacht, dass Hoffmann ahnungsloser tut, als er wirklich
ist, schnell als begründet (vgl. Z. 109 und 179 ff.).

Offenheit und Misstrauen zugleich gegenüber Hoffmann

Durch Hoffmanns abschätzige Bemerkungen über sein
politisches Engagement gerät Loth im Laufe seines Be-
richts etwas in die Defensive; er hat das Gefühl, seine
Überzeugungen vor Hoffmann verteidigen zu müssen: Die
„hitzige[] Zeit" sei „gar nicht so furchtbar naiv" gewesen,
„wie du sie hinstellst" (Z. 143 f.). Auffällig ist, dass es ihm,
zumindest in dieser Situation, offenbar nicht leicht fällt,
den Wert seiner politischen Arbeit aus ihr selbst heraus zu
begründen. Er argumentiert in diesem Punkt nicht sehr
überzeugend, indem er auf „die Durchschnittskindereien
unserer Tage […] das Couleurwesen auf den Universitäten, das Saufen, das Pauken" hinweist und redensartlich
(„um Hekuba!") deutlich macht, dass solcher studenti-
scher Zeitvertreib doch wohl von einer Ignoranz gegenüber den Problemen der Zeit zeuge, die man jedenfalls ihrer Gruppe nicht zum Vorwurf machen könne (Z. 146 ff.).

in der Defensive: Rechtfertigungsdruck

Er selbst nimmt für sich in Anspruch, immer „die allerhöchsten menschheitlichen Ziele im Auge" gehabt zu
haben (Z. 149); eine Formulierung, welche durch ihr über-
zogenes Pathos beinahe ironisch wirkt, aber vermutlich
nicht so gemeint ist. Ironie ist Loth fremd. Ironie setzt
Distanz voraus. Diese Distanz zu seinen eigenen Überzeugungen fehlt ihm ganz. Er hat sich mit großem Ernst der
gesellschaftlichen Aufklärung verschrieben und beteuert
entsprechend, dass die von Hoffman ironisierte, angeblich
„naive Zeit" bei ihm, Loth, „gründlich mit Vorurteilen
aufgeräumt" habe (Z. 150). Als Beispiele führt er an, dass
er „mit der Scheinreligion und Scheinmoral und mit noch
manchem anderen …" (Z. 150 f.) fertig sei, wie man wohl
hinzufügen kann, weil er sie in ihrer Scheinhaftigkeit zu
durchschauen glaubt. Loth versteht sich als Aufklärer, aber
er tendiert dazu, in Phrasen und Schlagworten zu argumentieren. Fängt die Aufklärung, wie Kant sie definiert
hat, damit an, dass der Mensch selbstständig zu denken
beginnt, so stellt Loths Argumentationsweise in diesem
Gesprächsabschnitt seinem Aufklärertum kein vollkommen günstiges Zeugnis aus. Er ist weniger borniert als
Hoffmann (vgl. hierzu Z. 95 ff.), aber auch sein intellektueller Horizont ist deutlich begrenzt. Das zeigt sich inte-
ressanterweise auch daran, dass er Hoffmanns überaus konventionellen Kunstgeschmack im Grunde teilt (vgl. Z. 93).
Gerade in diesem Punkt wird deutlich, dass sich der Autor
von beiden Figuren distanziert.

aufklärerischer Impuls, jedoch angewiesen auf Schlagworte

Auffällig und wohl bezeichnend für Loths Persönlichkeit
ist ferner, dass er am Anfang der Unterhaltung sehr wortkarg ist und erst auftaut, als das Gespräch eine politische
und grundsätzliche Wendung nimmt, zu der er selbst stark
beiträgt, indem er immer wieder deutlich macht, wie sich
in den Schicksalen, von denen er berichtet, die allgemeine
Ungerechtigkeit der gesellschaftlichen Zustände spiegelt.
Ausführlich berichtet er zunächst über den Tod des gemeinsamen Studienkameraden. In dieser Situation beansprucht er erstmals größere Gesprächsanteile als Hoffmann. Das ist verständlich, weil er über etwas redet, das
Hoffmann unbekannt ist. Vor allem ist es aber die Be-

wechselnde Gesprächsanteile

gründung für den Selbstmord, über die er ausführlich und mit spürbarer Begeisterung spricht. Offensichtlich bewegt ihn dieser Idealismus, der sogar vor dem Selbstmord nicht zurückschreckt, weil eine solche unerbittliche Konsequenz seiner eigenen fanatischen Denkweise entspricht. Als er dann über seine eigene Mission reden kann, brechen bei ihm die Dämme. Sobald er jedoch merkt, dass sein Gesprächspartner letztlich zum gegnerischen Lager gehört, wird er wieder misstrauisch und schweigsam. Er zieht sich zurück und überlässt Hoffmann wieder das Wort, indem er nun selbst – zumindest indirekt – Fragen stellt: „Erklär mir eben mal, wie du das meinst" (Z. 162); „Ich bin aus dem, was du eben gesagt hast, nicht klug geworden." (Z. 186) Diese Bemerkungen Loths gegen Ende des Textauszugs zeigen, dass die Unterhaltung im Grunde gescheitert ist. Beide Gesprächspartner sind zu festgelegt in ihren Positionen, als dass sie mit Gewinn miteinander diskutieren könnten.

fanatischer Idealismus

Geradezu sinnbildlich für die problematische Unbedingtheit von Loths Überzeugungen steht seine beharrliche Weigerung, mit Hoffmann zu trinken (Z. 59 ff. und 111 ff.). Diese Entschiedenheit wirkt zwar zunächst eher positiv: Loth lässt sich auch von seinem Studienfreund nicht beeindrucken oder unter Druck setzen. Dass er jedoch dazu tendiert, seine Prinzipien allzu kompromisslos zu vertreten, deutet sich hier bereits an. Und wie sich später zeigt, kann das Festhalten an zum Glaubensersatz gewordenen Prinzipien in unmenschliche Härte umschlagen. Die vermeintliche Tugend wird dann zum Persönlichkeitsdefizit.

zwiespältig zu beurteilende Prinzipienfestigkeit

Aufgabe 86 Die Regieangaben definieren präzise den Raum, in den sich die Dramenhandlung einfügt. Damit ist mehr gemeint als eine bloße Ortsangabe. Das „*niedrig[e]*" Zimmer (Z. 2) verweist symbolisch auch auf die beengten Verhältnisse, in denen sich die Menschen bewegen, eingezwängt in ein Familienelend, aus dem kein Entkommen möglich ist. Dabei ist „*der Fußboden mit guten Teppichen belegt*" (Z. 2): Der soziale Aufstieg erscheint gelungen, der teure

Festlegung des Handlungsraums

das Zimmer

Bodenbelag überdeckt die urspünglichen einfachen Verhältnisse.

Ähnlich ambivalent ist die Ausstattung des Zimmers: „Moderner Luxus auf bäuerische Dürftigkeit gepfropft" (Z. 2 f.). Es ist das typische Heim eines Neureichen auf dem Lande. Überall scheint die bäuerliche Herkunft durch; der Reichtum ist offensichtlich nicht mit Lebensstil verbunden, sondern hat lediglich die Möglichkeit geboten, sich durch den Kauf von Luxusgütern den Anschein von Kultur zu geben.

die Ausstattung

Das Gemälde an der Wand verstärkt diesen Eindruck: „*darstellend einen vierspännigen Frachtwagen, von einem Fuhrknecht in blauer Bluse geleitet*" (Z. 3 f.), verweist es auf den Hintergrund dieser schlesischen Bauernfamilie, die ihre Felder gewinnträchtig an Kohlezechen verkauft hat. Das Bild hat nur noch nostalgischen Charakter; es ist ein sentimentales Erinnerungsstück an die gute alte Zeit, von deren Mühsal man nichts mehr wissen will.

das Gemälde an der Wand

Die Regieanmerkungen dienen neben der Beschreibung des Schauplatzes vor allem der Charakterisierung der Figuren. Der Besucher, Alfred Loth, wird bereits durch seine Erscheinung als idealistischer, „*ungelenk[er]*", aber ernsthafter – womöglich allzu ernsthafter – Weltverbesserer gekennzeichnet (Z. 6 ff.). Sein „*Umhängetäschchen*" (Z. 10), das auch in den folgenden Regieanmerkungen eine Rolle spielt (vgl. Z. 35 und 39 f.), weist ihn als Städter und als Intellektuellen aus. Er steht damit in deutlichem Gegensatz zu der „*robuste[n] Bauernmagd*" (Z. 5), die ihn empfängt.

Festlegung der Charaktere

Loth

Frau Krause, die Frau des Bauerngutsbesitzers, unterscheidet sich äußerlich nicht sonderlich von ihrer Magd. Der Autor bezeichnet sie als „*Bauernweib*" (Z. 12) und belegt sie mit eindeutig negativen Attributen: „*Gesicht hart, sinnlich, bösartig*" (Z. 15). Frau Krause kann, so wird in den Regieanweisungen deutlich, in ihrer Gestalt, ihrem Auftreten und ihren Äußerungen die einfache Herkunft nicht verleugnen, selbst wenn sie sich als ‚gnädige Frau' aufspielt.

Frau Krause

Der Jugendfreund Loths, Ingenieur Hoffmann, tritt als
Genussmensch auf, der sich in diesen Verhältnissen eingerichtet hat (vgl. Z. 28 ff.). Sein Auftreten ist so *„sorgfältig gepflegt"* (Z. 31) wie sein Schnurrbart. Auch er stellt
seinen Wohlstand offensiv zur Schau, wenn er durch seinen kostbaren Schmuck, die modische Kleidung und Frisur Eindruck zu machen versucht. In seiner Erscheinung
zeigt sich jedoch, dass ein nach außen getragenes Selbstbewusstsein sich an eigenen Widersprüchen wie an den
Schranken der äußeren Verhältnisse bricht. Sein Gesichtsausdruck wirkt *„verschwommen"* (Z. 31), die Augen erscheinen *„zuweilen unruhig"* (Z. 32) – er wirkt, bei aller
Selbstsicherheit, nervös.

Seine Schwägerin Helene scheint aus anderem Holz
geschnitzt. Auch sie ist ambivalent gestaltet; ihr Bild ist
jedoch wesentlich positiver gezeichnet. Indem sie *„lesend"*
auftritt (Z. 49), wird deutlich, dass sie weitergehende Interessen besitzt und sich nicht damit begnügt, den plötz-
lichen Reichtum zu genießen. Auch scheint sie nicht zu
versuchen, *„das Bauernmädchen"* zu verleugnen (Z. 50 ff.).
Ihre *„moderne Kleidung"* (Z. 51) zeigt aber, dass sie sich
nicht ganz zugehörig fühlt und aus dem Milieu, in das sie
hineingeboren wurde, ausbrechen will.

Insgesamt lassen die sehr genau gefassten Regieanweisungen erkennen, wie viel Wert der Autor auf die äußeren
Gegebenheiten legt. Diese Gewichtung ergibt sich aus den
soziologischen Grundüberzeugungen der Naturalisten:
Wenn der Mensch wesentlich ein Produkt äußerer Umstände ist – determiniert durch die bestimmenden Faktoren der Vererbung, des Milieus und seiner Erfahrungen,
also der Art seiner Sozialisation –, so müssen diese bedin-
genden Faktoren auch auf der Bühne sichtbar und entsprechend genau festgelegt werden. Also wird der Bühnenraum präzise bestimmt und wirkt seinerseits bestim-
mend; er ist als Milieu auf den Menschen bezogen. Die
detaillierte Beschreibung der Personen – ihrer Gesichts-
züge, ihrer gesamten Erscheinung und ihres Auftretens –
vermittelt Hinweise darauf, welche Erbanlagen in ihnen
wirksam sind und welche prägenden Erfahrungen sie in

Ingenieur Hoffmann

Helene Krause

*Bedeutung der
äußeren Umstände*

ihrem bisherigen Leben gemacht haben. Der Dramatiker schafft so die Vorbedingungen, gleichsam die Versuchsanordnung, mit der das Handeln der Figuren im Fortgang des dramatischen Geschehens übereinstimmen muss.

Während in den Dramen des Sturm und Drang Regieanmerkungen die seelischen Spannungen des Spielpersonals abbilden, lassen die Nebentexte demnach in den naturalistischen Werken erkennen, wie die Figuren durch ihr Milieu und ihre Gewohnheiten geprägt sind.

Vergleich mit den Regieanweisungen im Drama des Sturm und Drang

Aufgabe 87 In diesem Szenenausschnitt sind es vor allem die ersten Repliken, die für die Verwendung der Sprache im naturalistischen Drama besonders charakteristisch erscheinen. Die Herkunft der Frau Krause aus der bäuerlichen Unterschicht wird durch Dialektverwendung, Satzbau und Wortwahl offensichtlich (Z. 16–23). Der Dialekt verweist auf eine bestimmte Region (Schlesien) und auf das dörfliche Umfeld. Der Dialekt der Bäuerin ist noch eine Spur härter als der des Dienstmädchens – „A koan orbeita, a hoot Oarme" (Z. 17; „Er kann arbeiten, er hat Arme") – und lässt sich auf Anhieb nur schwer verstehen.

Dialekt und Soziolekt

Loth ist durch diesen Empfang konsterniert, er stottert, kann sich nicht in korrekten Sätzen artikulieren (Z. 19). Immerhin wird aber erkennbar, dass er keinen Dialekt spricht. Bemerkenswert ist, dass Frau Krause daraufhin nicht bereit und vermutlich auch gar nicht in der Lage ist, ins Hochdeutsche zu wechseln. Sie kann nur in der Mundart sprechen.

Die Diskrepanz zwischen ihrer Sprache und der der beiden Studienfreunde ist eklatant. Während die geistige Dumpfheit der Bäuerin durch ihr Gestammel deutlich wird, unterhalten sich die beiden Intellektuellen in hypotaktischen Sätzen, die nur quasi zitathaft durch Floskeln aus dem Studentenmilieu unterbrochen werden.

Sprache der Intellektuellen

Ihre Diktion ist eher durch einen lehrhaften, phraseologischen Zug geprägt; sie scheinen sich von ihrer jeweiligen Lebenseinstellung überzeugen zu müssen. Ein emotionaler oder affektgeladener Ton ist ihren Dialogen nicht zu entnehmen. Es ist ein typisches Gespräch zwischen ehemaligen Freunden, die sich nach langer Zeit wiedertreffen und feststellen, dass es ihnen nicht möglich ist, die alte Beziehung einfach wiederaufleben zu lassen. Auch wenn sie sich über Persönliches unterhalten, bleibt der Ton doch allgemein und distanziert.

Aufgabe 88 Hoffmann redet hochdeutsch; er wehrt die Schwiegermutter mit einer Floskel ab (Z. 25). Die vier folgenden elliptischen Ausrufe sprechen für seine ehrliche Freude, den ehemaligen Studienfreund zu sehen (Z. 26 f.). „[A]ufgeregt" (Z. 34) nimmt er ihm Hut und Stock ab, die Wiederholung des Wortes „entschieden" (und der Nachdruck, der dem zweiten „entschieden" durch die Unterstreichung verliehen wird) verstärkt den ersten Eindruck (Z. 37 f.). Offensichtlich erhofft er sich von der Begegnung mit dem Freund aus alten Tagen, die problematischen Verhältnisse im Haus der Schwiegereltern zumindest für die Dauer der nun folgenden Unterhaltung hinter sich lassen zu können.

hochdeutsch

Dieses Bedürfnis kommt auch darin zum Ausdruck, dass er in seinen Studentenjargon zurückfällt, wenn er mit Loth spricht. Dieser Jargon ist durch Wortverkürzungen gekennzeichnet: „Weißt de noch? [...] da hatt'st du so 'ne Manier, [...]" (Z. 41 f.).

Wortverkürzungen

Seine Äußerungen zeugen in dieser Gesprächsphase vom Versuch, an alte Zeiten anzuknüpfen und durch den Verweis auf gemeinsame Freunde die zehnjährige Trennung zu überbrücken. Zu diesem Zweck besinnt er sich auf die Spitznamen von gemeinsamen Studienfreunden (Z. 69 f.) und strapaziert in nostalgischer Stimmung den Jargon so sehr, dass er nun reichlich aufgesetzt wirkt: „zehn Jahre, 'n ekliger Fetzen Zeit"; „die ganze heitere Blase von damals" (Z. 69 f.).

Eine „heitere Blase" war der Freundeskreis aber wohl nur in der Erinnerung – einer von ihnen hat sich umgebracht, weil er seine Ideale nicht realisieren konnte. Hoffmann reagiert auf diese Nachricht mit verkürzten Sätzen, knappen

Ellipsen

Fragen, aus denen wenig Verständnis spricht (Z. 73, 75, 77, 80, 82, 84, 86, 91 f., 97 f., 100, 102).

Hier deutet sich bereits an, wie sehr sich die beiden ehemaligen Freunde voneinander entfernt haben und wie wenig sie bereit sind, füreinander Verständnis aufzubringen. Das zeigt sich mehr und mehr auch an der Sprache, die Hoffmann verwendet: In rechthaberischen Wenn-dann-Strukturen, Wortwiederholungen und Verschärfungen – „wenn etwas geschieht, dann mag es von oben herab geschehen! Es muß sogar von oben herab geschehen" (Z. 182 ff.) – spricht er verallgemeinernd von dem „Volk", das er als unmündig betrachtet: Es „weiß nun mal nicht, was ihm not tut" (Z. 184). Sein politisches Credo, eine Reformpolitik „von oben herab", wie sie der Sozialpolitik Bismarcks entspricht, trägt er in einem längeren Monolog Loth vor – ob der das nun hören will oder nicht. Für den ersten Kontakt unter Freunden nach zehn Jahren klingen diese Phrasen nicht gerade herzlich.

rechthaberische Sprache

Aufgabe 89

Zu Beginn des Gesprächs beschränkt sich Loth auf Satzfetzen oder Ein-Wort-Antworten (Z. 56, 58, 60, 62, 66). Seine Repliken sind verkürzt und unverbunden – ob aus grundsätzlicher Schüchternheit, aus Irritation über den seltsamen Empfang oder aus Misstrauen lässt sich zu diesem Zeitpunkt der Unterhaltung noch nicht entscheiden.

Satzfetzen

Loth wird erst lebhafter und ausführlicher, als er über den Tod des gemeinsamen Studienkameraden berichtet. Er betont die armseligen Verhältnisse, in denen der Freund lebte, indem er Wortwiederholungen und parallele Strukturen einsetzt: „Fünf Jahre hat er als Stukkateur arbeiten müssen, andere fünf Jahre dann, sozusagen, auf eigene Faust durchgehungert und dazu kleine Statuetten modelliert." (Z. 88 ff.)

Wortwiederholungen; Parallelismus

Er wird erneut einsilbig, als Hoffmann ihm Alkohol anbietet. Danach dreht sich das Gespräch um Loths Haftstrafe. Was für Hoffmann aber offensichtlich ein wunder Punkt ist – nicht umsonst gibt er vor, davon nichts zu wissen –, ist für Loth eher ein Grund, stolz zu sein. Er hat

Loths Stolz und Selbstzufriedenheit, sprachlich kaschiert

die Zeit genützt und eine wissenschaftliche Abhandlung geschrieben. Wie stolz er auf seine Leistung tatsächlich ist – auch wenn er sich bemüht zeigt, seinen Stolz in möglichst beiläufige Worte zu kleiden –, beweist das Ausrufezeichen nach seiner ersten Feststellung und der Hinweis darauf, dass er mittlerweile mehr als ein Werk verfasst hat: „Nun! in diesen zwei Gefängnisjahren habe ich mein erstes volkswirtschaftliches Buch geschrieben." (Z. 125 f.) Mithilfe eines saloppen Ausdrucks versucht er anschließend, auf die Härte des ungerechterweise erlittenen Schicksals zwar hinzuweisen, ohne dabei aber den Anschein zu erwecken, er wolle sich als Märtyrer stilisieren: „Daß es gerade ein Vergnügen gewesen, zu brummen, müßte ich allerdings lügen." (Z. 126 f.)

In besonderen Eifer redet sich Loth, als er Hoffmann auseinander zu setzen versucht, wie infam in der seinerzeit gegen ihn gerichteten Anklageschrift die Wirklichkeit verfälscht worden sei. In ausufernden, hypotaktischen Sätzen stellt er seinen Standpunkt dar (Z. 169 ff.), bis er schließlich von Hoffmann unterbrochen wird (Z. 176).

Hypotaxe

Insgesamt führt Loth eine unauffälligere Sprache als Hoffmann, was zu seiner politischen Biografie passt: Er hat gelernt, dass man nicht zu freimütig reden darf, damit einem nichts angehängt werden kann. Nur an wenigen Stellen des Gesprächs geht er aus sich heraus: aus Eitelkeit, momentanem Zutrauen zu Hoffmann oder weil ihn der Gegenstand der Unterhaltung dazu hinreißt.

Loths Vorsicht, abzulesen an seiner Sprache

Aufgabe 90 Loth erscheint als doktrinärer Prinzipienreiter, der verkrampft darum bemüht ist, seine Glaubenssätze zu verfechten. Er hat sich, bedingt wohl durch seinen sozialen Absturz, auf einige Wahrheiten versteift – etwa die Bedeutung des Alkohols für die Volksgesundheit, wie sich im vorliegenden Textauszug bereits andeutet –, die er keinesfalls in Frage gestellt sehen will. Schon in der Exposition wird deutlich, dass der Autor mit den Positionen dieses Fanatikers des angeblich Modernen nicht durchgängig übereinstimmt (vgl. Z. 93).

Loth als Prinzipienreiter

Aufgabe 91 Hoffmann hat sich in der Familie seiner Frau eingerichtet, ohne sich wohl zu fühlen. Er entschädigt sich dafür, indem er sich allen Luxus und alle Genüsse gönnt. Sein Prinzip scheint zu sein, immer auf seinen eigenen Vorteil zu achten. Diese egoistische Einstellung verbrämt er mit dem Grundsatz: „Praktisch, praktisch muss man verfahren!" (Z. 159)

Luxus als Entschädigung für mangelnde Integration

Egoismus

Er belehrt und provoziert gerne, was damit zusammenhängen könnte, dass er sich der inneren Berechtigung seiner eigenen Haltung doch nicht so sicher ist. Wohl aus demselben Grund legt er Wert darauf, nicht als skrupelloser Ausbeuter betrachtet zu werden: „Ich bin der letzte, der es an Mitleid mit dem armen Volke fehlen läßt" (Z. 181 f.). Hoffmann ist ein gewandter Opportunist, der um jeden Preis vermeiden möchte, sich zu kompromittieren (vgl. Z. 165 f.). Dass Loth für seine Überzeugungen schwere persönliche Nachteile in Kauf nimmt und auch noch darauf stolz ist, hält er einfach für dumm.

Heuchelei und Opportunismus

Loth ist ihm zunächst ein willkommener Gast, um seinen Reichtum zur Schau zu stellen, dem Druck im Haus ausweichen zu können, und wohl auch, um wieder Anschluss an die Atmosphäre der Hauptstadt zu bekommen. Allerdings argwöhnt er bald, dass Loths Besuch Ärger bedeuten könnte. Loth und er stehen mittlerweile auf gegnerischen Seiten.

Angeberei und Sehnsucht nach der Großstadt

Misstrauen gegenüber Loths Gesinnung

Aufgabe 92 Hoffmann bleibt sich selbst treu. Was in diesem Ausschnitt angelegt ist, wird in der späteren Handlung nur noch weiter entfaltet. Er versucht, seine Schwägerin zu verführen, und das in dem Augenblick, als seine Frau kurz vor ihrer Niederkunft steht. Als er erkennen muss, dass Loth wesentlich erfolgreicher um Helene geworben hat, bemüht er sich, den Rivalen bei ihr schlecht zu machen. Mit seiner einschmeichelnden, zugleich hintertriebenen Art ist er tatsächlich „der Schlecht'ste von allen hier", als den ihn Helene im dritten Akt charakterisiert (S. 66).

Hoffmann: heimtückisch und intrigant

Loth ist dagegen eine ambivalente Figur. Er ist aufrichtig bemüht, die Lage der unteren Bevölkerungsschichten zu

Loth: ein dogmatischer Weltverbesserer

verbessern. Sein Gerechtigkeitsempfinden macht es für ihn unerträglich, in einer ungerechten Welt zu leben.

Doch weil er seine Überzeugungen blindlings verficht – so sehr, dass er sich blind für das erweist, was sich tatsächlich um ihn herum abspielt: so merkt er lange Zeit nicht, dass die Familie der Trunksucht verfallen ist –, kann Loth gerade nicht als Vorbild dienen. Er bleibt eine zweifelhafte Gestalt, die letztlich in der von ihm als Mensch geforderten Entscheidung versagt. Helene bringt sich seinetwegen um. Als ihm endlich klar (gemacht) wird, dass Helenes Vater ein krankhafter Trinker ist, kommt sie für ihn als Ehefrau nicht mehr in Betracht.

In seiner Haltung wird die Ambivalenz einer Modernität erkennbar, die zwar mit wissenschaftlichen Methoden arbeitet, im persönlichen Bereich aber Vorurteilen unterliegt. Seine Überzeugung, objektiven und unwiderlegbaren Erkenntnissen verpflichtet zu sein, dient ihm als Vorwand zur Rechtfertigung einer tiefer liegenden Herzlosigkeit, die sich am Ende des Stückes darin äußert, dass er ohne ein Wort geht, sobald er von der Alkoholsucht von Helenes Vater erfahren hat.

die Prinzipien dienen als Rechtfertigung für das persönliche Versagen

Aufgabe 93

Gerhart Hauptmann nimmt mit seinem Untertitel „Soziales Drama" Bezug auf das bürgerliche Trauerspiel. Im ausgehenden 18. und beginnenden 19. Jahrhundert stellt dieses Genre – wie etwa Schillers *Kabale und Liebe* – die Standesgegensätze auf den Prüfstand. Das bürgerliche Ideal einer auf Tugend und Vernunft beruhenden, moralisch integeren Gesellschaftsordnung ist im 18. Jahrhundert als Kampfmittel gegen die herrschende Welt des Adels gerichtet. Diese Vorstellung wird spätestens von dem Zeitpunkt an zur Ideologie, an dem das Bürgertum selbst gesellschaftliche Macht erhält und seine Interessen unter dem Dach des wilhelminischen Obrigkeitsstaates gegen die Angriffe anderer Gruppen verteidigt.

gesellschaftliche Verhältnisse im Drama: Anknüpfung ans bürgerliche Trauerspiel

Das „soziale Drama" zeigt die Konsolidierung bürgerlicher Werte und die Zementierung wirtschaftlich begründeter Klassenunterschiede. Seit der Jahrhundertmitte ringt das

bürgerliche Werte

Industrieproletariat um seinen Anteil an den sozialen
Rechten und am gesellschaftlichen Reichtum. Es stellt die
bürgerlichen Werte fundamental infrage und bekämpft
zum Teil mit revolutionär-marxistischen Forderungen
dessen Vormachtsanspruch. Aber auch im Inneren der
bürgerlichen Welt werden Risse deutlich – unterprivile-
gierte Gruppen verlangen ihren Anteil an der Herrschaft.
Das gilt für den Kampf der Frauen um eine gleichbe-
rechtigte Stellung, aber auch für das Emanzipationsstreben
der jüdischen Bevölkerung. Die Brüche lassen sich nicht
mehr ohne weiteres kitten.

Im Verlauf des 19. Jahrhunderts tritt diese „soziale Frage" *die soziale Frage*
zunehmend in den Vordergrund. Bürgerliche Werte gel-
ten innerhalb der jungen Autorengeneration der Naturalisten (die sich ab 1880 formiert) nicht mehr automatisch
als fortschrittlich. Immer deutlicher werden ihre negativen Auswirkungen hervorgehoben. Die Angehörigen der
bürgerlichen Schicht erscheinen als verstrickt in alltägliche Konventionen und unbedeutende Interessen, unfähig
zu echten Gefühlen, ohne Sinn für ideelle Werte, ausschließlich auf der Suche nach materiellem Wohlstand.
Dieser Wohlstand beruht auf der Ausbeutung der Arbeits-
kraft des Proletariats.

Gerhart Hauptmanns Erstlingswerk handelt von diesen *die Ohnmacht des*
sozialen Konflikten. Es zeigt, dass die Werte des Bürger- *Sozialrevolutionärs*
tums abgewirtschaftet haben. Übrig bleibt ein vulgärer *gegenüber dem*
Materialismus und Sozialdarwinismus, der keine Gerech- *Materialismus der Zeit*
tigkeit stiftet, sondern die Ungerechtigkeit verschärft.
Auffällig ist, dass in einer solchen Welt, in der Ideale keine
Rolle spielen, niemand glücklich zu sein scheint; und der
Fremde, der Prophet einer besseren Welt, erweist sich als
so unvollkommen, dass er lediglich in der Lage ist, der
einzigen Person, die sich seinem Idealismus zugänglich
zeigt, ihre eigene Situation, unter der sie zuvor nur dumpf
gelitten hat, in solch deutlichen Farben zu zeichnen, dass
sie schließlich, als er sie im Stich lässt, nicht mehr weiter-
zuleben vermag. Die Naturalisten werfen in anklagender
Absicht die soziale Frage auf und stellen dabei fest, dass sie
sich unter den bestehenden Verhältnissen nicht lösen lässt.

Zu gering ist der Einfluss der fortschrittlichen Kräfte, die im Übrigen selbst keineswegs vorbildlich agieren.

Die Vererbungstheorie, die Loth vertritt und die bei Helenes Selbstmord eine entscheidende Rolle spielt, fungiert analog zum Einfluss des antiken Schicksals. Wie in der griechischen Tragödie ist auch hier der Einzelne unabhängig von seinem individuellen Handeln verbindlichen Gesetzen ausgeliefert. In *Vor Sonnenaufgang* zerbricht Helene an ihrem „Erbe", am Fluch des für vererblich gehaltenen Alkoholismus. Als sie einsieht, dass Loth sie nicht aus dem Familiengefängnis befreien wird, bringt sie sich um – ein Tragödientod im letzten Akt. Vielleicht hat Hauptmann das klassische Tragödienschema der fünf Akte übernommen, um zu betonen, dass sein soziales Drama auch eine moderne Tragödie ist. Traditionelle Tragödienelemente werden so mit sozialen Themen verbunden. Hauptmann knüpft auch in dieser Hinsicht an die Tradition des bürgerlichen Trauerspiels an, das gut hundert Jahre früher ebenfalls als eine zeitgemäße Version der antiken Tragödie entstand.

Vererbungslehre als moderne Version des Schicksals in der antiken Tragödie

Aufgabe 94

Vor Sonnenaufgang ist ein bewusst inszenierter Skandal. Hauptmann hat in ihm die Standardstoffe der naturalistischen Literatur – Armut, Alkoholismus, Familienzerrüttung, Inzest, Brutalität, Suizid – vereint. Sie wirken als gezielte Provokationen, als gewollte Obszönitäten. Was hier auf der Bühne verhandelt wird, gehört zum Tabubereich, über den man in gutbürgerlichen Kreisen nicht spricht. Die Naturalisten stellen dagegen gerade diese Themen in den Mittelpunkt ihrer Produktionen, sie wollen die Auseinandersetzung darüber und eine dezidierte Stellungnahme. Bei der Wahl der Stoffe spielt das soziale Engagement der Autoren ebenso eine Rolle wie das Moment entschiedener Opposition gegen ein konventionell-unterhaltsames Literaturkonzept.

bewusste Provokation der bürgerlichen Welt und ihrer geheuchelten Wohlanständigkeit

Die Handlung des Dramas beruht auf der typisch naturalistischen Überzeugung, dass die Vererbung und das Milieu bestimmenden Einfluss auf das Schicksal der Men-

Vererbung und Milieu

schen haben. Die Menschen in diesen Texten sind Getriebene, denen die Verhältnisse zum Verhängnis werden. Ihr Schicksal ist durch eine irreversible Kausalkette von Einflüssen bestimmt, die ihren Untergang herbeiführen. Der Niedergang von Individuen, Familien und sozialen Gruppen wird zum Hauptthema der Epoche.

Auch die Form, in der der dramatische Stoff dargeboten wird, ist für den Naturalismus charakteristisch. Anstelle der üblichen klaren Diktion der dramatischen Figuren treten abgerissene Sätze, Dialektpassagen und Gebärdensprache. Dialekt und Soziolekt verweisen auf den gesellschaftlichen Standort der jeweiligen Sprecher, der Psycholekt veranschaulicht die innere Anspannung der Gesprächspartner. *Darbietungsform*

Die Expositionsszene zeigt die Arbeitsweise des naturalistischen Autors. Ausführliche Regieangaben charakterisieren den Ort der Handlung und vermitteln eine recht genaue Vorstellung vom äußeren Erscheinungsbild und Auftreten der Figuren. Sie geben auf diese Weise Aufschlüsse über das soziale Setting des Dramas. *das soziale Setting* *Regieanweisungen*

Aufgabe 95 Besonders die Figur des Alfred Loth ist auch für heutige Zuschauer noch interessant, über alle Zeitgebundenheit der Stoffe und Themen hinaus. Die Diskrepanz zwischen theoretischer hochherziger Menschenliebe und praktischer, folgenschwerer Herzlosigkeit im persönlichen Konfliktfall ist von zeitloser Aktualität. *Idealismus und Fanatismus*

Aber auch Hoffmann ist als Opportunist und charakterschwacher Egoist eine zeitlose Figur. *Egoismus und Opportunismus*

Deutlich wird so in Hauptmanns Drama, wie schmal der Grat zwischen dem Eintreten für die Veränderung gesellschaftlicher Missstände und einem menschenverachtenden Fanatismus sein kann.

Bertolt Brecht: Trommeln in der Nacht

Aufgabe 96

Kragler kann sich dem Spartakus-Aufstand anschließen und in die Barrikadenkämpfe eingreifen oder sich mit seiner schwangeren Braut in ein privates Glück zurückziehen. „[D]umpfe Kanonenschüsse" (Z. 66) im Hintergrund machen deutlich, dass die Kämpfe näher rücken und die Revolution in eine entscheidende Phase eingetreten ist. Wer sich in dieser Situation zurückzieht, schwächt die Aufständischen in einem brisanten Augenblick.

Kraglers Entscheidung: Die Revolution oder das Bett?

Andreas Kragler sympathisiert zwar mit den Spartakisten; in der vorhergehenden Szene hat er die Kneipenkumpane aufgefordert, gemeinsam in das umkämpfte Zeitungsviertel zu marschieren (vgl. Z. 37 und 39 f.). Als er seine Verlobte Anna wiedertrifft, zieht er aber einem fragwürdigen Sieg der revolutionären Idee sein privates Glück vor. Er will nicht mehr für andere den Kopf hinhalten (vgl. Z. 10 ff.), nachdem er den Krieg überstanden hat. Sein Überlebenswille drückt sich in den drastischen Worten aus: „Ich will nicht verrecken." (Z. 14) Seine Weigerung formuliert er in einer Metapher: „Ich bin kein Lamm mehr."(Z. 14).

Anna, Kraglers Geliebte, hat sich bereits vor Beginn dieser Szene entschieden. Sie will zurück zu Kragler, hat aber Angst, dass er sie wegen ihrer Schwangerschaft ablehnt. Ihre Strategie ist, vorbehaltlos die Wahrheit zu sagen. Die konventionelle Moral kümmert sie nicht. Hinsichtlich der bevorstehenden Geburt ihres unehelichen Kindes denkt sie vor allem an ihre Taille (vgl. Z. 30 f.) und nicht an die Schande, die in bürgerlichen Trauerspielen des 19. Jahrhunderts unweigerlich über die unverheiratete Mutter gekommen wäre.

Anna entscheidet sich für Kragler

Kragler lässt sich gerne von Anna überzeugen. Er bricht alle Aktionen ab, befreit sie aus den Händen der Spartakusanhänger und führt sie in sein Zimmer (Z. 65–107). Er verlässt die Gruppe und geht mit Anna in sein „große[s], weiße[s], breite[s] Bett" (Z. 107). Kragler will nur „kein Lamm mehr" sein (Z. 14), wenn es darum geht, die An-

Kragler entscheidet sich für Anna

sprüche Außenstehender an ihn abzuwehren. Anna gegenüber wirkt Kragler dagegen wirklich wie ein „Lamm".
Beide verlassen die Bühne wie ein verliebtes Paar (Z. 108–
111) Die Revolution erscheint ihnen – gemessen an ihrem
privaten Glück – als zweitrangig.

Aufgabe 97 Die Straßenkämpfe rücken näher. Kanonendonner ist zu   *Die „Holzbrücke" als Ort*
hören, die entscheidende Auseinandersetzung steht bevor.   *der Entscheidung*
Vor einer *„Holzbrücke"* (Regieangabe zu Beginn des fünf-
ten Aktes) treffen Anna, Kragler und die anderen zusammen. Der Ort steht als Symbol für die Alternative, vor die
Kragler gestellt wird: für oder gegen die Revolution, für
oder gegen seine Geliebte. Jenseits der Brücke wird der
Bürgerkrieg ausgekämpft, diesseits ist der Rückzug ins
Privatleben möglich. Einer von beiden Seiten muss er sich
zuwenden und er braucht nicht lange, sich für Anna zu
entscheiden.
Es geht auf einen neuen Morgen zu, ein „großer, roter   *Ein neuer Morgen*
Mond" (Regieangabe zu Beginn des fünften Aktes) scheint   *bricht an.*
über der Szene. Auch er steht als Symbol für den revolutionären, gewalttätigen Geist, der in dieser Nacht über der
Stadt liegt. Allerdings erweist sich dieses Requisit als ein
wenig taugliches Symbol. Es ist zur bloßen Karikatur gewendet. Als Kragler am Schluss des Dramas seine Trommel nach dem Mond wirft und dieser, als „Lampion" entlarvt, vom Himmel und ins Wasser fällt, wird das theatralisch Lächerliche dieser Revolutionsromantik deutlich
(Z. 104 ff.).

Aufgabe 98 Der Dramenschluss stellt eine Anti-Klimax dar. Anders als   *Das Dramenende als*
erwartet, endet das Stück mit einem privaten Happy-End.   *Anti-Klimax …*
Das Brautpaar ist wieder vereint, alle Hindernisse sind
beseitigt. Mit diesem konventionellen Lustspielschluss
parodiert Brecht das Genre; er irritiert damit die unterschiedlichsten Erwartungen: die der Zuschauer, die ein
expressionistisches Aufbruchpathos erwarten und mit
diesem privaten Glücksversprechen nichts anfangen kön-

nen, die eines bürgerlichen Publikums, dem der wütende Revolutionsgestus nicht gefallen kann und das durch die Verfremdungseffekte des Stücks vor den Kopf gestoßen wird, und die der linken Revolutionäre, die in diesem Drama ihre Ideale verraten sehen.

Deutlich zeigt sich darin die Lust des jungen Autors an der Provokation. Er will es sich mit allen verderben, als Bürgerschreck auftreten und mit überlebten Theaterformen aufräumen. Daher muss ihn der Erfolg von *Trommeln in der Nacht* (das Stück bringt ihm den Kleist-Preis ein) auch zwiespältig treffen. Er erhält einerseits die Möglichkeit, in Berlin, in der Hauptstadt, dem Zentrum der literarischen Moderne, zu arbeiten – andererseits zeigt sich, dass sich das Publikum nicht provozieren lässt: Die Polemik verpufft.

... und als Provokation

Aufgabe 99 Auf die Technik des epischen Dramas weisen die Elemente der Desillusionierung in *Trommeln in der Nacht* voraus. Brecht verlangt interessierte Zuschauer, die sich informieren lassen wollen und die intellektuell kompetent sind. Er stellt sie sich wie das Publikum von Sportveranstaltungen vor, das viel Sachverstand mitbringt, die Spielzüge kennt und sich dennoch durch ein gutes Spiel begeistern lässt. Eine ähnliche Haltung verlangt sein Stück. Die Zuschauer sollen sich nicht von der Handlung mitreißen lassen, sondern ohne Illusionen das Theaterhafte des Spiels wahrnehmen. Das Theater soll nicht als ein Ort kulinarischen Vergnügens erscheinen, sondern als Podium rational-engagierter Auseinandersetzungen.

Desillusionierung des Publikums

Verfremdungselemente unterschiedlicher Art lassen sich daher nachweisen. Der Illusionscharakter der Szenerie wird aufgegeben, wenn Kragler, bevor er sich mit Anna in „das große, weiße, breite Bett" (Z. 106 f.) legt, „*ärgerlich*" (Z. 90) betont: „Es ist gewöhnliches Theater. Es sind Bretter und ein Papiermond" (Z. 90 f.).

Verfremdungseffekte

Seine rüde Aufforderung ans Publikum, „nicht so romantisch" zu glotzen (Z. 102), deutet bereits auf die Verfremdungseffekte der späteren Dramen Brechts voraus; denn

Plakate im Zuschauerraum

dieser Satz soll den Regieanweisungen zufolge auch auf Plakaten stehen, die im Zuschauerraum hängen.

Der Schauspieler tritt aus seiner Rolle heraus, wenn er in seinem Schlussmonolog (ab Z. 89) „Schlagzeilen" mit Trommelschlägen wie ein Moritatensänger unterstreicht und so das gerade gespielte Stück *„bösartig"* (Z. 100) lachend beziehungsweise *„[a]us vollem Halse lachend, fast erstickend"* (Z. 103) kommentiert: „Der halbe Spartakus oder Die Macht der Liebe. Das Blutbad im Zeitungsviertel oder Jeder Mann ist der beste Mann in seiner Haut." (Z. 93–95) Das verweist auf die kritisch-kommentierenden Einschübe, die in den späteren Dramen Brechts die Bühnenhandlung in Form von Songs oder Erzählerkommentaren verfremden.

die Trommel

Am Schluss zerstört Kragler das Leitsymbol des Dramas, den „roten Mond" (der in der Münchner Uraufführung während der ganzen Vorstellung vorhanden war und bei Kraglers Auftreten jeweils kurz aufleuchtete, wie Brecht in der *Glosse für die Bühne* anmerkt). Brecht parodiert den gefühlvoll-romantischen Eindruck im herkömmlichen Theater, indem er das Symbol verdinglicht und den künstlichen Charakter der Requisiten bloßlegt: Kragler *„schmeißt die Trommel nach dem Mond, der ein Lampion war, und die Trommel und der Mond fallen in den Fluß, der kein Wasser hat"* (Z. 104–106).

der „rote Mond"
als Lampion

Aufgabe 100

Der Szenenausschnitt beginnt mit einer sarkastisch-kritischen Frage Glubbs an Kragler. „Willst du nicht noch etwas mitgehen, Bruder Artillerist?" (Z. 1). Schon durch das relativierende Adverb „etwas" wird angezeigt, dass es mit der anfänglichen Begeisterung des Kriegsheimkehrers nicht mehr so weit her ist.

der erste Abschnitt

Auch Anna will Kragler zu einer Entscheidung bewegen: „Willst du nicht gehen, Andree? Die Herren warten." (Z. 7) Vordergründig könnte das als Aufforderung missverstanden werden, Kragler solle in den Bürgerkrieg ziehen. Allein die Anrede mit dem Vornamen lässt aber Annas eigentliche Absicht erkennen: Kragler zu halten. Zentraler

Inhalt dieses ersten Teils ist also der Versuch, den Protagonisten zu einer Entscheidung zu nötigen (Z. 1–8).

der zweite Abschnitt

Für ein kämpferisches Engagement ist es allerdings, wie Kragler im zweiten Teil klar macht, bereits zu spät. Er ist nicht mehr bereit, sein Leben für die Ziele der Revolution zu opfern: „aber den Hals hinhalten ans Messer, das will ich nicht" (Z. 10). An Anna gewandt, nennt er als Motiv sein privates Glück: „[I]ch habe meine Frau wieder. Anna, komm!" (Z. 19) Die Entscheidung hat Kragler bereits gefällt (Z. 9–19).

der dritte Abschnitt

Der dritte Teil zeigt Kragler, wie er sich gegenüber Glubb, Manke und Auguste verteidigen muss und wie er auch von Anna unliebsame Mitteilungen erhält. Beschimpfen ihn die einen, weil er den Mund zu voll genommen hat und sie jetzt allein zurücklassen will – „Der Herr hat geschrien wie ein Börsenmakler, und jetzt will er ins Bett" (Z. 23) –, führt ihm Anna noch einmal vor Augen, dass sie ihm untreu gewesen ist. Alles soll ausgesprochen sein, um keine Illusionen aufkommen zu lassen (Z. 20–50).

der vierte Abschnitt

Die zunehmende Gefahr wird deutlich. *„Hinten fernes Geschrei"* (Z. 51) und *„dumpfe Kanonenschüsse"* (Z. 66) lassen im vierten Teil der Szene die prekäre Lage der Spartakisten erkennen. Die vorgeblichen Revolutionäre ducken sich weg und verschwinden aus dem Blickfeld (Z. 72, 75, 77, 81, 84). Deutlich wird: der Kampf ist bereits verloren (Z. 51–84).

der fünfte Abschnitt

Kraglers Monolog im fünften Teil schließt den Textauszug ab. Er verweigert sich jeder Art von Romantik, seien es illusionäre Phrasen oder Theatereffekte. Sein *„ärgerlich[es]"*, *„bösartig[es]"*, ihn *„fast erstickend[es]"* Lachen (Z. 90, 100, 103) zeigt ihn als zynisch verhärteten, auf sich bezogenen Mann. Jetzt erst begründet er sein Verhalten in einem längeren Monolog (Z. 85–111).

Aufgabe 101

Kraglers Entscheidung

Kragler ist zu Beginn des Ausschnitts noch unsicher, wie er weiter vorgehen soll. Die indirekten Vorwürfe Glubbs lässt er *„schweig[end]"* (Z. 2 und 6) über sich ergehen. Dann aber trifft er seinen Entschluss und formuliert eine brüske Absage an die Revolution. Mit Anklängen an die Martin Luther zugeschriebene Feststellung („Hier stehe ich! Ich kann nicht anders. Gott helfe mir!") vor dem Reichstag zu Worms 1521 markiert auch Kragler seinen Standpunkt: „Schmeißt Steine auf mich, hier stehe ich: ich kann das Hemd ausziehen für euch, aber den Hals hinhalten ans Messer, das will ich nicht." (Z. 9 f.) Er konsterniert damit seine Mitkämpfer, wie ihre verblüffte Reaktion zeigt, lässt sich aber durch ihre Einwände nicht mehr irritieren.

Absage an die Revolution

Auch Annas Schilderung ihrer Untreue erscheint ihm irrelevant. Weder die Tatsache, dass sie mit Murk geschlafen hat, noch der Umstand, dass sie ein Kind von ihm erwartet, erscheint ihm wichtig. Die Frage, ob sie „unbeschädigt", „anständig" nach bürgerlichen Maßstäben sei, hat für ihn keine Bedeutung (Z. 26 f. und 32). Im Gegensatz zur Prostituierten Auguste – „Schwein auch du!" (Z. 45) – ist für ihn die Jungfräulichkeit kein Maßstab für die Liebe.

Nachdem er lange Zeit eher wortkarg reagiert, argumentiert er in der Schlussphase in einem wütenden, ausführlichen Monolog. Darin verbindet er seine Lust am Lebensgenuss mit der Absage an die Gewalt: „Das Geschrei ist alles vorbei, morgen früh, aber ich liege im Bett morgen früh und vervielfältige mich, daß ich nicht aussterbe." (Z. 100 f.)

Sein bösartiges Lachen (Z. 100) zeigt, dass er sich bewusst ist, durch sein Verhalten andere im Stich zu lassen. Aber er kehrt die Vorwürfe um, legitimiert sein individuell-anarchisches Rebellentum, indem er die anderen als „Halsabschneider", als „blutdürstige[] Feiglinge" beschimpft (Z. 102 f.). Den Bürgerkrieg bezeichnet er geringschätzig als „Besoffenheit und Kinderei" (Z. 106). Von ihm ist dafür keine Unterstützung mehr zu erwarten.

Entscheidung für den Genuss

Kragler ist ein Genussmensch, der jetzt sein Leben auskosten will. Erstmals seit seiner langen Abwesenheit erhält er die Möglichkeit, mit seiner Verlobten ins Bett zu gehen. Das will er sich nicht nehmen lassen.

Aufgabe 102

Anna legt eine rücksichtslose Generalbeichte ab (Z. 28, 30 f., 43 f., 47 f., 53 f. und 56). Sie beschönigt nichts und provoziert Kragler zu wiederholten Malen (vgl. bereits Z. 7). Diese Provokationen dienen dem Zweck, Kragler zu einer bewussten, definitiven Entscheidung für oder gegen sie zu bewegen. Nur auf einer solchen Basis erscheint für sie eine gemeinsame Zukunft überhaupt möglich.

Anna beschränkt sich in dieser Szene auf wenige klare Aussagen – mehr braucht sie aber auch nicht, denn Kragler ist bereits davon überzeugt, dass sie für ihn die Richtige ist.

Annas Beichte und ihre Provokationen

Aufgabe 103

Glubb ist in dieser Szene die Figur, die am schnellsten erkennt, wie sich die Position Kraglers verändert hat. Er kann daher mit seinen indirekten Vorhaltungen (Z. 1, 3 ff. und 16) auf den Punkt bringen, warum sich Kragler aus seiner Sicht am Spartakus-Aufstand beteiligt hat: „Einige wären gern noch einmal in einem Bett gelegen, aber du hattest kein Bett, und so wurde es auch nichts aus dem Nachhausegehen." (Z. 4 f.) Innerhalb der Gruppe ist Glubb (als Kneipier) offenbar derjenige, der über eine gewisse Bildung verfügt. Das zeigt sich daran, dass er sich im Gegensatz zu der umgangssprachlichen und vulgären Redeweise der anderen Gruppenmitglieder sehr gewählt ausdrückt.

Manke, Auguste und „der besoffene Mensch" reagieren vor allem mit Flüchen, Beschimpfungen oder knappen Tatsachenschilderungen: „Und jetzt stürmen sie Mosse" (Z. 52). Besonders im Vergleich mit Manke wird deutlich, dass Glubb die Aggressivität der anderen nicht teilt. Auch Manke durchschaut die Beweggründe Kraglers, ist aber nicht in der Lage, seine Vorwürfe in ähnlich gemäßigter Form vorzubringen wie Glubb. In einer bilderreichen, emotional aufgeladenen Replik bringt er die Verantwortung Kraglers für ihr gemeinsames Vorgehen zum Ausdruck: „Und wir? Mit Schnaps getränkt bis ans Herz und mit Geschwätz gefüttert bis zum Nabel, und die Messer in unseren Pfoten, von wem sind die?" (Z. 33 f.)

Kneipen-Rebellen

Kraglers Absicht ist jedoch schon vorbestimmt. Gegen seine privaten Motive können sich die anderen nicht durchsetzen, auch wenn sie noch so überzeugend argumentieren würden. Sie versuchen es daher mit Gewalt; jedoch endet der Kampf rasch, als die ersten Kanonenschüsse zu hören sind (vgl. Z. 66).

Aufgabe 104   Vgl. die Übersicht auf Seite 108

Aufgabe 105   Auffallend ist in diesem Szenenausschnitt vor allem der derbe, rebellische Gestus, der polemisch gegen den „guten Geschmack" gerichtet ist. Er lässt sich bei fast allen Figuren finden. Die Gruppe von Manke, Auguste und dem „besoffenen Herrn" kann nicht anders – ihre Sprache ist der Kneipenjargon, der sich in vulgären Ausdrücken artikuliert – „Mensch, so tu doch die Flosse aus dem Sack!" (Z. 8) –, in Flüchen – „Himmel, Arsch und Zwirn" (Z. 11) – oder Beleidigungen: „das Schiebermensch" (Z. 63). *Slang*

Aber auch Anna bewegt sich sprachlich auf einfachem Niveau. Sie argumentiert umgangssprachlich, kühl und sachlich. Statt mütterliche Gefühle zu äußern, ist ihr die Figur nach der Schwangerschaft wichtig: „und meine Hüften sind hin für immer" (Z. 30 f.). Sie nennt die Fakten, versucht ihre eigene Rolle in der Beziehung zu Murk in keiner Weise zu beschönigen. Sie bringt sich damit in Gefahr, denn Manke wie Auguste sind bereit, sie umzubringen. *einfache, klare Formulierungen*

Die Prostituierte Auguste ist besonders empört darüber, dass Anna sich von einem anderen Mann hat schwängern lassen: „Schwein auch du!" (Z. 45). Mit deutlicher Ironie gestaltet der Autor hier die bürgerliche Moral. Führt sie in einem Drama des 19. Jahrhunderts noch zum tragischen Untergang der jungen Frauen, wirkt sie hier aus dem Mund einer Frau, die ihren Körper verkauft, nur lächerlich. *Ironisierung einer aufgesetzten Moral*

Kragler ist der Einzige, der nach zahlreichen knappen Repliken einen längeren Monolog hält. Dieser Monolog ist *Monolog* eine wilde Mixtur aus Boulevardschlagzeilen und Beschimpfungen, dessen Wirkung durch das Spiel mit den Requisiten noch zusätzlich gesteigert wird (Z. 89–107).

Aufgabe 106

Andreas Kragler sympathisiert zwar mit dem Spartakusaufstand, zieht dem Sieg der revolutionären Idee letztlich aber doch sein privates Glück vor. Mit einer drastischen, metaphorischen Wendung, die an die Sprache der Bibel anklingt, macht er klar, dass von ihm nichts mehr zu erwarten ist. Er denkt nicht daran, sich selbst für einen ideologisch beschönigten Sieg zu opfern. „Mein Fleisch soll im Rinnstein verwesen, daß eure Idee in den Himmel kommt? Seid ihr besoffen?" (Z. 86 f.)

plastische Wendung

In seinem Schlussmonolog zieht Kragler ein Fazit seiner Erfahrungen mit dem kommunistischen Aufstand. In einer Art von Stakkato-Stil lässt er die Ereignisse unverbunden Revue passieren. Diese parallele Reihung verdeutlicht das Chaos des Bürgerkriegs. Kragler signalisiert damit, dass es ihm auf Begründungszusammenhänge nicht mehr ankommt. Allein das grausame Ende ist entscheidend und verantwortlich für seinen Entschluss, das private Glück zu suchen: „Der Dudelsack pfeift, die armen Leute sterben im Zeitungsviertel, die Häuser fallen auf sie, der Morgen graut, sie liegen wie ersäufte Katzen auf dem Asphalt, ich bin ein Schwein, und das Schwein geht heim." (Z. 96–98). Insgesamt wird deutlich, dass Kragler hier zum Sprachrohr des Dramatikers geworden ist. Bemerkenswert ist, wie Brecht sich hier expressionistischer Sprachmittel bedient, um eine ganz antiexpressionistische, desillusionierende Wirkung zu erzielen. Typisch für den Expressionismus ist die Darstellung des Menschen als Sache oder als Tier und im Gegenzug die Vermenschlichung von Dingen. Während im Expressionismus dadurch aber anklagend zum Ausdruck gebracht werden soll, was die modernen Lebensverhältnisse aus den Menschen machen, scheint Brecht lediglich kühl zu konstatieren: So ist der Mensch. Expressionistisch ist auch die Wendung von den Häusern, die auf die Menschen fallen. Schiefe Häuser waren ein

Stakkato-Stil

Sprache der Neuen Sachlichkeit im Gegensatz zur Sprache des Expressionismus

Lieblingskunstgriff expressionistischer Bühnenbildner. Sie standen als Dingsymbol für die metaphysische Einengung und Schieflage des modernen Menschen. Bei Brecht fallen die Häuser, weil sie unter schweren Beschuss geraten sind. Ohne höheren Sinn begraben sie die Menschen unter sich. Wenn Brecht seinen Protagonisten von den Opfern des Aufstands sprechen lässt, die wie „ersäufte Katzen" getötet werden, greift er aktuelle Ereignisse auf. Der Autor beendet die erste Fassung seines Dramas unter dem Titel *Spartakus* am 13. Februar 1919. Einen Monat zuvor, am 15. Januar, sind Rosa Luxemburg und Karl Liebknecht, die Anführer des Spartakusaufstands, von Freikorpsoffizieren umgebracht und ihre Leichen im Berliner Landwehrkanal beseitigt worden. Mit dem Ausdruck „ersäufte Katzen" führt Brecht dem zeitgenössischen Publikum die Menschen verachtende Brutalität der kontrarevolutionären Freikorps-Truppen vor Augen. Aber auch ohne dieses historische Hintergrundwissen wird deutlich, was der Autor sagen will: Diese Kämpfe sind kein Kinderspiel, auf das man sich aus Frustration oder im Suff einlassen kann. Die Bürgerkriegsunruhen sind mörderisch.

In Kraglers Empörung über die Brutalität der Auseinandersetzungen schwingt aber eben auch die Weigerung mit, sich selbst zum Märtyrer machen zu lassen. Kragler greift dafür auf rhetorische Mittel zurück, die bereits angeklungen sind. Er argumentiert mit Glubbs Worten („deine Hoden hast du noch", Z. 77), wenn er anmerkt: „meine Haut habe ich noch" (Z. 99); er verwendet alltagssprachliche Wendungen, um auszudrücken, dass er sein privates Vergnügen dem Bürgerkriegsinferno vorzieht: „ich liege im Bett morgen früh und vervielfältige mich, daß ich nicht aussterbe" (Z. 101). Er wendet die Beschimpfungen der Aufständischen gegen sie selbst: „Ihr blutdürstigen Feiglinge, ihr!" (Z. 103) Kragler präsentiert sich mit solchen Reden als Zyniker, was ihn aber offensichtlich nicht stört.

Alltagsmetaphorik

historische Bezüge

Aufgabe 107 Annas Redeanteil in diesem Ausschnitt ist gering. Sie wirft kurze Aussage- oder Fragesätze ein, die Fakten nen-

Kurzsätze

nen: „Einen Balg, ja, das habe ich" (Z. 28). Ihre Sätze sind stilistisch wenig auffällig: ein parataktischer Satzbau, Halbsätze, Inversionen, eine dreigliedrige Aufzählung, eine Alltagsmetapher – „mit Haut und Haar" (Z. 53 f.) – mehr an rhetorischer Kunstfertigkeit enthalten ihre Gesprächsbeiträge nicht.

Auffälliger ist Annas Sprechhaltung. Sie äußert sich in provozierender Weise offen. Sie deutet damit an, dass sie bereit ist, für ihren Liebesverrat zu bezahlen, und stellt zugleich Kragler auf die Probe. Nur auf der Basis einer solchen rücksichtslosen Offenheit glaubt sie, überhaupt eine neue Beziehung mit Kragler eingehen zu können. *provozierende Offenheit*

Aufgabe 108 Die Gruppe der Aufständischen zeigt ein simples Sprachverhalten. Ihre Argumentation besitzt keinerlei politische Überzeugungskraft. Kraglers Genossen versuchen zwar, ihn verbal wie handgreiflich daran zu hindern, sich in die Büsche zu schlagen, bieten allerdings selbst kaum das Bild gestandener Kämpfer, auf die Verlass wäre – man gewinnt den Eindruck, dass auch sie im entscheidenden Moment versagen werden. *Phrasen*

So erscheint auch ihre Empörung über Kraglers Rückzug verhalten. Sie reagieren mit vorsichtig-ironischen Nachfragen (vgl. Z. 1), vulgären Kommentaren (vgl. Z. 8) und stotternden Bitten (vgl. Z. 12). Ihre Sprache lässt unterschiedliche Nuancen in der Denk- und Ausdrucksfähigkeit erkennen: Glubb ist die vergleichsweise am meisten intellektuelle Figur. Er kann ironisch argumentieren, konfrontiert in anaphorischen, parallel strukturierten Sätzen Kraglers frühere revolutionäre Phrasen mit seinen jetzigen Rückzugsmanövern (vgl. Z. 3–5), lässt Kragler seine Verachtung indirekt durch eine rhetorische Frage spüren (vgl. Z. 16). Am Ende ist er derjenige, der Kraglers Ausstieg klar erfasst und sich zurückzieht, nicht ohne ihm in einer metaphorischen Wendung noch einmal seine Geringschätzung zu zeigen: „Ja, der Morgen riecht viel, mein Junge. Einige freilich bringen sich wohl in Sicherheit." (Z. 83 f.) Manke ist Kellner in Glubbs Arbeiterkneipe und drückt *Ironie* *Glubb* *Anapher / Parallelismus* *Manke* sich entsprechend derb aus. Er beschimpft Kragler als Verräter und kündigt an: „Mensch, ich hänge mich auf, wenn du wankst!" (Z. 50). Allerdings klingen seine Vorhaltungen leer und großspurig. Manke hat natürlich, als Kragler nicht nur wankt, sondern sogar umfällt, nicht vor, seine Drohung auch zu verwirklichen.

Die Prostituierte Auguste hat die geringsten verbalen Möglichkeiten. Ihr bleiben Stottern, verzweifelte Fragen und Beschimpfungen (vgl. Z. 12, 21, 37, 42, 61). Sie spricht ein besonders limitiertes und fehlerhaftes Deutsch (vgl. etwa Z. 61 und 63). Als sie argumentierend nicht weit kommt, wird sie schnell handgreiflich. Gemeinsam mit Manke versucht sie, Anna ins Wasser zu stoßen und umzubringen: „Unters Wasser, das Schiebermensch!" (Z. 63). Als der Kanonenlärm näher rückt, verhält sie sich nicht anders als Kragler. Auguste *„läuft geduckt nach hinten"* (Z. 72) – nicht ins Kampfgebiet also, sondern in Sicherheit.

Auguste: stottern, fragen, schimpfen

Aufgabe 109

In dieser Schlussszene lässt der Kriegsheimkehrer Kragler sein eigentliches Ich erkennen: Er zeigt sich als Antiheld, als Opportunist, dem der private Genuss wichtiger ist als der Bürgerkrieg. Er wird zum Verräter an einer Revolution, für die ihn nichts begeistert. Seinen Standpunkt vertritt er offensiv: „[S]ie liegen wie ersäufte Katzen auf dem Asphalt, ich bin ein Schwein, und das Schwein geht heim." (Z. 97 f.)

Kragler als Antiheld

Mit dem Aufruhr hat ihn von Anfang an nichts verbunden. Dass er überhaupt an den Straßenkämpfen teilnehmen will, ist nicht mehr als die Folge seiner enttäuschten Erwartungen. Den Empfang im Haus der Balickes hat sich der Kriegsheimkehrer anders vorgestellt. Dass seine Braut schwanger von einem anderen ist, mit ihm Verlobung feiert und von Kragler nichts wissen will, empört ihn. Der Aufstand der Spartakisten erscheint ihm als erste Möglichkeit, sich nicht nur an dieser Familie, sondern an allen zu rächen, die es in der Heimat zu Reichtum gebracht haben, während er Krieg und Kriegsgefangenschaft erlebte.

Er hat also keinen inhaltlichen Bezug zu den Aufstän- *private Motivation*
dischen; es ist seine private Motivation, die ihn dazu
treibt, sich ihnen anzuschließen – eine Situation, die eng
mit der Karl von Moors in Schillers *Räubern* verbunden
ist. Anders als in diesem Drama kommt es aber zu keinerlei Aktion Kraglers. Bevor er seine militärische Ausbil-
dung in die Straßenkämpfe einbringen kann, veranlasst
ihn Annas Sinneswandel, sich von der revolutionären Sache abzuwenden.

Brecht stattet seine Figur mit der anarchischen Kraft eines *Vorbild: Karl von Moor*
Aufrührers aus. Anders als sein Vorläufer Karl von Moor
ist er aber selbstbewusst. Er erkennt seine Lage, kann sich
aus der Rolle als Opfer der Verhältnisse befreien und einen
eigenen Weg gehen. Er erkennt, dass die anderen ihn als
Held aufbauen, der auf die Barrikaden geht und dabei
stellvertretend für sie sein Leben lassen soll: „Fast ersoffen
seid ihr in euren Tränen über mich, und ich habe nur mein
Hemd gewaschen mit euren Tränen." (Z. 85 f.) Dieser Rol-
lenzuweisung entzieht er sich und genießt stattdessen
„das Bett, das große, weiße, breite Bett" (Z. 106 f.) Allerdings wird diese Wendung erst durch die Bereitschaft
Annas eingeleitet, sich ihm wieder zuzuwenden und
damit einen Neuanfang zu ermöglichen.

Aufgabe 110 Anna Balicke, Kraglers frühere Braut, kommt aus gutbür- *Tochter aus*
gerlichen Verhältnissen. Die dort nach außen hin vertrete- *gutbürgerlichen*
nen Wertmaßstäbe sind allerdings hohl. Ihr Vater hat vom *Verhältnissen*
Krieg profitiert; sie hat sich auf ein Verhältnis mit dem
ehemaligen Vorarbeiter Murk eingelassen und ist von ihm
schwanger. Anna verlässt jedoch die Verlobungsfeier und
läuft Kragler auf den umkämpften Straßen Berlins nach. In
der Konfrontation mit ihm gewinnt sie an Format.

Rückhaltlos berichtet sie von ihrem Verhältnis mit Murk, *will einen ehrlichen*
der Schwangerschaft und dem Abtreibungsversuch. Damit *Neuanfang*
macht sie deutlich, dass sie sich für Kragler entschieden
hat. Sie überlässt diesem nun die Entscheidung, ob er noch
einmal mit ihr zusammenleben will.

Aufgabe 111

Im Kreis der Brüder Manke, des Schnapshändlers und Kneipiers Glubb, der Prostituierten Auguste und anderer Kumpane findet Kragler die familiäre Aufnahme, die er bei den Balickes vermisst. Mehr als die soziale Wärme einer gesellschaftlichen Randgruppe können sie ihm aber nicht bieten. Sie sind ein abenteuerlicher Trupp von Sozialrebellen, Figuren, die alle nicht dem typischen Bild des Proletariats entsprechen. Politischen Zielen stehen sie wohl ebenso fern wie er selbst. Aber sie lassen sich schnell begeistern, sehen die Revolution als sensationelles Ereignis, bei dem sie dabei sein wollen. Gerne würden sie einen heldenhaften Kämpfer an der Spitze ihrer Gruppe sehen.

kleinbürgerliche Revolutionäre

Sie fühlen sich von Kragler verraten, weil er sie erst auf die Straße geführt habe. Allerdings ist auch ihre eigene Bereitschaft, sich am Aufstand zu beteiligen, eher gering. Sobald die Kämpfe bedrohlich näher rücken, verdrücken sie sich (vgl. Z. 72–84). Mit diesen unzuverlässigen Gestalten wäre der Aufstand kaum zu gewinnen gewesen. Politische Überzeugungstäter fehlen in Brechts Drama überhaupt. Das lässt auch erkennen, dass der Autor zu dieser Zeit keine weltanschauliche Überzeugung vertritt – was es dem späteren Marxisten erschwerte, zu seinem Stück zu stehen.

verdrücken sich, wenn Gefahr droht

Aufgabe 112

Mit dem Genretitel „Komödie" nimmt Brecht Bezug auf den fünften Akt des Stückes: Komödienartig ist in *Trommeln in der Nacht* offensichtlich der Schluss, der mit dem gängigen Schema übereinstimmt. Am Ende einer ‚richtigen' Komödie geht alles gut aus. Die bösen Mächte sind überwunden, die eigene Naivität ist besiegt. In Brechts Drama entwickelt sich, was Kragler angeht, auch alles tatsächlich zum Besten. Das Einzige, was für ihn zählt, bleibt ihm erhalten. Schlecht endet dagegen die soziale Auseinandersetzung, in die er verwickelt ist. Da es Kragler aber nur darum geht, seinen persönlichen Nutzen zu verfolgen, bleibt er Sieger, kann er sich gegen seine Mitmenschen behaupten.

Kraglers Erfolgskomödie

Brecht irritiert mit einem solchen Ende sein Publikum. Einer ‚normalen' dramatischen Logik zufolge müsste sich

Irritation des Publikums

Kragler, nachdem er erkannt hat, dass er zum Opfer der bürgerlichen Kriegsgewinnlerfamilie geworden ist, ins Kampfgewühl stürzen und auf der Barrikade sterben. Brecht schreibt dazu 1954: „In *Trommeln in der Nacht* bekommt der Soldat Kragler sein Mädchen zurück, wenn auch ‚beschädigt‘, und kehrt der Revolution den Rücken. Dies erscheint geradezu die schäbigste aller möglichen Varianten, zumal da auch noch eine Zustimmung des Stückeschreibers geahnt werden kann." (Bertolt Brecht: *Bei Durchsicht meiner Stücke*)

Allerdings zeigt Brecht auch nur sehr bedingt eine Versöhnung der Gegensätze; er lässt sein Stück offen enden. Ob die Konflikte zwischen den beiden Liebenden tatsächlich gelöst sind, erscheint fraglich. Und die Komödie enthält auch insofern einen Widerhaken, als sie zu zeigen scheint, wie unvereinbar individuelles Glück mit dem Erreichen gesellschaftlicher Ziele ist.

offenes Ende

Mit seinen zynischen und grotesken Elementen hat Brecht dem Stück einige Züge der Komödie verliehen. Genretypisch ist auch der unpathetisch-saloppe Tonfall, wenn sich etwa Anna über die erfolglosen Abtreibungsversuche beklagt und bei der Geburt des Kindes lediglich an ihre Taille denkt: „Hier drinnen ist er, der Pfeffer hat nicht geholfen und meine Hüften sind hin für immer."(Z. 30 f.)

zynische und groteske Elemente

Als Groteske erscheint die Verwandlung hochfliegender Symbole in schlichte Bühnenrequisiten. Wenn Kragler am Ende seines Monologs den roten Mond herunterreißt und den verschwindenden Revolutionären „Besoffenheit und Kinderei" (Z. 106) nachruft, zeigt sich, wie wenig von der Idee der Revolution übrig geblieben ist. Der Theatermond ist wie die Revolution selbst zu einer bloßen Karikatur herabgesunken. Damit wird auch die Erwartungshaltung der Zuschauer irritiert. Mit höhnischer Gebärde macht Kragler deutlich: Die ganze Komödie war lediglich ein Spiel, alles nicht so ernst gemeint. Das Stück zeigt viel Theaterdonner, falsche Rührung, falsches Spiel.

Theaterdonner

Aufgabe 113 Die „Neue Sachlichkeit" ist durch eine kühl-illusionslose Sachlichkeit der Darstellung, ein Gefühl für das Bodenständige, Leidenschaftslose charakterisiert. Die Menschen werden nüchtern und oftmals mit sarkastischer Haltung in ihren sozialen Merkmalen erfasst. Diese Haltung prägt auch die Kultur der Weimarer Republik. Sie ist Spiegelbild einer Gesellschaft, die nach dem verlorenen Krieg und den Illusionen der Revolution enttäuscht ist und nichts mehr von den großen Ideen einer Welterlösung wissen will. Das millionenfache Sterben im Weltkrieg hat gleichsam den idealistischen Glauben blamiert, dass der einzelne Mensch etwas Kostbares und Einzigartiges sei. Nihilismus und eine zynische Geringschätzung der körperlichen und geistigen Integrität des Menschen greifen um sich. Das Bedürfnis nach Ablenkung, nach schneller Befriedigung von Triebwünschen, nimmt zu. Moralische Schranken fallen, denn die Moral hat sich als hohl erwiesen.

All diese Tendenzen finden sich in Brechts *Trommeln in der Nacht* wieder. Kraglers rebellierender Elan erschöpft sich, sobald für ihn selbst die Welt wieder in Ordnung ist. Alles Pathos wirft er zum alten Eisen. Er bekennt sich zum „Schwein" im Menschen und verabschiedet sich von seinen hochfliegenden Visionen (Z. 98).

Auch der Ton in Annas Repliken ist knapp, zynisch und schnoddrig. Wie Kragler ist auch sie desillusioniert; ihre außereheliche Schwangerschaft bereitet ihr entsprechend auch weniger aus moralischen Gründen Probleme, vielmehr sorgt sie sich um ihre Attraktivität.

In beiden Figuren zeigt der Autor seine tiefe – und durchaus zeittypische (wie auch der große Erfolg des Stückes beweist) – Skepsis gegenüber der Erwartung an eine neue Zeit. Der Rückzug der Protagonisten ins Privatleben erscheint angesichts der politischen Lage erbärmlich – aber ebenso verständlich und durchaus realistisch.

kühl-illusionslose Sachlichkeit

Aufgabe 114 Brecht greift in seinem Drama die aktuellen Probleme der Zeit auf: das Scheitern der proletarischen Revolution 1919, das Schicksal der verschollenen Soldaten, die Wieder-

das Scheitern einer Revolution

eingliederungsprobleme der Kriegsheimkehrer, das behagliche Leben der Kriegsgewinnler, das Chaos der Konterrevolution.

Diese Konflikte spielen im vorliegenden Textausschnitt direkt oder indirekt eine Rolle. Kragler muss erkennen, dass er gerade rechtzeitig heimgekommen ist, um seine Braut von einem anderen geschwängert und seine Heimatstadt Berlin im Chaos vorzufinden. Mit den selbstgerechten Sprüchen der Spekulanten und Schieber will er nichts zu tun haben. Er schlägt sich seine eigene Bahn durch diesen inneren wie äußeren Tumult. Und auch Anna kann sich den Ansprüchen der Eltern wie des künftigen Ehemannes entziehen. Brechts Enttäuschung darüber, dass weder die Münchner Räterepublik noch die Weimarer Republik den Idealen einer sozialen Revolution entsprechen, zeigt sich, wenn er seinen Protagonisten zurückweichen und das Bett dem Märtyrertod vorziehen lässt.

Getragen wird das Drama durch die rebellische Haltung des Heimkehrers Kragler. Noch der Zynismus seines Schlussmonologs klingt wie der Aufschrei eines enttäuschten Romantikers. Deutlich wird die Grundhaltung Brechts: Dieser Gesellschaft ist nicht mehr beizukommen, weder mit Gewalt noch mit Engagement. Was hilft, ist letztlich der anarchische Rückzug auf die eigenen privaten Bedürfnisse. Aber die Wut Kraglers, sein bösartiges Lachen, sein Herumtorkeln lassen erkennen, dass auch diese Haltung keine Antwort sein kann. Eine wirkliche Lösung kann der Autor dem Publikum (noch) nicht bieten.

Rebellentum ohne Ideale

Aufgabe 115
- Die Sprache des Dramas ist nüchtern und sachlich, Gefühle werden auf ein Minimum reduziert, brechen sich allenfalls in unkontrollierten Ausfällen Bahn. Das zeigt: Gefühle sind verpönt, aber gleichwohl unterschwellig sehr wohl (und sehr stark) vorhanden.
- Der Zuschauer soll durch den Jargon provoziert und dazu aufgefordert werden, sich mit der zeitgenössischen Gegenwart auseinander zu setzen.

unterdrückte Emotionen

Aufgabe 116   Auch für heutige Zuschauer muss die Figur des Protago-   *enttäuschte Hoffnungen*
nisten irritierend erscheinen, weil er derart widersprüch-
lich angelegt ist. Man kann ihn – bei etwas oberflächlicher
Betrachtung – den ‚politischen Schaumschlägern' zurech-
nen, die große Sprüche klopfen, aber doch lieber nach
Hause gehen, wenn das eigene Engagement gefordert ist.
Man kann ihn mit größerem Recht aber auch als realisti-
schen Zeitgenossen verstehen, der seine früheren Illusionen verloren hat, in der Alltagswelt angekommen ist und
sich nun in sein Privatleben zurückgezogen hat.
Sein selbstbezogener Zynismus kann schließlich auch als
Zeichen enttäuschter Hoffnungen gesehen werden. Wenn
alle anderen Personen nur den eigenen Vorteil im Blick
haben – welche Chance hat dann noch ein rebellischer
Idealist?

Friedrich Dürrenmatt: Die Physiker

Aufgabe 117   Der Szenenauszug beginnt mit einer entscheidenden Aus-   *Der geniale Natur-*
einandersetzung. Das Publikum hat erst wenige Augen-   *wissenschaftler …*
blicke zuvor die wahre Identität der drei Wissenschaftler
erfahren. Möbius ist ein genialer Naturwissenschaftler, der
die „Weltformel" entdeckt hat. In seinen Forschungen ist
er bis „an die Grenzen des Erkennbaren gestoßen" (Z. 45 f.).
Dabei hat er aber erkannt, dass dieses Wissen „schrecklich", die Forschung „gefährlich", die Erkenntnis „tödlich"
ist (Z. 51 f.). Wenn die Ergebnisse der reinen Wissenschaft
in die Hände der Politik oder der Wirtschaft geraten, kann
das Macht- und Profitstreben Einzelner dazu führen, dass
die Entdeckungen das Ende der gesamten Menschheit bedeuten.
Daraus hat Möbius Konsequenzen gezogen und „die   *… zieht sich in die Irren-*
Narrenkappe" gewählt (Z. 42). Er ist nicht mehr bereit,   *anstalt zurück …*
das Ergebnis seines Denkens publik zu machen, sondern
will im Verborgenen forschen und für alle anderen als
verrückt gelten. Er gibt vor, dass ihm „der König Salomo
erscheine", und wird prompt in ein Irrenhaus eingewiesen.

Mit Möbius befinden sich zwei weitere Kernphysiker in der Anstalt, die sich angeblich für Newton beziehungsweise für Einstein halten. Tatsächlich sind sie jedoch nicht in erster Linie Naturwissenschaftler, sondern Agenten: Newton heißt eigentlich Kilton und wurde von einem westlichen Geheimdienst beauftragt, Möbius auszuspionieren. Ebenso wurde Eisler unter dem Namen Einstein als Agent des Ostens eingeschmuggelt, um Möbius für die Gegenseite zu gewinnen.

... und soll dort ausspioniert werden.

Der hat jedoch alle Forschungsunterlagen vernichtet. Es gebe für verantwortlich denkende Wissenschaftler keine Alternative, versucht er die beiden anderen zu überzeugen – auch sie müssten, um das Fortbestehen der Menschheit zu sichern, freiwillig und für immer in der Irrenanstalt bleiben. Möbius tritt sehr überzeugend auf.

Alles ändert sich jedoch, als die Chefärztin Fräulein Doktor Mathilde von Zahnd den Salon betritt. Sie lässt alle philanthropischen Absichten der Physiker zunichte werden und enthüllt deren völlige Ohnmacht. Die Irrenärztin hat die falschen Irren längst entlarvt, die gefährliche Formel an sich gebracht und zu deren Anwendung einen weltbeherrschenden Trust aufgebaut. Sie ist selbst wahnsinnig geworden. Feierlich offenbart sie ihr Geheimnis: „Auch mir ist der goldene König Salomo erschienen" (Z. 57). Er habe ihr befohlen, „Möbius abzusetzen und an seiner Stelle zu herrschen" (Z. 78 f.). Sie, die einzige wirklich Wahnsinnige in diesem Stück, tritt Salomos „heilige[] Weltherrschaft" an (Z. 75). Der Untergang der Welt durch die Forschungsergebnisse der Wissenschaft scheint nicht mehr aufzuhalten zu sein. Möbius' raffiniert ausgetüftelter Plan scheitert, weil er diese Entwicklung nicht einkalkuliert hat.

Die Irrenärztin übernimmt „die Weltherrschaft".

Aufgabe 118 Der Textauszug bildet einen unerwarteten Theatercoup. Die Szene ist zweigeteilt. Zunächst erweckt die ausführliche Diskussion zwischen Möbius, Newton und Einstein den Eindruck, hier werde dem Publikum die Haltung vorgetragen, die Dürrenmatt selbst zur Frage einnimmt, wie

ein Theatercoup

sich Wissenschaftler in einer Welt verhalten sollen, die sie durch ihre Erfindungen und Entdeckungen vollständig verändern, sogar vernichten können.

Newton wie Einstein haben ein klares Interesse: Sie sollen als Agenten Möbius davon überzeugen, für ihre jeweilige Seite zu arbeiten. Newton verweist auf die materiellen Vorteile, die einem Wissenschaftler im Westen zur Verfügung stehen. Einstein vertritt dagegen ideologische Argumente: Physik müsse im Dienst der „Partei" betrieben werden. Gemeint ist damit die Position der Kommunistischen Partei der Sowjetunion, die den Anspruch vertritt, auf der Grundlage marxistischen Denkens ein gültiges Konzept für die Deutung der Wirklichkeit zu besitzen. Daraus resultiert auch ihr Machtanspruch, dem sich jeder zu unterwerfen habe (Z. 20–26).

Möbius ist mit diesen Argumenten nicht zu überzeugen. Für ihn steht fest, dass den Wissenschaftlern in beiden Systemen letztlich nicht mehr als „ein Gefängnis" geboten werde (Z. 30). Er will dagegen gesellschaftliche Verantwortung übernehmen und ist bereit, dafür die eigene Existenz zu opfern: „Ich ließ meine akademische Karriere fahren, die Industrie fallen und überließ meine Familie ihrem Schicksal" (Z. 41 f.). Einen Rest an Freiheit glaubt er sich allein als vermeintlich Irrer bewahren zu können.

Möbius als verantwortungsbewusster Wissenschaftler

Die Gesellschaft ist für die wissenschaftlichen Ergebnisse von Möbius noch nicht reif genug (vgl. Z. 49 ff.). Er kommt daher zu dem Schluss, die Forscher müssten ihr „Wissen zurücknehmen" (Z. 53 f.).

Das könnte das Fazit eines mutigen Wissenschaftlers in einem wohlmeinenden, aber doch eher banalen Theaterstück sein. Dabei bleibt Dürrenmatt aber nicht stehen. Im direkten Anschluss an dieses Gespräch wird im zweiten Teil der Szene (Z. 56–87) vielmehr deutlich, dass die Handelnden und die Zuschauer gefoppt wurden. Möbius' Vorsatz, aus sittlicher Verantwortung sein Wissen zu verbergen und umwälzende Erfindungen zu verschweigen, erweist sich als sinnlos. Er ist längst Gefangener in diesem Irrenhaus, ohne es zu wissen. Der Freiraum seiner Entscheidung ist bloße Illusion. Seine Erkenntnis, dass es „für

eine Entscheidung ohne Bedeutung

uns Physiker nur noch die Kapitulation vor der Wirklichkeit" gebe (Z. 52), erweist sich als zutreffend – aber in ganz anderer Weise, als von ihm vorgesehen. Nicht er, sondern die Chefärztin hat mit ihrer Aussage recht: „Alles Denkbare wird einmal gedacht. Jetzt oder in der Zukunft." (Z. 73 f.)

Der Zufall will es, dass die Leiterin der Klinik selbst verrückt, zugleich aber Managerin eines weltumspannenden Konzerns und außerordentlich clever ist. Sie hat die fiktive Erscheinung des Königs Salomo für sich angenommen und führt aus, was Möbius unbedingt vermeiden wollte. Sie ist in der Lage, die „heilige[] Weltherrschaft" zu übernehmen (Z. 75).

die Welt in den Händen einer Wahnsinnigen

Jede noch verbleibende Handlungsfreiheit des Einzelnen wird durch diese Spielkonzeption ad absurdum geführt. Auch in der Verweigerung haben die Physiker keine Chance. Das Drama endet in der Ausweglosigkeit. Eine Antwort auf die Frage, was geschehen soll, gibt Dürrenmatt nicht. Damit lässt er den Zuschauer allein.

Aufgabe 119 Der Handlungsort bleibt in diesem Drama unverändert: Es ist der Salon des Sanatoriums, in dem sich, abgeschottet von der Außenwelt, das Schicksal der drei Wissenschaftler – und am Ende auch das der ganzen Welt – vollzieht. Es gibt keinen Blick nach außen, alle Gespräche und auch die sehr reduzierte Handlung spielen sich in diesem Innenraum ab. Ohne Kontakt mit der Alltagswelt und ohne Korrekturen von außen entwickeln die Gespräche ihre eigene Logik. Widerspruch gegen die Position von Möbius gibt es nicht. Selbst die Fantasien der Chefärztin über den „goldene[n] König Salomo" (Z. 57) erscheinen innerhalb dieses Systems vernünftig. Die Welt der Irrenanstalt ist die einzige wahrgenommene Realität. Sie ist durch eine beklemmende Klaustrophobie geprägt.

ein Handlungsort: der Salon eines Sanatoriums

In sich geschlossen ist auch die Handlungszeit. Die Spieldauer entspricht der Zeit, die der Verlauf der Dialoge beansprucht. Es gibt weder Zeitraffungen noch Verzögerungen.

Die Handlungszeit entspricht der Spieldauer des Stücks.

Ebenso stringent verläuft die Handlung: Zielstrebig entwickelt sich das Geschehen auf die überraschende Wendung zu. Die Dialoge führen zu einer Entscheidung, die sich fast noch im selben Moment, in dem sie getroffen wird, als irrelevant erweist.

ein Handlungsstrang

Aufgabe 120 Möbius ist der intellektuelle Denker, der auf die absolute Logik und Konsequenz seines Vorgehens setzt. Sein Motto lautet: „Wir dürfen uns nicht von Meinungen bestimmen lassen, sondern von logischen Schlüssen." (Z. 2 f.) Seine logischen Schlüsse beweisen ihm die Gefährlichkeit seiner Entdeckungen für die Gesellschaft. Mit der gleichen logischen Deduktion versucht Möbius auch die anderen beiden Physiker davon zu überzeugen, der weitere Aufenthalt in der Irrenanstalt sei die einzige Möglichkeit, persönlich integer zu bleiben (Z. 45–55).

Intellektuelle Klarheit …

Dieses Konzept scheint zunächst schlüssig. Tatsächlich ist Möbius in der Lage, Newton und Einstein von seiner eigenen Sicht zu überzeugen. Unter Wissenschaftlern wirkt die deduktive Logik unwiderlegbar. Daher sind sie auch bereit, ihm zu folgen, selbst wenn dieser Schritt mit der eigenen Unfreiheit verbunden ist.

… wird mitleidlos zu Fall gebracht.

Dem Vorgehen der Chefärztin haben sie aber nichts entgegenzusetzen. Mitleidlos macht Fräulein Doktor von Zahnd klar, dass die Ziele der Wissenschaftler illusorisch sind. Zwar werden sie wirklich in der Klinik bleiben, allerdings nicht freiwillig, sondern als Gefangene ohne jede Aussicht, diese Anstalt je wieder zu verlassen. Die genialen Entdeckungen von Möbius werden tatsächlich so genutzt, wie der Physiker das befürchtet hat. Darüber gibt es nichts zu verhandeln – hier werden lediglich Machtverhältnisse konstatiert.

Aufgabe 121 Die Gespräche zwischen den Physikern zeigen, wie eine präzise wissenschaftliche Argumentation zu Ergebnissen führt und dennoch angesichts der Realität wirkungslos verpufft. Die Hoffnung, den Lauf der Ereignisse nach

Planmäßiges Vorgehen …

eigenen Intentionen bestimmen zu können, erweist sich als fataler Fehlschluss. Tatsächlich wird gerade das Gegenteil dessen erreicht, was beabsichtigt war: Der Rückzug in die Isolation führt nur dazu, dass sich die Herrschenden umso ungehinderter des Wissens bemächtigen können.

Die klare logisch-konsequente Argumentation der Physiker, die sich um die Verantwortung für die neuen tödlichen Wahrheiten sorgen, wird mit der schwärmerischen Beschwörung des „goldene[n] König[s]" Salomo konfrontiert (Z. 57). Diese Orientierung an einer übergeordneten, metaphysischen Macht ist allerdings nur die eine Seite eines zielstrebig und ehrgeizig durchgeführten Machtstrebens (vgl. Z. 87 f.).

... scheitert.

Dürrenmatt zeigt Figuren, die den ersten Eindruck, den man von ihnen gewinnt, Lügen strafen. Entspricht das sprachliche Verhalten der Physiker dem Bild, das die Zuschauer sich von ihnen als Wissenschaftlern gemacht haben, steht doch das Ergebnis in einem deutlichen Missverhältnis zu ihrem gut gemeinten Vorhaben. Erscheint die Ärztin zunächst als eine in ihrem Wahn gefangene Figur, zeigt sich schnell, dass sie tatsächlich den Alltag sicher kontrolliert, religiöser Wahn und ökonomischer Sachverstand keine Widersprüche sein müssen. Entsprechend werden die wissenschaftlich argumentierenden Ausnahmeforscher als Gefangene gehalten und steigt die geisteskranke Irrenärztin zur Weltmacht auf.

Widerlegung vorschneller Urteile über die Figuren

Aufgabe 122	Struktur	Inhalt	Funktion
	Station 1 Z. 1–32	Möbius fragt nach der Position des Wissenschaftlers zwischen Freiheit und Verantwortung.	**Enthüllungsszene I:** Möbius offenbart seinen wirklichen Geisteszustand.
	Station 2 Z. 33–55	Möbius definiert seine Position: Rückzug beziehungsweise Kapitulation vor der Wirklichkeit.	**Konsequenz I:** Die Freiheit des Denkens erfordert die totale Resignation des Wissenschaftlers.
	Station 3 Z. 57–77	Gegenposition der Chefärztin: die Verheißung der „heiligen Weltherrschaft"	**Enthüllungsszene II:** Das Geheimnis der Ärztin wird enthüllt: Sie hat planvoll Möbius' Erkenntnisse zusammengetragen.

Station 4 Z. 78–88	Resultat: Ein weltumspannender Trust beutet die wissenschaft- lichen Ergebnisse aus.	**Konsequenz II**: Die Lösungs- variante der Physiker fällt in sich zusammen.

Aufgabe 123

Möbius argumentiert streng logisch-deduktiv. Unter Na- *Möbius als*
turwissenschaftlern kann er die gleichen Denkkategorien *Wissenschaftler …*
voraussetzen. Daher betont er im ersten Satz des Textauszugs auch die Gemeinsamkeit: „Wir sind drei Physiker."
(Z. 1) Die Bedeutsamkeit seiner Rede lässt die Regieanweisung erkennen, die auf die belehrend-professorale Haltung verweist, die Möbius hier einnimmt: er *„steht auf"*
(Z. 1).
Entscheidend ist es aus seiner Sicht, „wissenschaftlich"
(Z. 2) zu argumentieren, klar und vernünftig, ohne „Denk-
fehler" (Z. 4 f.). Eine Lösung müsse gefunden werden, „weil
ein Fehlschluß zur Katastrophe führen müsste" (Z. 5).
Möbius führt die Interessenskonflikte zwischen den drei
Physikern auf prinzipielle Fragen zurück. Gemeinsam sei
ihnen das „Ziel", der wissenschaftliche Fortschritt (Z. 6 f.),
unterschiedlich sei nur ihre „Taktik" (Z. 6), ihre Auffassung darüber, auf welchem Wege dieses Ziel zu erreichen
sei (Z. 6–8).
Die nächsten Sätze weisen Möbius aber auch als trickrei- *… und trickreicher*
chen Strategen aus. Er gibt vor, seine Entscheidung noch *Stratege*
nicht getroffen zu haben. Die Positionen Kiltons und Eis-
lers will er vorgeblich überprüfen, um der „Wirklichkeit"
auf die Spur zu kommen (Z. 10). Erst dann könne er sich
entscheiden.
Damit kommen die Standpunkte der beiden anderen *Newtons Haltung*
Physiker ins Spiel. Für Newton bedeutet „Freiheit", unter
luxuriösen Forschungsbedingungen arbeiten zu können:
„Besoldung und Unterkunft ideal, die Gegend mörderisch,
aber die Klimaanlagen ausgezeichnet." (Z. 12 f.) Dürrenmatt spielt hier offensichtlich auf das US-amerikanische
Atom-Versuchsprogramm in Los Alamos, mitten in der
Wüste von New Mexico, an, wo amerikanische und euro-
päische Forscher an der Entwicklung der Atombombe
arbeiteten. Allerdings, so deutet Newton an, können die

Forscher über die Ergebnisse ihrer Arbeit nicht frei verfügen, denn sie sind Teil der militärischen Strategie: „Sie
müssen daher verstehen –" (Z. 16 f.).

Einstein widerspricht dieser Söldnermentalität. Er fordert, *Einsteins Gegenposition*
der Wissenschaftler müsse politisch mit einer ideologisch
ausgerichteten Macht übereinstimmen und dafür die eigenen Interessen zurückstellen: „[...] daß ich zugunsten
einer Partei auf meine Macht verzichtet habe" (Z. 21).
Auch er könne dann jedoch keinen Einfluss auf die Verwendung seiner wissenschaftlichen Ergebnisse ausüben.
Sie würden ebenso den Militärs überlassen: „Da auch sie
für die Landesverteidigung –" (Z. 28).

Auf diese Gemeinsamkeit wollte Möbius offensichtlich von
vornherein hinaus. Beide Optionen führen nach seiner
Auffassung in die Unfreiheit. Sein Resümee „[m]erkwür-
dig" (Z. 29) drückt von daher kaum Verwunderung über
Parallelen in der Argumentation der beiden Physiker aus,
sondern vielmehr die Befriedigung darüber, dass sich beide
Gesprächspartner eine Blöße gegeben haben. Die eigene
Position muss bei dieser ungewollten Übereinstimmung
ihrer Vorschläge umso überzeugender erscheinen. Er kann
„von Politikern nicht ausgenützt [...] werden" (Z. 31).

Tatsächlich können Einstein und Newton nur noch mit *Möbius dominiert das*
schwachen Einwürfen reagieren: „Gewisse Risiken muß *Gespräch.*
man schließlich eingehen." (Z. 32) „Das war doch keine
Lösung!" (Z. 44) Möbius hat jetzt das Wort und lässt sich
nicht mehr unterbrechen. Seinen eigenen Weg zeichnet er
als einzig schlüssige Lösung auch für die beiden anderen
Physiker vor. Die aktuelle Lage sei eine Endzeitsituation.
Die Physik sei in der Lage, Waffen zu entwickeln, die in
den „Untergang der Menschheit" führen (Z. 33). Der Wissenschaftler müsse daher Verantwortung übernehmen,
auch wenn das auf Kosten der akademischen Karriere, des
materiellen Vorteils und der familiären Bindungen gesche-
he (in dieser Reihenfolge: Z. 41 f.). Der bewusste Rückzug
aus der Gesellschaft in die Nische des Irrenhauses
erscheint in dieser Logik konsequent: „Ich wählte die Narrenkappe." (Z. 42)

Der Abschluss seines Monologs lässt auch die Verzweif- *die Einsamkeit des*
lung eines Physikers spüren, der lediglich „einige Grund- *Wissenschaftlers*
beziehungen zwischen unbegreiflichen Erscheinungen"
erforscht (Z. 47) und selbst damit bereits das Begriffsver-
mögen seiner Mitmenschen weit überfordert hat: „nun
folgt uns niemand nach" (Z. 50). Was interessiert, ist offensichtlich nur die Verwertbarkeit, vor allem die Fähigkeit, aus den wissenschaftlichen Einsichten militärische
Anwendungsmöglichkeiten abzuleiten und diese zur Zerstörung einzusetzen. Wenn die Wissenschaftler dem nichts
mehr entgegenzusetzen haben, bleibt als Lösung nur „die
Kapitulation vor der Wirklichkeit" (Z. 52). Möbius hat
sich entschieden, sein „Wissen zurück[zu]nehmen"
(Z. 53 f.).

Newton und Einstein sind, das zeigt schon der geringe *Newton und Einstein*
Umfang ihrer Beiträge, auch in dieser Szene nicht mehr als *als Nebenfiguren*
Nebenfiguren. Ihre Versuche, den Kollegen für die eigene
Seite anzuwerben, sind von Anfang an zum Scheitern verurteilt. Offensichtlich sind sie auch unfähig zu bemerken,
dass Möbius sie lediglich manipuliert, um die eigene Position durchzusetzen.

Aufgabe 124 Die Leiterin der Anstalt, Fräulein Dr. h. c. Dr. med Mathilde *der Wahnsinn der*
von Zahnd, tritt mit einem Paukenschlag in dieser Szene *Chefärztin*
auf. Mit pathetisch „*feierlich[er]*" Geste behauptet sie:
„Auch mir ist der goldene König Salomo erschienen."
(Z. 57) Sie bezieht damit Gegenposition zu Möbius, der
ausdrücklich nur vorgibt, „der König Salomo erscheine
mir" (Z. 42 f.). Er hat diese Erscheinung als „Narrenkappe"
eingesetzt (Z. 42).

Sie dagegen ist von der Erscheinung des Königs überzeugt *eine biblische*
und verblüfft damit die Physiker, die diese Wendung *Erweckungsgeschichte*
nicht für möglich halten. Sie glauben zunächst an einen
Trick: „*Newton lacht leise auf.*" (Z. 61). Die Direktorin aber
bleibt „*unbeirrbar*" (Z. 62) und gibt noch einmal die Szene
wieder, in der „der goldene König heranschwebte" (Z. 62 f.).
Auch Einsteins Einwurf – „Sie ist wahnsinnig geworden."
(Z. 64) – irritiert sie nicht. Wie Maria Magdalena den Jün-

gern Christi von dessen Auferstehung berichtet, ist auch sie sich sicher, Salomo sei „von den Toten auferstanden" (Z. 67). „[I]n seinem Namen" solle Möbius „auf Erden herrsche[n]" (Z. 69). Sie sieht sich als „Magd" des göttlichen Salomo (Z. 67) und hat durch dieses Erweckungserlebnis ihre innere Festigkeit gewonnen.

Sie fühlt sich berufen, den Auftrag ihres Herrn Salomo auszuführen. Während Möbius vor der Wirklichkeit kapituliert und sein Wissen für sich behalten will, wählt sie den entgegengesetzten Weg. Ihre Position ist klar. Es gibt keine Möglichkeit, Wissen zu verschweigen: „Alles Denkbare wird einmal gedacht." (Z. 73) Wenn Möbius sich dem Ruf Salomos verweigert und nicht bereit ist, die wissenschaftlichen Erkenntnisse als „Mittel zu seiner heiligen Weltherrschaft" (Z. 75) einzusetzen, übernimmt sie – in aller Demut, wie sie überspannt betont (vgl. Z. 76) – diese Aufgabe.

Fräulein Doktor von Zahnt setzt die absolute Macht, die sie als Klinikleiterin besitzt, ein, um den „Befehl" des „goldene[n] König[s]" in die Tat umzusetzen (Z. 78). Alle Mittel erscheinen unter dieser Vorgabe gerechtfertigt, auch wenn sie der ärztlichen Ethik widersprechen. Sie „betäubt" Möbius (Z. 80) und nimmt „die Aufzeichnungen Salomos" in ihren Besitz (Z. 81).

absolute Macht

Einsteins dreimalige, zuletzt *„eindringlich"* wiederholte Beschwörung – „Sie sind verrückt. Hören Sie, Sie sind verrückt" (Z. 77, davor Z. 65 und 70) – erscheint gegenüber solcher Entschlossenheit kraft- und hilflos. Die Ärztin ist durch solche Einwände nicht zu irritieren. Im Gegenteil wirkt ihr Verhalten innerhalb ihrer Vorstellungswelt – wie es für Geisteskranke oft kennzeichnend ist – ungemein schlüssig und konsequent. Als monströs-unheimliche Gestalt kann sie lediglich auf andere wirken, ist aber selbst gegenüber dem Versuch jeglicher Einwirkung unempfänglich. Newton reagiert resigniert, wenn er sie anfleht: „Begreifen Sie doch endlich!" (Z. 82) Seine *„leiser"* gesprochene Äußerung „Wir alle sind übergeschnappt" (Z. 83 f.) lässt dann bereits erkennen, dass er die Aussichtslosigkeit der Situation spürt.

die Kraftlosigkeit der drei Physiker

die krankhafte Unbeirrbarkeit der verrückten Ärztin

Die Ärztin geht, um ihr Ziel zu erreichen, gerissen vor. Sie hat längst einige Erfindungen von Möbius verkauft und Kapital damit erworben. So baut sie einen „mächtigen Trust" auf (Z. 87), der alles beherrschen und zerstören kann. Beide Seiten, religiöser Irrsinn und berechnendes wirtschaftliches Denken, müssen zusammen gesehen werden, um das Gesamtbild zu erkennen: In den Händen dieser Frau liegt das Schicksal der Welt.

rationales Vorgehen

Aufgabe 125   Möbius unterstreicht die Bedeutung seiner folgenden Äußerungen, indem er sich von seinem Platz erhebt (Z. 1). Dass er sich als Regisseur und Moderator zugleich empfindet, wird deutlich, wenn er sich Einstein zuwendet, um ihm das Wort zu erteilen (Z. 18).

sparsame Regieanweisungen

Ähnlich „*feierlich*"-pathetisch tritt die Chefärztin auf (Z. 57). Bereits mit ihrem ersten Satz hebt sie das gesamte Konzept der Physiker aus den Angeln, wie deren unmittelbare Reaktion erkennen lässt: „*Die drei starren sie verblüfft an.*" (Z. 58) Als sie sich ein wenig gefangen haben, versuchen sie zunächst, den Auftritt der Ärztin in ihre eigenen Denkmuster einzuordnen und ihm damit seine Brisanz zu nehmen. Newtons Verhalten – er „*lacht leise auf*" (Z. 61) – zeigt, dass er die Äußerung der Ärztin in ähnlicher Weise auslegen möchte wie die Scharlatanerie von Möbius.

Fräulein Doktor von Zahnd bleibt jedoch „*unbeirrbar*"; ihr Vorhaben ist bitterer Ernst (Z. 62). Ihre Position lässt sie nicht in Zweifel ziehen. Weder Einstein noch Möbius, die „*eindringlich*" (Z. 71) beziehungsweise „*leise*" (Z. 83) auf sie einreden, können sie beeinflussen. Sie ist viel zu sehr von ihrer Mission überzeugt.

Aufgabe 126   Vgl. die Übersicht auf Seite 120

Aufgabe 127   Die Sprache der Physiker ist knapp und bewegt sich in den Bahnen einer naturwissenschaftlichen Beweisführung.

Knappe Aussagesätze

Das gilt in besonderer Weise für den ersten Monolog von Möbius, der in knappen Aussagesätzen die wichtigsten Informationen vorstellt. Sie werden in anaphorischer Steigerung aneinander gefügt: „Wir sind [...]", „Wir müssen [...]", „Wir dürfen [...]" (Z. 1–3). Wortwiederholungen – „Entscheidung" (Z. 1 und 2), „Ziel" (Z. 6 und 7), „Verantwortung" (Z. 8 und 9) – heben den Ausnahmecharakter der Situation hervor.

Anaphern

Diesen akademischen Duktus verlässt Möbius am Ende des ersten Abschnitts, indem er seine Kollegen mit einer Frage konfrontiert. Dass dies eine rhetorische Frage ist, wird jedoch erst im späteren Verlauf des Gesprächs deutlich. Die Inversion, verbunden mit dem Befehlsverb, unterstreicht die (scheinbare) Bedeutsamkeit der folgenden Antworten: „Darüber verlange ich Auskunft, soll ich mich entscheiden." (Z. 10 f.)

Die Äußerungen von Newton und Einstein weichen von der akademischen Diktion ab. Newton argumentiert in elliptischen Stakkatoformulierungen, wie sie für die Befehlsstrukturen in militärischen Organisationen typisch sind. Redundante Hilfsverben werden vernachlässigt, weil sie für das Verständnis der Sätze nicht nötig sind: „Besoldung und Unterkunft ideal, die Gegend mörderisch, aber die Klimaanlagen ausgezeichnet." (Z. 12 f.) Offensichtlich hat die Geheimdiensttätigkeit auf seine Sprache abgefärbt. Dazu könnte man auch die etwas herablassende Anrede rechnen, mit der er den offensichtlich nur auf seine Wissenschaft konzentrierten Möbius anspricht, um ihn mit den Realitäten des politischen Lebens zu konfrontieren: „Mein lieber Möbius." (Z. 15)

Newton: Ellipsen und Agentenjargon

Einstein dagegen formuliert geschmeidiger, aufwändiger. Seine Redeweise wirkt lautmalerisch, etwa in der folgenden Wendung mit ihrer Alliteration auf den Buchstaben *m:* „Sie missverstehen mich, Möbius. Meine Machtpolitik [...]" (Z. 20). Kunstreich und etwas sophistisch argumentiert er mit einem Paradoxon: „Meine Machtpolitik besteht gerade darin, daß ich zugunsten der Partei auf meine Macht verzichtet habe." (Z. 20 f.) Die Nachfrage von Möbius versucht er mit einem Redeschwall abzuwehren,

Einstein: rhetorisch aufwändigerer Stil

den er mit der Namensnennung und einem Ausruf einleitet – auch das ein Versuch, durch die direkte Ansprache
Vorbehalte auszuräumen. Seine Redeweise ist mit bestä-
tigenden Floskeln gespickt: „doch", „natürlich", „nun einmal" (Z. 24 f.). Er übertreibt damit und dringt daher mit
seiner Position ebenso wenig durch wie zuvor Newton.

Wenn Möbius seine Position dagegenstellt, wird deutlich, *Möbius: Gesprächsführung als Schachspiel*
dass er seine beiden Kollegen wie Figuren in einem Schach-
spiel geführt und jetzt das von Beginn an intendierte Ziel
erreicht hat. Er setzt sie in seiner abschließenden Zusammenfassung matt.

Einstein setzt – wie später auch Newton - noch einen mat-
ten Versuch dagegen. Seinen Einwurf nimmt Möbius jedoch direkt auf, um daraus die eigene Position zu gewinnen: „EINSTEIN. Gewisse Risiken muß man schließlich
eingehen. / MÖBIUS. Es gibt Risiken, die man nie eingehen
darf" (Z. 32 f.). Er verlässt jetzt partiell den kurzschrittigen
Satzrhythmus seiner einleitenden Äußerungen, formuliert
ausführlicher, verwendet zur Veranschaulichung Meta- *Metaphern*
phern – wenn auch recht konventionelle: „An der Universität winkte Ruhm, in der Industrie Geld. [...] der Umsturz unserer Wissenschaft und das Zusammenbrechen
des wirtschaftlichen Gefüges" (Z. 37 ff.) – und unter-
streicht lautmalerisch die Bedeutung des Gesagten. Dabei *parallele Satzstrukturen*
bleiben aber die parallelen Strukturen erhalten, die die
logische Organisation seines Denkens und Sprechens
bezeugen: „Was die Welt mit den Waffen anrichtet, die
sie schon besitzt, wissen wir, was sie mit jenen anrichten
würde, die ich ermögliche, können wir uns denken."
(Z. 34 f.)

Im Schlussteil seiner Argumentation stellt Möbius dem *konfrontativer Stil*
„Wir" der „Physiker" das „Sie" der gesamten „Mensch-
heit" beziehungsweise der „Wirklichkeit" gegenüber: „Sie
ist uns nicht gewachsen. Sie geht an uns zugrunde. Wir
müssen unser Wissen zurücknehmen [...]" (Z. 52–54). In
dieser Gegenüberstellung schwingt die Einsamkeit des Wissenschaftlers, ebenso aber auch die Arroganz des Besser-
wissenden mit.

Aufgabe 128 Mit Anspielungen an biblische Texte lässt die Irrenärztin ihr Glaubensbekenntnis erkennen. Schon der erste Satz kennzeichnet mit dem Verb „erscheinen" (Z. 57) das Erweckungserlebnis. Von ihm spricht sie mit naiver Inbrunst. Außergewöhnlich idyllisch stellt sie die Ausgangssituation vor: „An einem Sommerabend […] im Park hämmerte ein Specht, als auf einmal der goldene König heranschwebte." (Z. 62–64)

Fräulein Doktor Mathilde von Zahnd: Bibelzitate

Religiöse Vokabeln prägen auch ihre anschließenden Äußerungen: „seine[] Magd", „von den Toten auferstanden", (Z. 66 f.) Die fünffache Wiederholung des Possessivpronomens „seine" (Z. 66–69) verweist auf die Allmacht der göttlichen Instanz.

In anaphorischem Gleichklang schildert die Irrenärztin ihre Begegnung mit dem alttestamentarischen König Salomo. Verweisen die beiden ersten parallel gebauten Sätze auf Blick- und Sprachkontakt, fassen die folgenden vier Sätze die inhaltliche Unterweisung zusammen. Altertümelnde Begriffe – „hienieden", „auf Erden" (Z. 68 f.) – unterstreichen die Kostbarkeit des Moments.

Anapher

Dann wendet sie sich Möbius zu, der sich nach ihrer Überzeugung als gefallener Engel von Salomo abgewandt und „ihn verraten" hat (Z. 71). Mit einer Fülle von inhaltlichen Kontrasten – „Er versuchte zu verschweigen, was nicht verschwiegen werden konnte. Denn was ihm offenbart worden war, ist kein Geheimnis." (Z. 71 f.) – und etymologischen Figuren – „Weil es denkbar ist. Alles Denkbare wird einmal gedacht." (Z. 73) – intensiviert sie die Gegenpositionen.

inhaltliche Kontraste und etymologische Figuren

Abrupt ändert sich der Tonfall jedoch, wenn sie auf die pragmatischen Konsequenzen dieser Erlebnisse zu sprechen kommt (Z. 79 ff.). Sie geht konsequent vor und berichtet darüber in kurzen, einfachen Sätzen. Ihre letzten Äußerungen verweisen darauf, dass ihr religiöser Wahnsinn die Ärztin keineswegs ihrer Handlungsfähigkeit und ihres klaren Denkens beraubt hat. Im Gegenteil: der logische Aufbau ihrer Sätze – „zuerst […] [d]ann" (Z. 85 f.) – und das Futur ihres letzten Satzes lassen die klare Perspektive ihres Handelns erkennen. Definitiv und unerbittlich

logischer Aufbau

schließt sie daher auch ihre Rede mit der Formel „meine Herren" (Z. 88) ab.

Aufgabe 129   Newton und Einstein sind nicht als Individuen mit jeweils eigenen Charaktermerkmalen gestaltet. Es sind flach
und folienhaft gezeichnete Spielfiguren, die lediglich einige persönliche Merkmale aufweisen, um nicht als bloße
Automaten zu erscheinen. Sie repräsentieren bestimmte
Typen beziehungsweise Verhaltensschemata. Newton erscheint als auf den eigenen Vorteil bedachter, konsum-
orientierter Mensch (vgl. Z. 12 f.), als typischer Vertreter
‚des Westens'. Einstein ist ein parteipolitisch ausgerichte-
ter Ideologe (vgl. Z. 20 f.) und repräsentiert damit ‚den Os-
ten'. Beide Wissenschaftler sind damit nicht etwa als Identifikationsfiguren gedacht, sondern unter den Vorzeichen
des Ost-West-Gegensatzes als idealtypische – und etwas
klischeehafte – Vertreter je einer Seite gezeichnet.

Newton und Einstein als flache Spielfiguren …

Die beiden Physiker stehen in diesem Ausschnitt vor
einem existenziellen Problem: Sollen sie sich Möbius
anschließen und wie er ein Leben in gesicherten, aber un-
freien Verhältnissen führen? Sind sie bereit, auf ihre For-
schungsarbeit zu verzichten? Es gelingt Möbius, sie von
ihren ursprünglichen Zielen – dem egoistischen Genuss
von Privilegien beziehungsweise der Orientierung an
einer politischen Ideologie – abzubringen und von seiner
Haltung zu überzeugen. Sie sind am Ende bereit, ihre persönliche Freiheit aufzugeben und ihr „Wissen zurück[zu]-
nehmen" (Z. 53 f.).

… die jedoch letztlich auch über sich hinauswachsen

Möbius ist gegenüber seinen beiden Mitinsassen kom-
plexer gestaltet. Er ist auf der einen Seite der maßgebliche
Wissenschaftler, der ein logisch-mathematisches Denk-
manöver völlig emotionslos durchexerziert. Die Forderung, zu resignieren und das Irrenhaus als verantwortungs-
bewusste Alternative zur Freiheit der Forschung zu akzeptieren, erscheint in seiner Argumentation als intellektuell
schlüssiges Konzept.

Möbius als komplexe Figur

Andererseits ist er ein taktisch agierender Spieler, der seine Kollegen manipuliert, um sie für das eigene Ziel zu

gewinnen. Dabei setzt er darauf, dass sie seine Winkelzüge nicht durchschauen und durch seine gedankliche Logik geblendet werden. Er kann darauf bauen, dass sie in ähnlichen Kategorien denken wie er. Hier sind drei Personen im Gespräch, die es gewöhnt sind, ihrem Verstand zu folgen. Selbst Verbrechen, die sie in der vorhergehenden Handlung begangen haben – jeder von ihnen hat seine Pflegerin umgebracht, um nicht enttarnt zu werden – legitimieren sie als rational unabwendbares Verhalten.

Dass gerade diese Rationalisten im zweiten Teil des Szenenausschnitts vor den Kopf gestoßen werden, erscheint nur folgerichtig. Dürrenmatt hat in seinen „21 Punkte[n] zu den Physikern" (1962) diesen Umschlag thesenhaft so formuliert: „Je planmäßiger die Menschen vorgehen, desto wirksamer vermag sie der Zufall zu treffen." (Punkt 8)

Aufgabe 130 Als personifizierter Zufall tritt hier die Ärztin auf. Dass sich Möbius, um sich aus der Welt der Wissenschaft zurückzuziehen, ausgerechnet in die Klinik einer Frau begeben hat, die ihr religiöses Erweckungserlebnis mit der Ausbeutung seiner Forschungen verbindet, ist unvorhersehbar. Ihr Triumph dagegen ist absolut: Sie hat die Physiker in der Hand, nachdem sie Möbius die Forschungsergebnisse entrissen hat. Ihre Helfershelfer aus der Industrie werden die wissenschaftlichen Daten zu „einem System aller möglichen Erfindungen" zusammenfügen (Z. 87 f.). Letztlich dienen sie als Mittel der politischen Erpressung, geht es doch darum, einen Gottesstaat zu errichten, die „heilige[n] Weltherrschaft" des „Königs" Salomo (Z. 75). *ein Doppelspiel*

Der Irrsinn des Fräulein Doktor von Zahnd ist mit ihren Weltbeherrschungsplänen grotesk gesteigert. Diese Figur ist bis ins Extremmaß stilisiert. Sie bezieht ihr Selbstverständnis aus einer göttlichen Eingebung und ist dennoch eine bis in die Fingerspitzen rational planende Figur. Ihre Gefährlichkeit entsteht gerade durch dieses Doppelspiel von irrationalem Sendungsbewusstsein und logisch konsequenter Durchsetzungsfähigkeit. Mit dieser Figur beweist Dürrenmatt gleichsam den dritten seiner „21 Punkte":

der personifizierte Zufall

„Eine Geschichte ist dann zu Ende gedacht, wenn sie ihre schlimmstmögliche Wendung genommen hat."

Aufgabe 131

In seinem berühmtesten Vortrag *Theaterprobleme* hat sich Friedrich Dürrenmatt in den Fünfzigerjahren folgendermaßen zum Unterschied zwischen Tragödie und Komödie im modernen Theater geäußert:

Die Tragödie setzt Schuld, Not, Maß, Übersicht, Verantwortung voraus. In der Wurstelei unseres Jahrhunderts, in diesem Kehraus der weißen Rasse, gibt es keine Schuldigen und auch keine Verantwortlichen mehr. Alle können nichts dafür und haben es nicht gewollt. Es geht wirklich ohne jeden. [...] Uns kommt nur noch die Komödie bei. Unsere Welt hat ebenso zur Groteske geführt wie zur Atombombe. [...] Doch ist das Tragische immer noch möglich, auch wenn die reine Tragödie nicht mehr möglich ist. Wir können das Tragische aus der Komödie heraus erzielen, hervorbringen als einen schrecklichen Moment, als einen sich öffnenden Abgrund, so sind ja schon viele Tragödien Shakespeares Komödien, aus denen heraus das Tragische aufsteigt."
(Aus: *Gesammelte Werke.* Band 7, Zürich: Diogenes 1991, S. 59 f.)

Für Dürrenmatt sind Komödien das einzig adäquate Mittel, die reale Welt auf die Bühne zu holen. Die großen Gestalten, die in der klassischen Tragödie scheitern müssen, weil sie mit vorgegebenen Strukturen kollidieren, sind in der Gegenwart nicht mehr vorstellbar. Es gibt „keine Verantwortlichen mehr", also können nur noch die Widersprüche der modernen Welt Thema des Theaters sein. Dürrenmatt ist überzeugt davon, dass alles Geschehen letztlich vom Zufall bestimmt ist. Seine Figuren zeigen, wie man sich bei dem Versuch, planvoll zu handeln, ruinieren und lächerlich machen wird. Die intendierten Ziele werden in ihr völliges Gegenteil verkehrt.

Zufälle setzt Dürrenmatt an pointierter Stelle in seinen Stücken ein. Unvorhersehbare, von den Figuren nicht zu verantwortende Vorgänge engen den Spielraum menschlichen Planens drastisch ein und heben ihn im Extremfall

Vorinformation bzw. Bezugspunkt der Argumentation: Dürrenmatts Vortrag „Theaterprobleme"

der Zufall als prägendes Moment …

… setzt planendes Handeln außer Kraft

völlig auf. Am Ende der Handlung steht statt des Erfolgs das Misslingen, statt des Triumphs der Gerechtigkeit das erbarmungslose Durchgreifen einer irren Macht. Spektakulär wird im vorliegenden Drama vorgeführt, wie eine intellektuell klar konzipierte Lösung eines grundlegenden Konflikts – „Die Vernunft forderte diesen Schritt" (Z. 45) – an rational nicht zu bewältigenden Umständen scheitert. Möbius begibt sich in die falsche Irrenanstalt, in der ausgerechnet die Leiterin verrückt geworden ist und glaubt, als „unwürdige Dienerin" dem Ruf des „goldenen Königs" Salomo folgen zu müssen (Z. 75 f.). Extremer Scharfsinn trifft auf einen extrem unwahrscheinlichen Zufall. Offensichtlich ist: je größer die Opfer sind, die eine Figur auf sich nimmt, je bedingungsloser und radikaler sie vorgeht, umso größer ist auch die Wahrscheinlichkeit, dass sie von Zufällen an der Ausführung ihrer Pläne gehindert und in ihrer Existenz ruiniert wird.

Diese widersprüchliche, chaotische Welt, in der Zufälligkeit an die Stelle von Verantwortung und Planbarkeit tritt, gestaltet Dürrenmatt mit den Mitteln der Groteske. Sie ermöglicht ihm, die unüberschaubare und daher erschreckende Gegenwart zu verfremden. Ironisch-witzige, monströse, lächerliche oder tragikomische Elemente werden zum adäquaten Ausdruck eines absurden Geschehens; zugleich tragen sie dazu bei, dass der Zuschauer oder Leser Distanz gewinnt und seine Angst durch ein befreiendes Gelächter überwindet (auch wenn es ihm häufig genug im Hals stecken bleibt).

eine Groteske

In den *Physikern* ist der Wissenschaftler, der die Welt vor seinen Erkenntnissen retten will, in die Weltzentrale einer irrwitzigen Macht geflüchtet – ein groteskes Bild für die Situation von Intellektuellen. Wie Möbius kapitulieren sie vor dem atomaren Wettrüsten der Supermächte und sind doch unfähig, der Katastrophe zu entgehen. Im Konflikt der Weltmächte ist der Weltuntergang absehbar. Die Geschichte hat damit tatsächlich ihre „schlimmstmögliche Wendung" genommen.

die Welt als Irrenanstalt

Aufgabe 132

Die Fünfzigerjahre erlebte ein großer Teil der bundesdeutschen Bevölkerung als die „goldenen" Jahre des Wirtschaftswunders. Wie ein wundersamer Traum erschien es vielen Deutschen, dass die Zerstörungen des Zweiten Weltkriegs in erstaunlich schneller Zeit beseitigt wurden. Der Lebensstandard stieg für alle – wenn auch die einen mehr als die anderen daran beteiligt waren. Die Konzentration aller Kräfte auf den ökonomischen Wiederaufbau führte jedoch zu einem Arbeits- und Leistungsfanatismus, der jedes Nachdenken über die Vergangenheit verdrängte. Die Deutschen lehnten es in ihrer großen Mehrheit ab, sich an die nationalsozialistische Vergangenheit erinnern zu lassen. Unbequemen Fragen über die eigene Schuld setzte man sich ungern aus.

Politik und Kultur der Fünfzigerjahre

Zur gleichen Zeit wurden aber auch Ängste wach, dass der neue, erarbeitete Wohlstand gefährdet sein könnte. Die ehemaligen Alliierten des Weltkriegs, Amerika und Russland, waren zu hoch gerüsteten Feinden geworden. Die Kämpfe um Korea in den Jahren 1950 bis 1953 schienen zu zeigen, wie schnell dieser „Kalte Krieg" in einen heißen umschlagen konnte. Die neuen nuklearen Waffen ließen jede militärische Auseinandersetzung zwischen den Supermächten zu einer existenziellen Frage für alle Menschen werden. Die Kubakrise der Jahre 1962/63 machte noch einmal deutlich, wie bedrohlich nahe diese Gefahr gerückt war.

der Ost-West-Konflikt

Diese Gemengelage aus Konsumbewusstsein, Vergangenheitsverdrängung, Leistungsorientierung und Kriegsängsten wurde auch zum Thema der Literatur. In Deutschland sammelten sich die wichtigsten Autoren in der „Gruppe 47". Sie propagierten eine engagierte, gesellschaftskritische Literatur, die auf jedes Pathos verzichtet und auf eine realistische, nüchterne Sprache setzt. Die Autoren forderten ein, was die meisten Deutschen verdrängten: sich den Erfahrungen der Vergangenheit zu stellen, Verantwortung wahrzunehmen und ideologische Scheuklappen abzulegen. Orientierungspunkt für das dramatische Schaffen war dabei das epische Theater Bertolt Brechts. Seine Verfremdungstechniken wurden in unterschiedlichen Formen weiterentwickelt.

die „Gruppe 47"

Die Schweizer Autoren Max Frisch und Friedrich Dürrenmatt zeigten in ihren Dramen der Fünfziger- und Sechzigerjahre Berührungspunkte mit dem Konzept Brechts,
grenzten sich jedoch von seiner politischen Zielsetzung
ab. Sie bezweifelten, dass sich Zuschauer auf dem Theater
belehren lassen, um in ihrer eigenen Welt die notwendigen Konsequenzen zu ziehen.

die Nähe zum epischen Theater Brechts

In Dürrenmatts *Physikern* geht es wie in Brechts *Leben des
Galilei* um die Rolle der Wissenschaftler in den Macht-
kämpfen ihrer Zeit. Brecht weist seiner Figur die Aufgabe
zu, sein Wissen als Waffe für die Unterdrückten einzusetzen. Dürrenmatt dagegen lässt seine Physiker schon beim
Versuch scheitern, ihre Forschungen geheim zu halten.
Dass sein Publikum durch das Bühnengeschehen zu gesellschaftlichen Veränderungen bewegt werden könnte,
bestreitet er ganz entschieden. Im letzten seiner „21 Punkte zu den Physikern" formuliert er illusionslos: „Die Dramatik kann den Zuschauer überlisten, sich der Wirklichkeit auszusetzen, aber nicht zwingen, ihr standzuhalten
oder sie gar zu bewältigen."

die Rolle des Wissenschaftlers

Aufgabe 133 Die Physiker kapitulieren vor dem atomaren Wettrüsten
zwischen Ost und West. Möbius will sich dem naturwissenschaftlichen Fortschritt entziehen und geht dabei von
der Vorstellung aus, dass ihnen als Wissenschaftlern ein
potenzieller Restspielraum von Freiheit zur Verfügung
steht, den sie nur zu nutzen brauchen: „Die Entscheidung,
die wir zu fällen haben, ist eine Entscheidung unter Physikern." (Z. 1 f.) Dürrenmatt zeigt aber, dass scheinbar
planvolles Handeln nichts als eine Selbsttäuschung darstellt. Der Menschheit ist nicht zu helfen – jedenfalls nicht
durch die Aktion Einzelner. Mit dieser Erkenntnis lässt
Dürrenmatt die Zuschauer allein. Hinweise darauf, wie den
gesellschaftlichen Herausforderungen zu begegnen sei,
sind in seinem Drama nicht zu finden.

planvolles Handeln als Selbsttäuschung

Eine mögliche Gegenposition entwirft er allenfalls in
seinen „21 Punkte[n] zu den Physikern": „16 Der Inhalt
der Physik geht die Physiker an, die Auswirkungen alle

Menschen. / 17 Was alle angeht, können nur alle lösen. / 18 Jeder Versuch eines Einzelnen, für sich zu lösen, was alle angeht, muss scheitern."

Aufgabe 134

- Die Sprache ist sorgfältig den Kontrastfiguren ange-passt: auf der Seite der Physiker eine logisch-rationale Sprache, die naturwissenschaftliche Gesetzmäßigkeiten zu formulieren scheint, auf der Seite der Chefärztin eine schwärmerisch-religiöse Sprache, die von ihrer re-ligiösen Erweckung zeugt. Ihr Vermögen, andererseits aber auch auf eine sehr klare und präzise Sprache um-zuschalten, steht für den Doppelcharakter von Irrsinn und Kalkül: Die Auswertung der gestohlenen For-schungsergebnisse erfolgt nach dem Maßstab effektiver Kapitalverwertung. *die Sprache in Dürrenmatts Dramatik*

  So bildet die Sprache von Möbius die Selbsttäuschung des modernen Intellektuellen ab; die Sprache der Ärz-tin zeugt dagegen davon, wie der moderne Mensch als Persönlichkeit auseinander bricht. Wie bei einem Geis-teskranken behaupten sich bei ihm irrationale Züge neben rationalem Kalkül. *Zusammenhang zwischen Sprache und Wirklichkeit*

- Deutlich wird, dass Dürrenmatt ein Sprachspiel ent-wirft, das auf einem abstrakten Modell beruht und den-noch (vielleicht auch: gerade deshalb) den Charakter des modernen Menschen abzubilden in der Lage ist.

- Der Zuschauer soll Distanz zum Bühnengeschehen ent-wickeln. Dürrenmatt zielt mit seiner Komödie auf ein lustvolles Erschrecken: Die Wirklichkeit ist tatsächlich so grausam, wie das Spiel auf der Bühne zeigt.

Botho Strauß: Trilogie des Wiedersehens

Aufgabe 135

Felix ist Verkaufsleiter in einem Warenhaus und mit der Malerin Marlies befreundet. Weder Marlies noch Felix akzeptieren die Tätigkeit des anderen. Die Diskrepanz ihrer Berufe ist in erster Linie in dem Unterschied zwischen materiellen Werten (Kaufhaus) und ideellen Werten (Kunstobjekte) begründet. In ihrer Auseinandersetzung definiert Marlies Felix als „ein Nichts" (Z. 20), dem sie jede Berechtigung abspricht, ihre Werke zu beurteilen, und den sie auch in seinem eigenen Arbeitsbereich als Null bezeichnet.

eine offene Brüskierung

Verbal ist Felix Marlies nicht gewachsen. Sie überschüttet ihn mit einem ironischen Wortschwall. Marlies beginnt damit, dass sie ihm vorwirft, ein selbstbezogener Narziss zu sein, der sich – ohne selbst Urteilskraft zu besitzen – mit fremden Federn schmückt und anmaßt, Dinge zu beurteilen, die er nicht versteht (vgl. Z. 2 ff.). Sie geht dann nahtlos dazu über, auch seine beruflichen Qualitäten abzuwerten. Er sei nichts mehr als ein Anbieter von „Sonderangebote[n]" (Z. 6 f.). Darin allerdings sei er gut, räumt sie ein, was aber ein zweifelhaftes Kompliment ist und auch unverkennbar so gemeint ist (vgl. Z. 15 ff.). Sie beendet ihren Monolog damit, dass sie Felix als Person völlig infrage stellt: „ein Nichts und Abernichts" sei er (Z. 20).

Marlies' Wortschwall

Mit einer ambivalenten Botschaft beschließt Marlies ihre Beschimpfung. Sie lässt nichts an ihrem Freund gelten, will die Beziehung aber nicht aufgeben. Felix ist mit dieser doppelten Strategie überfordert. Er sieht sich in seinem Stolz verletzt. Mit wenigen Worten wehrt er ihre verbalen Aggressionen ab und verweigert sich ihrer Zuneigung: „Laß mich! […] Du sollst mich bitte nicht anfassen!" (Z. 24 f.) Gedemütigt reagiert er mit körperlicher Gewalt, die er zunächst nur androht – „So. Jetzt schlage ich zu –" (Z. 27) –, um sie dann *„während der Dunkelphase"* (Z. 22) (gewissermaßen in deren stummem zweiten Teil) wahr zu machen (vgl. Z. 30 f.). Seine Attacke ist völlig sinnlos; sie macht nur die Unfähigkeit des Mannes deutlich, sich in

weibliche und männliche Formen der Auseinandersetzung

dieser Beziehung zu behaupten. Nach dem Gewaltaus-
bruch verlässt Felix den Raum (Z. 30).

Johanna hat offensichtlich die ganze Szene miterlebt, ohne   *Frauenfreundschaft*
einzugreifen, obwohl sie mit Marlies befreundet ist. In der
folgenden Szene versuchen die beiden Frauen, sich ihrer
Freundschaft zu versichern, die aber durch die unterlasse-
ne Hilfeleistung erschüttert ist. Marlies inszeniert mit
Johanna eine Art Sprachspiel, um die Demütigung und
das Scheitern ihrer Beziehung zu Felix zu überspielen. Das
beginnt mit dem Aneinanderreihen fantasievoller Schimpfwörter (ab Z. 33), geht einen Schritt weiter mit dem Versuch „Schönes ausdenken!" (Z. 42) und mündet in die
Beteuerung „gute Freundinnen, das sind wir" (Z. 60 f.).

Die Einigkeit unter den Frauen soll noch verstärkt wer-   *Einigkeit auf Kosten*
den, indem sie einen zufällig vorbeikommenden männ-   *anderer*
lichen Gast irritieren und lächerlich machen (vgl. Z. 65 f.).
Anschließend lassen die beiden wechselseitig ein Bild aus
„früheren Zeiten" (Z. 82) entstehen, ein Pastiche (ein verschiedenen Vorbildern aus der Kunst nachempfundenes
Bild), das alle Elemente idyllischer Landschaftsmalerei enthält.

Abrupt endet dieser weibliche Dialog mit dem Hinweis   *die Grenzen der*
Johannas, dass ihr Freund Helmut „später" noch kommen   *Freundschaft*
werde (Z. 100). Wie schmal der Freundschaftsgrad trotz
aller Beteuerungen geworden ist, zeigt die Reaktion von
Marlies: „Hm. Aber der geht bald wieder." (Z. 101) Das ist
an der Oberfläche eine bloße Feststellung, deutlich wird
dahinter aber die Verletzung, die Marlies ihrer Freundin
zufügen will. Mit einer erneuten *„Blende"* wird die Szene
abgeschlossen, ohne dass der Dialog zu Ende geführt worden wäre (Z. 104).

Aufgabe 136   Sprache verliert in diesen Dialogen ihre appellative und   *Verlust der*
ihre informative Funktion. Im Vordergrund steht die ex-   *Sprachfunktionen*
pressive Funktion: Marlies geht es in erster Linie darum,
Stimmungen auszudrücken. Ihre Tirade lässt deutlich werden, dass sie über einen äußerst artifiziellen rhetorischen
Stil verfügt. Das ist nicht die gewöhnliche Sprache einer

Beziehungskrise, sondern ein hoch gespannter, dem Alltag entrückter Ton. Die mitgeteilten Sachverhalte beschränken sich auf wenige Aspekte: Felix sei als Person wie als
Verkäufer ein Mensch ohne Wertvorstellungen. (Der eigentliche Zweck ihres Wortschwalls liegt darin, sich selbst zu
entlasten, deutlich zu machen, wie sehr sie sich durch die
Kritik, die Felix in der vorhergehenden Szene über sie als
Künstlerin geäußert hat, verletzt fühlt.) Sie hat nicht etwa
vor, Felix zu einer Änderung seiner Vorstellungen oder
Verhaltensweisen zu bewegen, und will ihn auch nicht,
was nach ihrer gehässigen Wortwahl nur konsequent wäre, verlassen.

In ganz anderer Weise verliert Sprache für Felix ihre   *Sprachunfähigkeit*
Mitteilungskraft. Er hat, wie die zahlreichen Auslassungspunkte zeigen, der Freundin verbal nichts entgegenzusetzen. Sein aggressives Verhalten stellt eine Kurzschlussreaktion dar, die dazu dienen soll, der rhetorischen Macht
von Marlies seine körperliche Überlegenheit gegenüberzu-
stellen.

Die artifizielle Ausdrucksweise, wie sie im vorliegenden   *ausufernde Sprachspiele*
Ausschnitt vorherrscht, ist charakteristisch für das Drama
überhaupt. Ausufernde Sprachspiele treten an die Stelle
eines sprachlichen Handelns, das die Konflikte vorantreiben könnte. Eine zusammenhängende Geschichte soll auf
diese Weise nicht entfaltet werden.

Der Dialog zwischen Marlies und Johanna ist dafür symptomatisch. Wenn Marlies sich über die ihr zugefügte Demütigung direkt äußert – „Ich glaube, ich kann mir das
Ausmaß meiner Verzweiflung noch gar nicht vorstellen"
(Z. 54 f.) –, wird sie von Johanna mit einem knappen „Gut
so" abgeblockt (Z. 56).

Allenfalls Stimmungsbilder können ausgetauscht werden,
etwa wenn Marlies und Johanna sich in einer Art Wech-
selgesang an ein Genrebild der Melancholie herantasten
(vgl. Z. 85 ff.).

Botho Strauß greift mit dieser verbal geschaffenen Evo-   *„Realismus"*
zierung eines Bildes das Thema der Kunstausstellung –
„Kapitalistischer Realismus" – wieder auf. Geht es bei den
Gemälden um den Anspruch, die Wirklichkeit detailge-

nau abzubilden, zeigt sich in den Gesprächen, dass die Figuren sich selbst und ihrem Dialogpartner wie Fremde gegenüberstehen. Sie können sich nur noch als künstlich erzeugte Realität, gleichsam als *Bilder einer Ausstellung,* wahrnehmen.

Aufgabe 137

Der Raum, in dem das Geschehen sich abspielt, bleibt stets der gleiche: ein Ausstellungsraum im Kunstverein. Er ist aber zugleich ein Ort ständiger Veränderung, weil er als Durchgangsraum gestaltet ist, durch den immer neue Figurenkonstellationen flanieren, sich begegnen und wieder trennen. Er wird damit zum Raum der Selbstdarstellung, in dem Probleme und Konflikte artikuliert werden, ohne dass sie damit einer Lösung näher gebracht werden. Der Handlungsort ist damit sowohl räumlich wie inhaltlich als Raum für Passanten konzipiert: Entscheidendes geschieht hier nicht.

der Ausstellungsraum als Durchgangszimmer

Die Blendentechnik, die für dieses Stück charakteristisch ist, bewirkt eine Verdunkelung zwischen den Szenen(teilen), sodass häufig nicht erkennbar ist, ob Figuren auf- oder abtreten. Auf diese Weise reihen sich oft ohne erkennbaren Übergang immer neue, jeweils nicht oder nur lose miteinander verknüpfte Figurenkonstellationen.

Blendentechnik

Diese Blendentechnik zerschneidet auch die Zeit. Was während der kurzen Dunkelphasen geschieht, bleibt häufig auch im Dunkeln. Die Vorstellung eines Zeitkontinuums wird damit aufgegeben.

Die Konversationen und Monologe erstrecken sich über eine Spielzeit von fast fünf Stunden. Da aber ständig über Beziehungen und die Unmöglichkeit von Beziehungen gesprochen wird, bleibt das Stück – auch wenn wenig passiert – für den Zuschauer spannend. Spielzeit und Handlungszeit entsprechen sich ungefähr: Zwischen „Mittags" und „Spätnachmittags" erstreckt sich der Zeitraum, der auf der Bühne abgehandelt wird.

Handlungszeit

Aufgabe 138 Die Gespräche zwischen Marlies und Felix wie die zwischen den beiden Frauen machen deutlich, dass die Figuren in diesem Stück nicht eigentlich mit- oder übereinander sprechen. Marlies' verbale Aggression gegenüber Felix und die sexuelle Gewalt, die er gegen seine Freundin ausübt, sind typisch für den Zustand ihrer Beziehung. Deutlich wird, dass die Gefühle zwischen den Figuren verbraucht sind und lediglich die Verachtung eine gemeinsame Ebene bildet. Sie sind aber nicht fähig, sich zu trennen, auch wenn Felix einen Schlusspunkt zu setzen scheint. Selbst seine Gewalttätigkeit führt jedoch nicht zu einem Abbruch der Beziehung.

Uneigentlichkeit des Redens

Auch das Verhältnis unter den Frauen befindet sich in einem derartigen Schwebezustand. Mit einem Oxymoron drückt Johanna dieses labile Verhältnis aus: „Glückstraurig" seien sie (Z. 76). Sprachspiele und die Beteuerung von Freundschaft (vgl. Z. 60 f.) treten an die Stelle von aktiver Solidarität. Nicht von ungefähr spiegeln die Regieanweisungen in der Zwischenszene diese ambivalente Haltung von Johanna. Sie *„sitzt auf der Rundbank, hält sich eine Hand vor die Augen und schielt unter der Hand manchmal zu Marlies hin"* (Z. 31 f.). Wie ein Kind kann sie sich der Faszination nicht entziehen, die von Gewalt ausgeht, will aber auch nicht wahr haben, was der Freundin geschieht.

ambivalente Haltung

Die Figuren sind durchweg in der Lage, ihre Defizite zu erkennen. Aber ihre Einsichten bleiben folgenlos, sie ändern nichts. Die Figuren halten vielmehr in ihrem Leben aus, sie verweigern sich Konsequenzen, auch wenn sie wie in diesem Fall unabdingbar sind. Botho Strauß zeigt Figuren, die sich als unglücklich, beeinträchtigt oder verzweifelt empfinden. Sie führen ihre jeweils eigene Variante des allgemeinen Scheiterns vor, lassen keine Entwicklung zu und finden kein Ende. Dass Felix in dieser Szene handgreiflich wird und damit agiert anstatt zu reden, ist charakteristischerweise ein Verzweiflungsakt.

Folgenlosigkeit

Marlies' heftiger Wortschwall, mit dem der Textauszug beginnt, ist die Reaktion auf eine Äußerung von Felix, der ihre Kompetenz als Künstlerin infrage gestellt hat. Sie bürstet ihn mit allem Sarkasmus, der ihr zur Verfügung steht, herunter: Als Person sei er eine Null, lediglich als Verkäufer habe er Qualitäten. *der erste Abschnitt (Z. 1–20)*

Felix antwortet auf die Hasstiraden von Marlies „während der Dunkelphase" (Z. 22). Auch dass er Gewalt gegen Marlies anwendet, bleibt für den Zuschauer unsichtbar. Erst die Regieanweisungen zu Beginn von Szene 1,6 machen deutlich, dass seine Ankündigung im zweiten Teil (Z. 27) keine bloße Drohung geblieben ist. *der zweite Abschnitt (Z. 21–30)*

Marlies versucht sich im folgenden dritten Abschnitt von dieser Demütigung zu entlasten, indem sie sich mit ihrer Freundin Johanna in eine kreative Orgie von Beschimpfungen hineinsteigert. *der dritte Abschnitt (Z. 30–39)*

Der vierte Teil des Dialogs beginnt wie ein Kinderspiel; Johanna gibt die Parole aus: „Los! Schönes ausdenken!" (Z. 42) (Die beiden vorhergehenden Zeilen 39 und 40 bilden gleichsam den Übergang von den Schmähungen zur Feier des ‚Schönen'. Entsprechend beginnen sie mit „Pittsbourgh" und enden mit „Luftkurort".) Das Fantasiespiel, das offensichtlich von beiden Freundinnen schon häufiger inszeniert worden ist, geht dann bald in einen Wortwechsel über, in dem sich existenzielle Selbstaussagen mit betonten Banalitäten seltsam mischen. Auch das Nachdenken über die eigene Existenz bleibt unverbindliches Spiel. *der vierte Abschnitt (Z. 40–64)*

Im fünften Teil weckt ein zufällig vorbeigehender Besucher die Lust der beiden Frauen auf Provokation. Er reagiert indigniert und verlässt sofort den Raum. *der fünfte Abschnitt (Z. 65–72)*

Im sechsten Teil denken die beiden Frauen zuerst über die Echtheit ihrer Gefühle nach. Ihrer „glückstraurigen" Stimmung verleihen sie Ausdruck, indem sie ein Fantasiebild heraufbeschwören, ein wehmütiges Stilleben. *der sechste Abschnitt (Z. 73–99)*

Abrupt endet diese Fantasie-Sequenz im siebten Abschnitt, als Johanna andeutet, dass ihr Freund Helmut noch kommen werde. Marlies' Antwort kann als Zeichen gedeutet werden, dass die Vertrautheit der beiden Frauen beschädigt ist. *der siebte Abschnitt (Z. 100–102)*

Aufgabe 140 Das außergewöhnliche Merkmal in diesen Dialogen ist: Es gibt keine argumentative Auseinandersetzung. Weder Marlies noch Felix oder Johanna gehen in ihren Gesprächen auf Inhalte ein. Es scheint vielmehr, als würden sie stattdessen eine Art von verbalem Klangteppich legen, der ihnen als Ersatz für eine gemeinsame Verständigungsebene dient.

Sprache als Klangteppich

Das gilt zunächst für die Hasstirade, mit der Marlies Felix überschüttet. Vorhaltungen ihres Partners kontert sie mit einer wüsten Beschimpfung. Sie nimmt dabei eine überlegen-arrogante Haltung ein und straft Felix mit bissiger Ironie ab. Marlies versucht, das Selbstbewusstsein ihres Partners zu zerstören. Dabei geht sie schrittweise vor. Sie beginnt mit der spöttischen Feststellung, er sei „eine große Seele" und beruft sich dabei auf eine göttliche Instanz (Z. 1). Am Ende ihres Monologs wird deutlich, dass dies der reine Hohn war. Nun bezeichnet sie Felix als „Nichts und Abernichts" (Z. 20). Mit einer fünfmaligen Wiederholung klopft sie dieses vernichtende Urteil fest (vgl. Z. 19f.) – um mit dem verwirrenden Zusatz „in meinen Armen" zu enden. Sie gibt damit zu verstehen, dass nur sie ihrem Freund überhaupt zu einer Existenz verhilft: Nur in ihren Armen nimmt das „Nichts" Gestalt an.

Überlegenheitsgefühl

Im zweiten Teil des Textauszugs ist Marlies von ihrem Freund geschlagen und sexuell gedemütigt worden. Davon muss sie sich befreien. Sie *setzt sich neben Johanna auf die Bank"* (Z. 39), ohne auf das Geschehene einzugehen. In einem erneuten Wortschwall ersetzt sie das eigentlich zu erwartende Gespräch über die Gewalterfahrung durch unspezifische Diffamierungen.

Demütigung

Einem Impuls Johannas folgend – „Los! Schönes ausdenken!" (Z. 42) – versuchen die beiden Frauen, die Situation zu bewältigen. Nicht umsonst kreist die Unterhaltung bald um das Thema weibliche Identität. Auf den Zuschauer wirken die Wechselreden der Freundinnen allerdings wenig überzeugend. Auch Marlies scheint unzufrieden, wie ihr Stoßseufzer andeutet: „Mein Gott, Frauen sind wir -! Frauen–, mein Gott!" (Z. 57)

Bewältigungsschritte

Schließlich findet sie die Möglichkeit, einem Mann einen Denkzettel zu verpassen, indem sie den vorübergehenden Franz provoziert (Z. 65 ff.). Ihre vorsichtige Nachfrage – „Leiden wir denn wenigstens ein bißchen?" (Z. 75) – lenkt die Aufmerksamkeit noch einmal zurück auf die Beschämung durch Felix. Der Diminutiv „ein bißchen" und die folgenden Konjunktive – „Denn wenn wir nicht litten, so erführen wir nicht, was die Sehnsucht will –" (Z. 77) verweisen aber bereits darauf, dass sie dabei ist, den Übergriff von Felix zu verdrängen.

Auch die folgende Ausmalung einer melancholischen Sommerstimmung dient in erster Linie der Ablenkung: Die Frauen suchen eine Verständigungsbasis, um Konflikte zu überdecken (Z. 80 ff.).

Beschwörung einer gemeinsamen Stimmung

Der Schluss der Szene zeigt allerdings, wie brüchig diese Basis ist. Rivalität zwischen den beiden Frauen wird spürbar, als Johanna ihren Freund ankündigt (Z. 100 ff.). Immerhin gelingt es Marlies, das Geschehene im Gerede der beiden Frauen so weit zurücktreten zu lassen, dass sie die Beziehung zu Felix aufrechterhalten kann – als wäre nichts geschehen.

eine brüchige Basis

Aufgabe 141

Felix ist nicht in der Lage, angemessen verbal auf die Angriffe von Marlies zu reagieren. Zunächst weicht er ihrem Frontalangriff auf seine Person aus, indem er ihn als Kritik an der Praxis der Sonderangebote versteht. Davon kann er sich als Kaufmann distanzieren. Felix weist ihre Kompetenz zurück, darüber urteilen zu können: „Eine mehr als verschwommene Vorstellung" habe sie von seiner Tätigkeit (Z. 23). In seltsam gewundenen Worten – mit denen er Marlies vielleicht imponieren will (indem er ihr zu zeigen versucht, dass er ihr sprachlich Paroli bieten kann) – geht er dann erst auf die persönliche Kränkung ein: „Zwischen Kopf und Beinen braucht es einen fairen menschlichen Zwischenbereich, in dem man sich verständigen kann" (Z. 25 ff.). Zärtliche Gesten kann er in diesem Zusammenhang überhaupt nicht brauchen: „Du sollst mich bitte nicht anfassen!" (Z. 25) Er antwortet mit sexu-

sprachliche Unfähigkeit

eller Gewalt. Danach entzieht er sich einer weiteren Auseinandersetzung durch seinen Abgang von der Bühne.

Aufgabe 142 Johanna ist nicht in das Geschehen zwischen Felix und Marlies einbezogen, beobachtet aber den Streit von der „Rundbank" (in der Mitte des Raumes) aus. Sie will sich nicht einmischen, obwohl ihrer Freundin Gewalt angetan wird. Ihre Geste – *„hält sich eine Hand vor die Augen und schielt unter der Hand manchmal zu Marlies hin"* (Z. 31 f.) – wirkt zugleich hilflos und bewusst infantil.

Johannas weibliche Solidarität?

Johanna versucht nach Felix' Rückzug, Marlies gegenüber Solidarität zum Ausdruck zu bringen, indem sie in die Beschimpfungsorgie der Freundin einstimmt und diese noch verschärft. Nachdem Marlies sich neben Johanna auf die Bank gesetzt hat, stößt sie weitere Sprachspiele an (Z. 42). Sie unterstützt auch im weiteren Verlauf des Gesprächs alle Impulse der Freundin, indem sie deren Sätze aufgreift und verstärkt (vgl. Z. 46 f. und 52 f.). Dass sie jedoch „gute Freundinnen" seien, wie Johanna behauptet (Z. 60), entspricht wohl nicht dem Eindruck des Zuschauers.

Versuche der Freundin, auf ihre Situation zu sprechen zu kommen, beantwortet Johanna so knapp, dass jedes weitere ernsthafte Wort sinnlos erscheinen muss: „Gut so." (Z. 56) „Haben wir etwa Sorgen, sorgen wir uns? Nein. Nicht?" (Z. 58)

Abblocken eines ernsthaften Gesprächs

So bleibt es ein mühseliger Versuch, eine Atmosphäre von Gemeinsamkeit herzustellen, wenn beide Frauen sich wechselseitig an den Entwurf eines Genrebildes herantasten. Wenn Johanna am Ende der Szene erwähnt, dass ihr Freund Helmut „später" noch vorbeikomme, wird deutlich, dass sie gedanklich nicht mehr bei der Sache ist und auf die Gefühle von Marlies nicht wirklich Rücksicht nimmt.

Die Grenzen der Solidarität werden deutlich.

Aufgabe 143 Felix und Marlies stecken in einem Beziehungskrieg, der in Szene I, 5 verbal ausgetragen wird. Am Ende dieser Szene kündigt Felix an, handgreiflich zu werden. Diese Auseinandersetzung findet zwischen den Szenen im

Beziehungskrieg

„*Dunkel*" statt (Z. 21). Durch die Regieeanweisung, die die nächste Szene I. 6 einleitet, wird deutlich, dass Marlies von Felix vermutlich auch sexuell gedemütigt worden ist: „*Marlies kniet am Boden, ihr Slip hängt an ihren Waden.*" (Z. 30 f.) Unklar bleibt, wie viel von diesen Vorgängen Johanna mitbekommen hat, die „*auf der Rundbank*" sitzt (Z. 31). Ihre Geste („*hält sich eine Hand vor die Augen und schielt unter der Hand manchmal zu Marlies hin*", Z. 29 f.) ist nicht ganz eindeutig: Sie könnte bedeuten, dass ihr peinlich ist, was sie erlebt hat, und dass sie nicht weiß, wie sie jetzt mit Marlies in Kontakt treten kann; oder sie schämt sich, weil sie nicht eingegriffen hat und möchte nicht zugeben, dass sie alles gesehen hat; oder sie leidet mit der Freundin mit und wartet auf einen günstigen Moment, um mit ihr Kontakt aufzunehmen. Auch Regieanweisungen, die in der Regel dem Zweck dienen, die Absichten des Autors zu verdeutlichen, können, wie sich an diesem Beispiel zeigt, interpretationsbedürftig sein.

unterschiedliche Interpretierbarkeit einer Regieanweisung

In die Beschimpfungstirade von Marlies fällt Johanna zunächst „*leise*" ein, gleichsam um sich bemerkbar zu machen und zu erproben, ob ihre Teilnahme erwünscht ist (Z. 36). Als Marlies sie nicht zurückweist (Z. 37), wird sie „*lauter*" und macht damit ihre Solidarität deutlich (Z. 38). Darauf „*setzt [Marlies] sich neben Johanna auf die Bank*" (Z. 39) und stellt so auch äußerlich die Einheit zwischen beiden Freundinnen her.

die Einheit unter Freundinnen

Als Marlies und Johanna etwas später Franz in plumper Weise verhöhnen, heißt es: „*Die beiden Mädchen lachen.*" (Z. 69) Durch diese Regieanweisung kommt zum Ausdruck, wie befreit sich die Frauen fühlen, als es ihnen für einen Moment gelingt, sich nicht mehr gedemütigt zu fühlen, sondern ihrerseits einen Mann zu demütigen. Deutlich wird dabei auch, dass sie selbst praktizieren, worunter sie leiden.

Bemerkenswert ist noch die Regieanweisung in Zeile 95: Der Museumswärter, der bis zu diesem Zeitpunkt als stumme Figur das Geschehen verfolgt hat, „*steht auf und geht nach links ab*". Dass hier plötzlich ein weiterer Zeuge erwähnt wird, von dem der Leser nichts ahnte und den

ein rätselhafter Wärter

der Zuschauer möglicherweise vorübergehend aus den Augen verloren hat, wirft ein neues Licht auf die Vorkommnisse in den beiden Szenen: Es wirkt so, als habe sich alles gewissermaßen unter den Augen der Öffentlichkeit abgespielt. Auf irritierende Weise offen bleibt, wie viel der Wärter von dieser Beziehungskrise mitbekommen hat – ob er aus dem Raum geht, weil er dem Gespräch nicht mehr folgen mag, oder ob er einfach aufgrund seines Dienstplans von einem Ausstellungsraum in den anderen wechselt.

Die 19 Szenen des Dramas werden durch 29 „Blenden" gegliedert, sodass sich insgesamt 48 Blackouts ergeben, mit deren Hilfe ein an die Technik des Films erinnernder Wechsel von Nahaufnahme und Totaleinstellung vorgenommen werden kann. Die Reihenfolge der Auftritte erscheint beliebig; die 19 Szenen zeigen jeweils Begegnungen und Kontaktversuche einzelner Figuren. Durch die Blenden werden die Begegnungen akzentuiert. Nur selten erhalten die Schauspielerinnen und Schauspieler die Möglichkeit, sich in breit angelegten Spielsequenzen zu präsentieren.

Gliederung durch Überblendungen

Aufgabe 144

- Alliteration: Zeilen 8 und 24 f.
- Chiasmus: Zeilen 77 bis 79
- Ellipse: Zeilen 42 f., 93 f. und 96
- Etymologische Figur: Zeilen 17 und 99
- Hyperbel: Zeile 8
- Ironie: Zeilen 1 bis 20
- Klimax: Zeilen 19 f. und 52–55
- Kyklos: Zeilen 57 und 76
- Metapher: Zeile 2 und Zeilen 14 f.
- Neologismus: Zeilen 33 bis 37
- Oxymoron: Zeile 76
- Parallelismus: Zeilen 77–79 und 88 bis 90
- Rhetorische Frage: Zeile 58
- Tautologie: Zeilen 15 f.
- Zitatanklänge: Zeile 64 und Zeilen 77 bis 79

zum Einsatz kommende rhetorische Mittel

Aufgabe 145 Marlies beginnt ihren Monolog mit einer ironischen Fest-   *Ironie*
stellung. Sie spricht ihren Freund direkt an, verweist für
die Gültigkeit ihrer Aussage auf eine höhere Instanz (an
die sie vermutlich aber selbst nicht glaubt, sodass die Formulierung nicht mehr als eine Floskel ist) und lässt durch
die Verallgemeinerung „jede Meinung" (Z. 1) deutlich
werden, dass Felix über keinerlei eigene Kategorien für
Werturteile verfügt. Der Ausdruck „Ehrenplatz" (Z. 2)
zeigt zudem an, dass es Marlies darum geht, das männliche
Statusdenken und die Selbstzufriedenheit von Felix ins
Lächerliche zu ziehen.

Im folgenden Satz wird die rhetorische Offensive weiter   *Pseudo-Preziosität*
gesteigert: Der Freund erscheint als Verkörperung einer
Talmiwelt (einer Welt des schönen Scheins), in der es keine echten Überzeugungen gibt, sondern nur leere Floskeln, die dem Zweck dienen, sich selbst in ein gutes Licht
zu stellen. Das Verhalten von Felix findet Marlies narziss-
tisch: Wie die Erde um die Sonne kreist, so drehe sich
auch Felix – allerdings lediglich um das eigene Zentrum,
das noch dazu „ohne jede eigene Ansicht" ein inhaltlich
leeres Routieren darstelle (Z. 3 f.). Die Preziosität (das
Gekünstelte) der Haltung von Felix unterstreicht Marlies
noch mit einer Metapher: „in dieser Pracht und Fülle reifer
Urteilsfrüchte" (Z. 2).

Marlies leitet anschließend zu den beruflichen Qualitäten   *„Sonderangebote"*
des Freundes über, indem sie ihm mit einer Reihung von
Verbformen – „sagen […] geplappert […] verkündet" – die
Wertlosigkeit seiner Aussagen vorhält (Z. 5). Indem sie
bewusst eine Alltagsfloskel in ihren Text einbaut – „wenn
nur der liebe Tag lang wird" (Z. 5 f.) –, führt sie gleichsam
selbst die Wirkung von besinnungsloser Rede vor. Die
starken Wertungen „überflüssig und schnellvergänglich"
(Z. 6) gelten sowohl den Sonderangeboten wie auch der
Sprache von Felix, der damit hämisch als ununterscheid-
bar von der von ihm beherrschten Warenwelt betrachtet
wird. Über elf Zeilen zieht sich der Satz hin, der sich um
die „Sonderangebote" dreht, die angeblich die Welt von
Felix ausmachen. Der rhetorische Aufwand steht hierbei
in einem besonders ironischen Kontrast zu der von

Marlies unterstellten Nichtigkeit des Gegenstands, von dem die Rede ist.

Die Verlogenheit der Institution Kaufhaus bringt Marlies durch die entlarvende Formulierung eines Widerspruchs zum Ausdruck, wenn sie die „spendablen Ausschüttungen nicht ganz fehlerfreier Ware" erwähnt (Z. 7 f.). Dieser Hinweis wird durch die Alliteration „Woche für Woche" (Z. 8), die Hyperbel „hundert unsinnige Gelegenheiten", (Z. 8) und eine erneute ironische Wendung – „deine beliebten Füllhörner" (Z. 8 f.) – noch unterstrichen und wie zum Atemholen mit einer Bestätigung abgeschlossen: „jawohl" (Z. 9). Gleichsam in Parenthese (in Klammern) schließt sich daran ein konkretes Beispiel an, das die Einschätzung von Marlies belegen soll. Zahlen und Daten geben diesem Beispiel den Charakter von Faktizität (Z. 9 bis 11). Die Wertlosigkeit und besonders schnelle Vergänglichkeit der hier erwähnten Wegwerfware – 5000 fehlerhafte Pappteller – dient als ein weiterer Beleg für die Profillosigkeit der Tätigkeit von Felix.

die Verlogenheit der Einrichtung „Kaufhaus"

Auf dieses Fallbeispiel folgen zwei Pseudo-Begeisterungsausrufe: „oh wie ich mich freue" (Z. 11); „wie ich jubeln möchte" (Z. 13). Sie sind jeweils durch drei Auslassungspunkte innerhalb des Satzes abgegrenzt und beziehen sich zunächst auf die Kunden, deren niedere sexuelle Triebe durch die „Sonderangebote" ausgelöst werden – hier entwirft Marlies das Bild eines dionysischen Orgienkults (Z. 11–13). Darüber hinaus gelten sie Felix selbst, der wie ein Priester – im „Tempel" (Z. 17) – die Menge der Gläubigen lenkt. Seine Macht stellt sie durch die Wiederholung des Personal- bzw. Possessivpronomens dar (vgl. Z. 12– 15) und unterstreicht sie durch die Metapher eines „Warenmeer[es]", dessen Bewegungen er beherrsche (Z. 14 f.).

Kultcharakter der Warenwelt

Eine weitere Bestätigung für diese Talmiwelt liefert Marlies im folgenden Satz (Z. 15 ff.). Ihn leitet sie mit einem affirmativen „Ja" ein, betont damit noch einmal das „du" des vorhergehenden Satzes und zeigt mit der Abfolge von vier letztlich tautologischen, nur graduell gestuften abwertenden Begriffen – „übersehene, nicht benötigte, nicht zu gebrauchende und nie verlangte Güter" (Z. 14 f.) –, wie

Talmiwelt

wenig Wert die Tätigkeit eines Warenhausverkaufsleiters besitzt.

Durch Auslassungspunkte abgegrenzt folgt das Resümee ihrer Aussage, bekräftigt durch eine etymologische Figur: „Der Käufer kauft die Preise, nicht die Waren" (Z. 16). In einem abschließenden Satz greift Marlies zunächst zurück auf den Kultcharakter der Sonderangebote: Felix habe einen pseudoreligiösen Ritus aufgebaut, „Tempel für den Überschuß" errichtet (Z. 16 f.), „Symbole der Verschwendung" geschaffen (Z. 17). *Resümee*

Als großer Schlussakkord folgt aus dieser Argumentation die völlige Entwertung ihres Adressaten. Marlies wendet sich direkt an Felix mit einem ironisch gebrauchten Superlativ: „mein Heißgeliebter" (Z. 18 f.). Sie verschärft den Ton noch durch eine fünffach gesteigerte Abwertung (vgl. Z. 19 f.) und beendet ihren Satz, indem Felix paradoxerweise doch wieder zurückholt „in meine[] Arme" (Z. 18 f.). *Schlussakkord*

Diese Hassrede verdeutlicht mehr die Eloquenz von Marlies als die Heftigkeit der Beziehungskrise. Die Rede ist, wie sich gezeigt hat, rhetorisch derart hochgradig organisiert, dass sie nicht rein impulsiv sein kann. Der Zuschauer erlebt die Sprachgewandtheit, die Marlies unter Beweis stellt, eher als selbstgefälliges Kunstwerk. Paradoxerweise – oder vielmehr bezeichnenderweise (man nimmt immer das besonders deutlich wahr, was in einem selbst steckt) – entspricht das genau dem Vorwurf, den sie ihrem Freund gegenüber vorbringt (selbstgefällig und gekünstelt zu sein). Die letzten Worte ihrer Rede bestätigen den uneigentlichen Charakter der Äußerungen von Marlies: Sie will sich gerade nicht von Felix trennen, sondern ihn zurück „in [ihre] Arme" holen (Z. 20). Das rhetorische Scheingefecht und das tatsächliche Verhalten stehen in diametralem Gegensatz. *Beziehungsqualität*

Aufgabe 146   Marlies will die Demütigung überwinden und baut sich mit einer Reihe äußerst erfindungsreicher, inhaltlich aber völlig unspezifischer Beschimpfungen ein neues Selbst- *ein eigener Code*

wertgefühl auf. Im Wechsel mit Johanna steigert sie sich in immer fantasievollere Ausdrücke hinein (Z. 33 ff.). Neologismen (Wortneuschöpfungen) wie „Großraumseele" stehen neben der Umdeutung von Alltagsgegenständen („Kamillenbeutel", vermutlich als Ausdruck für die Fadheit von Felix), religiöse Zuordnungen („Manichäer") neben Nationalitätsbegriffen („Indonesier"). Die Frauen wirken dabei wie Kinder, die sich an ihrem eigenen verbalen Erfindungsreichtum berauschen. Mit dem relativ banalen „Idiot" schließt diese Sequenz ab; offensichtlich ist die Luft heraus und der Zweck erreicht.

Daran knüpft eine Dialogsequenz an, die an eine religiöse *Litanei* Litanei erinnert: Mit der elliptischen Aufforderung „Los! Schönes ausdenken!" (Z. 42) beginnt die zweite Runde dieses Spiels. An die Stelle der Erfindung von Beschimpfungen sollen nun angenehme Gedanken treten. Johanna versucht so, ein alternatives Themenfeld zu besetzen. So originell wie zuvor die Schimpfwörter erscheinen auch die Vorschläge, an was denn zu denken sei. Ist die erste Replik noch elliptisch knapp umrissen – „Bibel lesen" (Z. 43) –, greift der folgende Vorschlag diese Idee auf, verbindet sie mit einer Handlung, die an einen Sommerurlaub denken lässt, und spezifiziert den biblischen Schöpfungstext (Z. 44 f.).

In der Folge greifen die beiden Frauen wechselseitig ihre Ideen auf und entwickeln sie von Stufe zu Stufe weiter (vgl. Z. 46–50). Dass es sich dabei um das Muster eines Sprachspiels handelt, das die beiden Frauen so schon öfter durchgespielt haben, zeigt die Fortführung des Dialogs. Wieder folgt auf eine erste Aussage eine doppelte Steigerung, sodass eine dreigliedrige Klimax entsteht (Z. 52–55). Zwischen die beiden Steigerungsvarianten ist ein Satz geschaltet, der als poetischer Vergleich die erste Steigerung abschließt: „Wie ein Mensch zerflattert in eines anderen Auge."(Z. 50 f.)

Momente eines ernsthaften Sprechens, das auf die eigenen Bedürfnisse Bezug nimmt, scheinen in diesem spielerischen Umgang mit Worten untergründig präsent, werden aber nie konkret und ausdrücklich. Als Marlies versucht,

von sich zu sprechen, wird das von Johanna sofort unter-
bunden (Z. 54–56).

Längere Gedankengänge werden aufgespalten und mit verteilten Rollen gesprochen, wodurch sie sogleich ihren
persönlichen Charakter verlieren. Diese Technik bestimmt
auch den dritten Spielzug in diesem Dialog, der das
gemeinsame Frau-Sein ins Zentrum stellt. Hier erfolgt ein
wahres rhetorisches Feuerwerk.

ein rhetorisches Feuerwerk

So werden Eingangsworte am Ende einer Replik als emphatische Hervorhebung wiederholt. Dieses Mittel, ein
Kyklos, wird durch Ausrufezeichen und Gedankenstriche
noch betont: „Mein Gott, Frauen sind wir –! Frauen –,
mein Gott!" (Z. 57). In der folgenden Replik nimmt
Johanna den Anfangsbegriff wieder auf und verwendet
ihn als rhetorische Frage: „Wie – dein Gott?" (Z. 58). Zwei
weitere rhetorische Fragen folgen und ziehen die vorpro-
grammierte Antwort nach sich.

Kyklos

Der folgende Satz weist parallele Strukturen auf, durch die
besonders deutlich wird, wie wenig zwingend die positive
Aussage am Schluss aus den beiden gewissermaßen als
Voraussetzung formulierten Aussagen am Anfang folgt.
Dieser nur scheinbare Zusammenhang wird noch durch
das deiktische (hinweisende) „das" betont, mit dem die
erste und die zweite Satzhälfte verknüpft werden (Z. 60 f.).
Marlies greift das Thema auf, um den Begriff „klug" zu
differenzieren (Z. 62 f.). Diese spielerische Ernsthaftigkeit
wird von Johanna in Verssprache abgewandelt und bewusst banalisiert. In ihrem Zweizeiler, der vermutlich ein
Zitat ist, wird kennzeichnenderweise zwischen „Köpfchen" und „Bauch" unterschieden, zwischen Intellekt im
Diminutiv und dominierender Sinnlichkeit (Z. 64).

Parallelismus

Franz, der zufällig in das Gespräch der beiden Frauen ge-
rät, versucht, ernsthaft auf ihre Frage zu antworten. Seine
Erklärung geht aber ins Leere, weil weder Marlies noch
Johanna an dem Passanten das geringste Interesse zeigen.

In der Folge wird die Kunstfertigkeit der Redefiguren
noch intensiviert. Ein Oxymoron, das kontrastive Wortbe-
deutungen zusammenbindet, um innere Widersprüchlich-
keiten auszudrücken, wird mit einem Kyklos verbunden,

Oxymoron

der die Bedeutung des Begriffs unterstreicht: „Glückstraurig sind wir, glückstraurig." (Z. 76)

Eine literarische Anspielung leitet den folgenden Spielzug ein, in dem die gemeinsame Stimmungslage anvisiert wird. Mit den Worten „Nur wer die Sehnsucht kennt, / Weiß, was ich leide!" beginnt und endet Mignons und des Harfners Lied in Goethes Roman *Wilhelm Meisters Lehrjahre*. Marlies greift diese Wendung konjunktivisch auf und unterstreicht so den spielerischen Umgang mit dem Zitat. Die kausale Logik wird durch die Folgestruktur –„Denn wenn […] so / Und wenn […] / So" (Z. 77–79) – hervorgehoben und durch den Parallelismus, der die zentralen Begriffe in einander entsprechende Satzabschnitte fügt, gesteigert, um die Aussage zu verstärken. Zusätzlich pointiert ein Chiasmus (Überkreuzstellung) der Begriffe „Sehnsucht" und „litten" den Gedankengang.

literarisches Zitat aus Goethes „Wilhelm Meister"

Chiasmus

Die beiden Frauen setzen ihr Spiel in einem fünften Zug mit verteilten Rollen fort. Es gilt jetzt, eine Art Genrebild zu entwerfen. Erneut werden die Aussagen in wechselseitiger Steigerung zugespitzt. So entsteht ein Metaphernfeld, dessen einzelne Elemente spontan eingeworfen werden, um den Eindruck archaischer Gemütlichkeit auszumalen (Z. 80 ff.). Mithilfe von Alliterationen – „worauf […] / Woran […] / Worüber […]" (Z. 88–90) – werden die Bestandteile verknüpft. Dieser Abschnitt des Gesprächs endet, als den Frauen offenbar keine Fortsetzung mehr einfällt, mit der bloßen Wiederholung einer Ellipse: „Sitzt da und –" (Z. 93 f. und 96). – Dieser Teil hat reinen Beschwörungscharakter. Er dient den Frauen dazu, sich gegenseitig ihrer Freundschaft zu versichern. Es sieht so aus, als ob das Wortspiel sich schnell abnutzt, aber auch jederzeit wieder aufgegriffen und weitergespielt werden kann.

Metaphernfeld

Das Stilisierte ihres Sprachspiels steht in Widerspruch zu den Inhalten ihrer Äußerungen. Beide Frauen äußern sich über Gefühle, tun das aber in einer Kunstfertigkeit, die echte Gefühle auf Distanz hält.

stilvolle Kunstfertigkeit der Rede

Offen bleibt, wie dieses Spiel mit Worten einzuschätzen ist. Denken Marlies und Johanna tatsächlich nur in Klischees und vorgestanzten Formulierungen? Deutet die

Die Bedeutung der Szene bleibt offen.

kreative Sprechweise auf eine Verbundenheit der beiden Frauen, die ihnen eine gemeinsame Rückzugsbasis bietet, oder auf Gefühlsarmut und Formelhaftigkeit? Der Autor gibt hier keine Interpretationshilfen, die Leerstellen sollen die Zuschauer nach eigenem Empfinden füllen.

Aufgabe 147 Felix verteidigt sich zunächst, indem er auf seine Fähigkeiten als Kaufmann verweist (Z. 22 ff.). Die zahlreichen Auslassungspunkte in seiner Replik machen aber deutlich, wie unsicher er reagiert. Er stößt auch auf keinerlei Resonanz – abgesehen von Gesten, mit denen Marlies ihm offensichtlich beweisen will, wie viel Macht sie als Frau über ihn hat (vgl. Z. 25). Dreimal versucht er, sich von seiner Freundin zu distanzieren. Mit seiner abschließenden Ankündigung , dass er nun zuschlagen werde, geht er von der verbalen zur körperlichen Auseinandersetzung über und gesteht damit unfreiwillig auch ein, dass ihm die verbalen Mittel fehlen, sich gegenüber Marlies zu behaupten.

Verunsicherung

Aufgabe 148 Marlies ist an Felix gebunden; ihre Haltung dem Freund gegenüber ist widersprüchlich. Sie verachtet seinen Beruf und das aufgeplusterte Imponiergehabe, mit dem er sich selbst darstellt (vgl. Z. 24 f.). Im gleichen Atemzug zeigt sie ihm jedoch, dass sie ihn nicht loslassen kann. Trennungswunsch und Trennungsangst halten sich bei ihr die Waage. Vor dem Eingeständnis, dass ihre Beziehung gescheitert ist, weicht sie zurück.

Trennungswünsche und -ängste

Marlies verfügt über eine ungemein geschliffene, kreative Ausdruckskraft, die sie aber nicht einsetzt, um damit Konflikte zu bewältigen. Sie tendiert vielmehr dazu, mit ihren Äußerungen in sich zu kreisen. Der Wortschwall dient in erster Linie dazu, sich gegen Kritik von außen abzuschotten. Eine Veränderung der eigenen Situation will sie auf jeden Fall vermeiden.

eine Ausdruckskraft, die in sich kreist

Aufgabe 149 Eine wirkliche Auseinandersetzung wagt auch Felix nicht; offensichtlich ist die gegenseitige Abhängigkeit zu groß. Verbal kann er mit der Malerin nicht konkurrieren. Mit körperlicher Gewalt versucht er, seine Frustration auszudrücken und auf das verwirrend paradoxe Verhalten der Freundin zu reagieren. Es ist absehbar, dass sein Versuch eines Befreiungsschlags scheitern wird. Denn auch dies ist eine, wenn auch bedenkliche Basis einer Beziehung: Sie demütigt ihn mit Worten, er demütigt sie körperlich. Beide leiden, beide ziehen aber auch Befriedigung und Selbstbestätigung aus dieser Form der Beziehung.

entscheidungsunfähig

Aufgabe 150 Johanna versucht die Freundin zu stützen, ohne selbst direkt in den Streit einzugreifen. Sie verfolgt ihn aus der Distanz und nimmt erst nach dem Angriff auf die Freundin *„leise"* Kontakt mit ihr auf (Z. 36). Der folgende Dialog zeigt, dass die beiden Frauen gut aufeinander eingespielt sind und auf einen privaten Sprachcode zurückgreifen können. Sie finden aber keine Ebene, wenn es darum geht, die sexuelle Aggression anzusprechen, die Marlies vor den Augen Johannas zugefügt wurde. Grund dafür könnte ihr eigenes problematisches Verhältnis zu Helmut sein, auf das Marlies am Ende der Szene kurz anspielt (Z. 101). Die Beziehung zwischen den Frauen bleibt damit notwendig oberflächlich. In den monotonen Kreislauf von scheiternder Verständigung und gegenseitiger Verletzung, die die Beziehungen zum anderen Geschlecht prägen, können beide nicht eingreifen.

ambivalentes Verhalten

Aufgabe 151 Der Begriff „Trilogie" bezeichnet üblicherweise ein Kunstwerk, das aus drei motivlich oder stofflich zusammenhängenden, aber in sich selbstständigen Teilen besteht. Aus ihnen lässt sich eine Entwicklung der Handlung ablesen. Bei Botho Strauß trifft dies alles gerade nicht zu. Die Dramenteile sind eng aufeinander bezogen. Ihre Titel – *Kleine Gesellschaft / „Niemand Bestimmtes" / „Gute Beziehung"* – geben keinen Hinweis auf eine abgestufte

Trilogie

Entwicklung der Fabel, sondern benennen unterschiedliche Formen menschlicher Beziehungen.

Ein Handlungsaufbau lässt sich zwar an der Oberfläche
erkennen. So stellt der erste Teil der Trilogie eine Art Exposition dar, die den Ausstellungsbetrieb als Hintergrund
für die fruchtlosen Annäherungsversuche und brüsken
Abweisungen der Kulturschickeria beschreibt. Der zweite
Teil führt den Wendepunkt herbei, indem durch das drohende Verbot der Ausstellung hektische Betriebsamkeit
ausgelöst wird. Der dritte Teil liefert das glückliche Ende
(die Ausstellung wird in entschärfter Version zugelassen)
und die Katastrophe zugleich: Krankheit, Armut, Schwä-
che werden in den Personenbeziehungen deutlich und
zeigen die Ausweglosigkeit der Figuren des Stücks.

Handlungsstruktur an der Oberfläche

Diese Stadien stehen jedoch nicht im Zentrum des Geschehens. Dort geht es vielmehr um zwischenmenschliche
Konflikte, die sich um ein immer gleiches Symptom drehen: den drohenden Verlust des oder der Geliebten, eine
mögliche Trennung und den Versuch, Entscheidungen zu
vermeiden.

Entscheidungsängste im Zentrum

Entsprechend liegt die Deutung nahe, dass der Titel *Trilogie des Wiedersehens* auf die Wiederholung des ständig
Gleichen abhebt: Es geschieht nichts Neues; die drohende
Zensur wird bereits im ersten Teil erwähnt, der katastro-
phale Zustand der zwischenmenschlichen Beziehungen
durchzieht das Stück von Anfang bis Ende, die Exposition
breitet aus, was keine weitere Entwicklung findet. Es gibt
lediglich ein stetiges Kommen und Gehen, eine vorüber-
gehende Trennung führt nur zur erneuten Begegnung, das
„Wiedersehen" wird als ewiger Kreislauf deutlich.

die Wiederholung des ständig Gleichen

Mit seinem eindeutigen Vorrang des Sprechens gegenüber
dem Handeln ist das Theaterstück von Strauß dem Typus
des Konversationsstücks verwandt. Dieser entstand im
Laufe des 19. Jahrhunderts im französischen und engli-
schen Theater als Unterhaltungsstück, das auf geistreichem,
aber unverbindlichem Niveau gesellschaftliche Themen
zur Diskussion stellt. Oscar Wilde in England, Sardou und
Dumas in Frankreich sind die bekanntesten Vertreter
dieses Dramengenres.

in der Tradition des Konversationsstücks

In ihre Tradition kann auch die *Trilogie des Wiedersehens* gestellt werden, insofern in dem Stück die rhetorischen Fähigkeiten der Figuren im Vordergrund stehen, welche gleichzeitig aber völlig unfähig sind, sich persönlich oder emotional mitzuteilen. Entsprechend changiert auch der Tonfall des Dramas zwischen hoher Theatersprache und dem banalen Umgangston des Alltags. Er prägt durchgehend die Dialoge und hält damit das Publikum von einer Identifikation mit den Figuren und ihren Leidenserfahrungen fern.

Aufgabe 152

Die Siebzigerjahre begannen in der Bundesrepublik mit großen Versprechungen; nach den Studentenprotesten der späten Sechzigerjahre schien die Gesellschaft im Wandel begriffen. Die hoffnungsvollen Perspektiven blieben jedoch im mühsamen Gang durch die Institutionen stecken; die internationalen Spannungen nahmen ebenso zu wie die Wirtschaftskrisen. Nichts von dem, was man sich vorgenommen hatte, wurde auch wirklich eingelöst.

Politik und Kultur der Siebzigerjahre

Enttäuscht wurden auch die hochgesteckten Erwartungen, die die Studentenbewegung an die politischen, emanzipatorischen Wirkungsmöglichkeiten der Literatur gerichtet hatte. Im Gegenzug kam daher nun die Forderung auf, die privaten, autobiografischen Erfahrungen zum Thema der Literatur zu machen. Botho Strauß greift mit seiner *Trilogie des Wiedersehens* diesen Trend auf, gestaltet ihn aber auf sarkastische Weise um.

„Das Private ist politisch."

Die Figuren seines Stücks geben gerne über das Scheitern von Beziehungen oder persönliche Defizite Auskunft. Deutlich wird jedoch, wie wenig Substanz hinter ihren aufwändig formulierten Worthülsen steckt. Häufig scheitert die Kommunikation schon im Ansatz. Die Situation der Figuren bleibt jedenfalls am Ende des Dramas die gleiche wie zu Beginn. Gerade weil sie so sehr auf sich selbst bezogen sind, können die Figuren des Stücks ihre Probleme nicht lösen. Dabei geht es dem Autor nicht darum, seine Figuren zu entlarven. Er macht vielmehr deutlich, dass ihre Probleme real sind, der Versuch jedoch,

Geschwätzigkeit als Phänomen der „Neuen Subjektivität"

ihnen mit einem Schwall rhetorischer Redefiguren beizukommen, scheitern muss.

Aufgabe 153 Zentrale Themen der Siebzigerjahre sind weibliche Solidarität und ein intensiver Austausch über Gefühlsnuancen. Beide Tendenzen kehren in der vorliegenden Szene wieder. Sie finden aber lediglich an der Sprachoberfläche statt. Eine inhaltliche Auseinandersetzung wird vermieden. Botho Strauß zeigt sehr verunsicherte Menschen, die nicht voneinander loskommen (Felix und Marlies), und eine Frauenbeziehung, in der Gemeinsamkeit beschworen, aber nicht gelebt wird. Unzufriedenheit und Unglück prägen diese Paare. Es sind Intellektuelle, die es als Mitglieder des Kunstvereins gewohnt sind, Sprache als mehr oder minder geistreiches Konversationsmittel einzusetzen. Daher können sie auch offen über ihre Gefühle und Defizite sprechen, was aber nichts an ihrer Unfähigkeit ändert, ihre Probleme zu lösen. Dies entspricht der für die Siebzigerjahre typischen Erfahrung, dass das ausführliche – und teilweise hemmungslose – Reden über die eigene Befindlichkeit nicht notwendig dazu beiträgt, den Einzelnen lebensfähiger und glücklicher zu machen.

weibliche Solidarität und Gefühlsintensivität

Aufgabe 154
- Die Sprache ist künstlich und ambitioniert, Gefühle werden so stilisiert zum Ausdruck gebracht, dass sie unglaubwürdig wirken.
- Auf diese Weise steht die dramatische Sprache für eine Gesellschaft, die alles verbalisiert, ohne etwas zu sagen zu haben.
- Der Zuschauer wird in eine Alltagswelt versetzt, die ihm bekannt vorkommen wird und in der er sich wiedererkennen kann. Durch den Sprachstil und die Fremdheit der Figuren wird er jedoch gleichzeitig wieder auf Distanz gehalten.

sprachliche Kennzeichen des Dramas der „Neuen Subjektivität"

Glossar rhetorischer Stilmittel

Alliteration: gleicher Anlaut aufeinanderfolgender oder benachbarter Wörter, z. B. *Komm Kühle, komm küsse den Kummer …*

Anapher: gleiches Wort bzw. gleiche Wortgruppe zu Beginn aufeinanderfolgender Verse oder Wortgruppen, z. B. *Wie glänzt die Sonne! / Wie lacht die Flur!*

Antithese: Gegenüberstellung, Kombination von Wortgruppen/Gedanken mit gegensätzlichem Inhalt, z. B. *Der Geist ist willig, aber das Fleisch ist schwach.*

Assonanz: Gleichklang von Vokalen, im engeren Sinn vokalischer Halbreim: „Reimwörter" lauten nur in den Vokalen gleich, z. B. *Kies/siegt*

Asyndeton: (Adj. asyndetisch) unverbundene Aneinanderreihung von Wörtern, Satzgliedern oder kurzen Sätzen, z. B. *… er kam, sah, siegte …* (Gegensatz: Polysyndeton)

Chiasmus: Überkreuzstellung von Satzgliedern aufeinanderfolgender (Teil-)Sätze, z. B. *Ich schlafe tags, nachts wache ich.*

Ellipse: (Adj. elliptisch) Verkürzung der Aussage (eines vollständigen Satzes) durch Auslassung eines aus dem Kontext heraus leicht ergänzbaren Redeteils

Exklamatio: (in der Regel mit Ausrufezeichen markierter) Ausruf, z. B. *O Mutter, Mutter! Hin ist hin!*

Inversion: (Umkehrung) Umstellung der regelmäßigen Wortfolge im Satz (im engeren Sinn nur von Subjekt und Prädikat) zur (oft emphatischen) Hervorhebung bestimmter Wörter an ungewohnter Stelle, z. B. *Liebe will ich.*

Klimax: rhetorische Steigerungsfigur auf einen Höhepunkt hin, häufig in einem Dreischritt, z. B. *Heute back' ich, morgen brau' ich, übermorgen hol' ich der Königin ihr Kind.* (Gegensatz: Anti-Klimax)

Lautmalerei: (auch: Onomatopoesie) (1) schallnachahmende Wortbildungen, z. B. *Dingdong* (2) lautlich-klangliche Nähe eines Wortes zum Inhalt des Wortes, z. B. *prasseln, klicken*

Metaphorik: (1) allgemein: Bildersprache (2) Metapher: bildhafter Ausdruck, in dem zwei Begriffe bzw. Vorstellungen durch ein gemeinsames Merkmal („tertium comparationis") miteinander verknüpft werden, z. B. *Sie war ein Engel.* (tertium comparationis: Güte)

Metonymie: (Adj. metonymisch) Sonderform der Metapher. Für das eigentliche Wort wird ein anderes gesetzt, das in einer realen Beziehung zu dem ersetzten Wort steht, z. B. eine Person-Sache-Beziehung: *Wir lesen zur Zeit Goethe* oder *Berlin muss das Gesetz noch genehmigen.*

Oxymoron: Unmittelbare Verbindung von sich gegenseitig ausschließenden Begriffen, z. B. *schwarze Milch* oder *federleichtes Joch* oder *warmer Schnee*

Parallelismus: Wiederholung derselben Wortgruppenreihenfolge in aufeinanderfolgenden Sätzen oder Satzteilen, z. B. *Du gingst, ich stund …* oder *Heute back ich, morgen brau ich …* – häufig in Verbindung mit Anapher: *Und Welle auf Welle zerrinnet, Und Stunde an Stunde entrinnet.*

Pars pro toto: Ein Teil (einer Sache) steht für das Ganze, z. B. *ein Hundert-Seelen-Dorf; ein Dach über dem Kopf haben*

Personifikation: (rhetor. Figur) Darstellung von Abstrakta, von Kollektiva, von Naturerscheinungen oder von leblosen Dingen als handelnde menschliche Gestalten, z. B. *Die Sonne lacht.*

Polysyndeton: (Adj. polysyndetisch) Aneinanderreihung von Wörtern, Satzgliedern oder kurzen Sätzen ohne Komma, dafür aber jeweils mit Konjunktion (Gegensatz: Asyndeton), z. B. *Er ging und lief und rannte und hielt an.*

Reim: Gleichklang von Wörtern vom letzten betonten Vokal ab, z. B. *singen – klingen; Mut – Glut*

Rhetorische Frage: „unechte" Frage, bei der keine Antwort erwartet wird, sondern bei der diese vom Sprechenden bereits vorausgesetzt wird; eine rhetorische Frage ist in der Regel eine Aussage in Frageform, z. B. *Wer ist schon perfekt?* (= *Niemand ist perfekt!*)

Symbol: konkretes Bild, das über sich selbst hinaus auf etwas Abstraktes verweist, z. B. *Herz* für Liebe

Synästhesie: Vermischung verschiedener Sinnesbereiche, z.B. *Ihr klingt des Himmels Bläue süßer noch*

Vergleich: Verbindung zweier Begriffe, deren Bedeutungen ein „tertium comparationis" gemein haben, durch „wie" oder „als ob", z. B. *Ein Mann wie ein Baum* (tertium comparationis: Größe, Standhaftigkeit)

Deine Notizen

www.stark-verlag.de

STARK

Deine Notizen

STARK